C 湛庐文化
heersPublishing

a mindstyle business
与 思 想 有 关

This
Explains
Everything

[美] 约翰·布罗克曼
（JOHN BROCKMAN）◎ 编著

庞雁 ◎ 译

世界因何
美妙而优雅地运行

Everything

浙江人民出版社
ZHEJIANG PEOPLE'S PUBLISHING HOUSE

"对话最伟大的头脑"这套书，相信一定能令处于喧嚣互联网领域，四处寻找风口、争辩什么上下半场的人们，静下心来，聆听伟大头脑的思想脉络；相信也一定能令身在互联网江湖，满世界追逐独角兽、执念于什么颠覆还是创新的人们，慢下脚步，认真端详萦绕在伟大头脑心中的大问题。

伟大头脑的伟大之处，绝不在于他们拥有"金手指"，可以指点未来，而在于他们时时将思想的触角，延伸到意识的深海。他们发问，不停地发问，在众声喧哗间点亮"大问题""大思考"的火炬。

段永朝
财讯传媒集团首席战略官

建筑学家威廉·J.米切尔曾有一个比喻：人不过是猿猴的1.0版。现在，经由各种比特的武装，人类终于将自己升级到猿猴2.0版。他们将如何处理自己的原子之身呢？这是今日顶尖思想者不得不回答的"大问题"。

胡　泳
博士、北京大学新闻与传播学院教授

"对话最伟大的头脑"这套书中，每一本都是一个思想的热核反应堆，在它们建构的浩瀚星空中，百位大师或近或远、如同星宿般璀璨。每一位读者都将拥有属于自己的星际穿越，你会发现思考机器的100种未来定数，而奇点理论不过是星空中小小的一颗。

吴甘沙
驭势科技（北京）有限公司联合创始人兼CEO

一个人的格局和视野取决于他思考什么样的问题，而他未来的思考，很大程度上取决于他现在的阅读。这本书会让你相信，生活的苟且之外，的确有一群伟大的头脑，在充满诗意的远方运转。

周　涛

电子科技大学教授、互联网科学中心主任

在这个科技日益发达的多维化社会中，我们依旧面临着非常多的"大问题"：虚拟现实技术会让真实的人际关系变得冷漠吗？虚拟与真实会错乱吗？技术奇点会很快降临吗？我们周围的癌症患者越来越多，这与基因有关吗？诸如此类的问题，或许根本就没有一个明确的答案。

作为美国著名的文化推动者和出版人，约翰·布罗克曼邀请了世界上各个领域的科学精英和思想家，通过在线沙龙的方式展开圆桌讨论，而这套"对话最伟大的头脑·大问题系列"正是活动参与者的观点呈现，让我们有机会一窥"最强大脑"的独特视角，从而得到一些思想上的启迪。

苟利军

中国科学院国家天文台研究员，中国科学院大学教授
"第十一届文津奖"获奖图书《星际穿越》译者

雾霾天，反正出不去，正好待在家里读书思考。全球化失败、爱欲丧失、基因组失稳、互联网崩溃、非法药物激增……看起来好像比雾霾还厉害。未来并非如我所愿一片光明，看看大师们有什么深刻思考和破解之道，也许会让我们活得更放松一些。

李天天

丁香园创始人

与最伟大的头脑对话，虽然不一定让你自己也伟大起来，但一定是让人摆脱平庸的最好方式之一。

刘　兵

清华大学社会科学学院教授

以科学精神为内核，无尽跨界，Edge就是这样一个精英网络沙龙。每年，Edge会提出一个年度问题，沙龙成员依次作答，最终结集出版。不要指望在这套书里读到"ABC"，也不要指望获得完整的阐释。数百位一流精英在这里直接回答"大问题"，论证很少，锐度却很高，带来碰撞和启发。剩下的，靠你自己。

王 烁
财新传媒主编，BetterRead公号创始人

术业有专攻，是指用以谋生的职业，越专业越好，因为竞争激烈，不专业没有优势。但很多人误以为理解世界和社会，也是越专业越好，这就错了。世界虽只有一个，但认识世界的角度多多益善。学科的边界都是人造的藩篱，能了解各行业精英的视角，从多个角度玩味这个世界，综合各种信息来做决策，这不显然比死守一个角度更有益也更有趣么？

兰小欢
复旦大学经济学助理教授

如果每位大思想家都是一道珍馐，那么这套书毫无疑问就是至尊佛跳墙了。很多名字都是让我敬仰的当代思想大师，物理学家丽莎·兰道尔、心理学家史蒂芬·平克、哲学家丹尼尔·丹尼特，他们都曾给我无数智慧的启发。

如果你不只对琐碎的生活有兴趣，还曾有那么一个瞬间，思考过全人类的问题，思考过有关世界未来的命运，那么这套书无疑是最好的礼物。一篇文章就是一片视野，让你站到群山之巅。

郝景芳
2016年雨果奖获得者，《北京折叠》作者

布罗克曼是我们这个时代的"智慧催化剂"。

斯图尔特·布兰德
《全球概览》创始人

1981 年，我成立了一个名为"现实俱乐部"（Reality Club）的组织，试图把那些探讨后工业时代话题的人们聚集在一起。1997 年，"现实俱乐部"上线，更名为 Edge。

在 Edge 中呈现出来的观点都是经过推敲的，它们代表着诸多领域的前沿，比如进化生物学、遗传学、计算机科学、神经学、心理学、宇宙学和物理学等。从这些参与者的观点中，涌现出一种新的自然哲学：一系列理解物理系统的新方法，以及质疑我们很多基本假设的新思维。

对每一本年度合集，我和 Edge 的忠实拥趸，包括斯图尔特·布兰德（Stewart Brand）、凯文·凯利（Kevin Kelly）和乔治·戴森（George Dyson），都会聚在一起策划"Edge 年度问题"——常常是午夜征问。

提出一个问题并不容易。正像我的朋友，也是我曾经的合作者，已故的艺术家和哲学家詹姆斯·李·拜尔斯（James Lee Byars）曾经说的那样："我能回答一个问题，但我能足够聪明地提出这个问题吗？"我们寻找那些启发不可预知答案的问题——那些激发人们去思考意想不到之事的问题。

现实俱乐部

1981—1996 年，现实俱乐部是一些知识分子间的非正式聚会，通常在中国餐馆、艺术家阁楼、投资银行、舞厅、博物馆、客厅，或在其他什么地方。俱乐部座右铭的灵感就源于拜尔斯，他曾经说过："要抵达世界知识的边界，就要寻找最复杂、最聪明的头脑，把他们关在同一个房间里，让他们互相讨论各自不解的问题。"

1969 年，我刚出版了第一本书，拜尔斯就找到了我。我们俩同在艺术领域，一起分享有关语言、词汇、智慧以及"斯坦们"（爱因斯坦、格特鲁德·斯坦因、维特根斯坦和弗兰肯斯坦）的乐趣。1971 年，我们的对话录《吉米与约翰尼》（*Jimmie and Johnny*）由拜尔斯创办的"世界问题中心"（The World Question Center）发表。

1997 年，拜尔斯去世后，关于他的世界问题中心，我写了下面的文字：

詹姆斯·李·拜尔斯启发了我成立现实俱乐部（以及 Edge）的想法。他认为，如果你想获得社会知识的核心价值，去哈佛大学的怀德纳图书馆里读上 600 万本书，是十分愚蠢的做法。（在他极为简约的房间里，他通常只在一个盒子中放 4 本书，读过后再换一批。）于是，他创办了世界问题中心。在这里，他计划邀请 100 位最聪明的人聚于一室，让他们互相讨论各自不解的问题。

理论上讲，一个预期的结果是他们将获得所有思想的总和。但是，在设想与执行之间总有许多陷阱。拜尔斯确定了他的 100 位最聪明的人，依次给他们打电话，并询问有什么问题是他们自问不解的。结果，其中 70 个人挂了他的电话。

那还是发生在 1971 年的事。事实上，新技术就等于新观念，在当下，电子邮件、互联网、移动设备和社交网络让拜尔斯的宏大设计得到了真正执行。虽然地点变成了线上，这些驱动热门观点的反复争论，却让现实俱乐部的精神得到了延续。

正如拜尔斯所说："要做成非凡的事情，你必须找到非凡的人物。"每一个 Edge 年度问题的中心都是卓越的人物和伟大的头脑——科学家、艺术家、哲学家、技术专家和企业家，他们都是当今各自领域的执牛耳者。我在 1991 年发表的《第三种文化的兴起》（*The Emerging Third Culture*）一文和 1995 年出版的《第三种文化：洞察世界的新途径》（*The Third Culture: Beyond the Scientific Revolution*）中，都写到了"第三种文化"，而上述那些人，他们正是第三种文化的代表。

第三种文化

经验世界中的那些科学家和思想家，通过他们的工作和著作构筑起了第三种文化。在渲染我们生活的更深层意义以及重新定义"我们是谁、我们是什么"等方面，他们正在取代传统的知识分子。

第三种文化是一把巨大的"伞"，它可以把计算机专家、行动者、思想家和作家都聚于伞下。在围绕互联网和网络兴起的传播革命中，他们产生了巨大的影响。

Edge 是网络中一个动态的文本，它展示着行动中的第三种文化，以这种方式连接了一大群人。Edge 是一场对话。

这里有一套新的隐喻来描述我们自己、我们的心灵、整个宇宙以及我们知道的所有事物。这些拥有新观念的知识分子、科学家，还有那些著书立说的人，正是他们推动了我们的时代。

这些年来，Edge 已经形成了一个选择合作者的简单标准。我们寻找的是这样一些人：他们能用自己的创造性工作，来扩展关于"我们是谁、我们是什么"的看法。其中，一些人是畅销书作家，或在大众文化方面名满天下，而大多数人不是。我们鼓励探索文化前沿，鼓励研究那些还没有被普遍揭示的真理。我们对"聪明地思考"颇有兴趣，但对标准化"智慧"意兴阑珊。在传播理论中，信息并非被定义为"数据"或"输入"，信息是"产生差异的差异"（a difference that makes a difference）。这才是我们期望中合作者要达到的水平。

Edge 鼓励那些能够在艺术、文学和科学中撷取文化素材，并以各自独有的方式将这些素材融于一体的人。我们处在一个大规模生产的文化环境当中，很多人都把自己束缚在二手的观念、思想与意见之中，甚至一些公认的文化权威也是如此。Edge 由一些与众不同的人组成，他们会创造属于自己的真实，不接受虚假的或盗用的真实。Edge 的社区由实干家而不是那些谈论和分析实干家的人组成。

Edge 与 17 世纪早期的无形学院（Invisible College）十分相似。无形学院是英国皇家学会的前身，其成员包括物理学家罗伯特·玻意耳（Robert Boyle）、数学家约翰·沃利斯（John Wallis）、博物学家罗伯特·胡克（Robert Hooke）等。这个学会的主旨就是通过实验调查获得知识。另一个灵感来自伯明翰月光社（The Lunar Society of Birmingham），一个新工业时代文化领袖的非正式俱乐部，詹姆斯·瓦特（James Watt）和本杰明·富兰克林（Benjamin Franklin）都是其成员。总之，Edge 提供的是一次智识上的探险。

用小说家伊恩·麦克尤恩（Ian McEwan）的话来说："Edge 心态开放、自由散漫，并且博识有趣。它是一份好奇之中不加修饰的乐趣，是这个或生动或单调的世界的集体表达，它是一场持续的、令人兴奋的讨论。"

约翰·布罗克曼

扫码关注"湛庐教育"，回复"世界因何美妙而优雅地运行"，观看史蒂芬·平克、贾雷德·戴蒙德等撰文者的 TED 演讲视频！

This Explains Everything

目 录

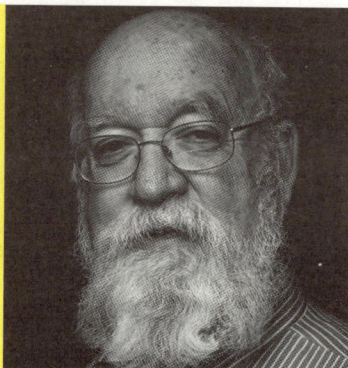

138

Kevin Kelly
凯文·凯利 / 370

《连线》杂志创始主编，著有《失控》《必然》

吾为星辰

你不是一个人在读书！
扫码进入"趋势与科技"读者群，
与小伙伴"同读共进"！

This
Explains Everything

Edge 年度问题：你最心仪的那个深邃、美妙而优雅的科学理论是什么？

关于本书 Edge 年度问题的提出，我们需要感谢史蒂芬·平克（Steven Pinker）。

在科学研究中，也许最大的快乐与幸福便是能化繁为简、降龙伏虎、技惊四座。这样的阐释与解答才能称得上深邃、美妙而优雅。历史上，曾经品尝过这种快乐与幸福的人不在少数：约翰尼斯·开普勒（Johannes Kepler）把复杂的行星运动解释为在简单的椭圆轨道上运行；尼尔斯·玻尔（Niels Bohr）运用电子壳体阐释了化学元素周期表；詹姆斯·沃森（James Watson）和弗朗西斯·克里克（Francis Crick）运用双螺旋结构解答了基因复制的问题。伟大的理论物理学家保罗·狄拉克（Paul Dirac）曾经说过这样一句话："方程式之美，比符合实验结果更为重要。"

Edge 的精髓在于，所有呈现于此的智慧都是最为广义的科学思想，它是人们了解万物最为可靠的一种路径，包括对哲学、数学、经济学、历史学、语言学和人类行为学等诸多领域的探究。这些探究的共同之处是：以小明大，用浅显易懂的方式阐释世间的万物万象之谜。

复杂的生命是自然选择的产物，而这一切都由复制基因之间的竞争所驱动。

——史蒂芬·平克（Steven Pinker）

COMPLEX LIFE IS A PRODUCT OF NATURAL SELECTION, WHICH IS DRIVEN BY COMPETITION AMONG REPLICATORS.

01

EVOLUTIONARY GENETICS AND THE CONFLICTS OF HUMAN SOCIAL LIFE

复制基因之间的竞争

Steven Pinker

史蒂芬·平克

哈佛大学语言学家，认知心理学家，
著有"语言与人性"四部曲。

复杂的生命是自然选择的产物，而这一切都由复制基因（replicator）之间的竞争所驱动。竞争的结果取决于，哪一个复制基因能以最优方式调动能量和必需的物料来进行复制，同时也取决于复制基因能以多快的速度复制出可再复制的下一代。竞争的第一个方面可被称为生存、新陈代谢或躯体作用，第二个方面则是复制或生殖方面的作用。生命，在其每一个单位上，从核糖核酸（RNA）和脱氧核糖核酸（DNA）到所有的生物体，都具有这样一个特征：执行并不断交替取舍这两个方面的功能。

生命的取舍在于如何配置资源，如能量、食物、风险、时间等，以此尽其所能地繁殖出更多后代并让后代自谋生路，或者让自己竭力养育较少的后代，从而提高每一个后代存活及繁殖的机会。这样一个持续的过程就体现出一个生物体在"亲代投资"（parental investment）🔍上付出的努力。

鉴于亲代投资是有限的，进行投资的生物体会面临第二次取舍：是把资源投资给一个特定的后代，还是保留这些资源投资给已有的或潜在的兄弟姐妹？

因为性别之间存在着本质差异，雌性制造稀少却昂贵的配子，这导致在后代的投入方面，大多数物种中的雌性投入远远多于雄性投入，雄性在这方面的投入接近于零。特别是哺乳类的雌性，它们选择对后代付出大量的投入：从妊娠到哺乳喂养。在包括现代智人在内的一些物种中，尽管雄性也可能会做一些投入，但仍低于雌性。

自然选择不仅有利于从父母到后代子女的资源分配，也利于将优势基因遗传给亲属，比如兄弟姐妹和堂表亲。举例来说，某个基因非常值得遗传给后代，它就会促使父辈对后代进行投资，这自然也会惠及其后代的后代。由此，某个鼓励生物体投资兄弟或堂表亲的基因，在一段时间之后，对该基因本身的复制也大有裨益。而且，这样的基因将基于它授予后代的利益比例、承担的代价比例，以及基因的关联性比例进行甄选。

我刚刚回顾了地球上生命的基本特征，也可能所有地方的生命皆如此，但我几乎没提到关于人类自身这个物种所不确定的某些事实，仅仅提及了人类是雄性有亲代投资的哺乳动物。我将加上第二点，即人类是一个有头脑的物种，拥有众

① 在进化生物学中，亲代投资是指亲代为增加后代的生存机会而进行的投资。——译者注

复制基因之间的竞争

多解决生命难题的方式方法。人类不仅会通过漫长的进化过程甄选出固定的适应方式，而且会兼用包含认知、语言、社会化等在内的适应方式，这些适应方式都在我们生命的长河中得以呈现，我们通过文化分享这其中的衍生品。

从这些关于进化过程本质的深刻原理中，我们可以推断出人类这个物种社会生活的万千诸相。

◎ 冲突是人类社会的一部分。虽然我们拥有伊甸园的宗教神话、高贵野蛮人🔍的浪漫形象、完美和谐的乌托邦梦想，以及诸如依恋、纠缠和凝聚力等隐喻，但是，人类的生活从未远离过纷争与摩擦。所有社会都或多或少存在着威望和地位的差异、权力与财富的不平等、惩罚、性规则、性嫉妒、对其他群体的敌意，以及群体内的冲突，包括暴力、强奸和杀戮。我们的认知和道德根据这些冲突而做出改变。坊间流传的为数不多的虚构故事全都由杀气腾腾的敌人和至亲或爱情的悲剧（或二者兼具）所构成。但在现实生活里，我们的生活故事则大多与冲突相关，这些冲突来自朋友、亲人和对手所造成的伤害、罪恶与竞争。

◎ 此类冲突的主要避难所是家庭。家庭是一种在个体彼此健康成长的过程中获取进化利益的个体聚合。正因如此，我们发现，传统社会就是围绕着亲属关系搭建而成的，其中的政治领袖，无论是伟大英明的君主还是拙劣平庸的暴君，都试图把权力传递给自己的后代。极端形式的利他主义，诸如器官捐献或是冒险借款给他人，多数都会提供给自己的亲属，死后财富的遗赠也是如此。这

② "高贵的野蛮人"这个词最初出现在约翰·德莱顿的一部英雄诗剧中，剧中一名伪装成西班牙人的基督教亲王自称为高贵的野蛮人。这个词现用来形容虽然物资贫乏，但精神高贵的人。
——译者注

扫码关注"湛庐教育"，
回复"世界因何美妙而优雅地运行"，
观看本文作者的 TED
演讲视频！

是导致经济不平等的主要原因。裙带关系会不断地威胁着与家族关系竞争的社会制度，例如宗教、政府和商业组织。

◎ 家庭也不是冲突的完美避风港，因为共有的基因原本团结一致，但却必须面对亲代投资的竞争。父母不得不在已出生的和未出生的孩子之间分配他们的投资比例，尽管每个孩子都弥足珍贵（其他一切也均平等）。然而，虽然自己能够从其他兄弟姐妹的资源中获取益处，并且自己和全体手足共享一半的基因，但毕竟自己拥有自身特有的基因，所以会对自己的资源格外地关注与重视。这个隐藏的冲突贯穿着生命的整个周期：产后抑郁、杀婴罪、断乳、不听管教、发脾气、手足之争以及争夺遗产。

◎ 性不完全是情投意合的成年人之间获得愉悦的一种消遣。这是因为男性与女性亲代投资的最低限度不同，这些亲代投资最终会转化为他们不同的进化利益。男性能够通过多个伴侣来增加其繁殖产出。在异性关系中，男性比女性更易于不忠。在面临被抛弃时，女性也比男性更容易受到伤害。因而，性时常处于剥削、非法、妒忌、配偶虐待、通奸、遗弃、骚扰和强奸的阴影之中。

◎ 爱情并不是人类的一切，爱情也不会让世界随之运行。从理论上讲，婚姻的确能够让夫妻完美兼顾遗传与利益，并由此产生一种可以拥有浪漫爱情的幸福机遇，这是因为他们的基因命运被捆绑在一起。换言之，就是夫妻共同养育他们的孩子。不幸的是，这些利益完全可能因为背叛、继子（女）、无血缘的亲戚（公婆或岳父岳母）或年龄差异而造成分歧。这些并非巧合，它们往往是婚姻冲突的主要根源。

　　这些并非意味着人类如机器人一般被各自的基因所控制，也不意味着其复杂性由单一基因所决定，更不意味着人类可以借助道德的名义掀起战争、强奸或调戏妇女，同样也不意味着人类应该尽可能多地生儿育女，或是对各自文化的影响无动于衷。这些都是在阐释进化的过程中，出现的一小部分常见的误解。这段话真正要表达的是，反复出现的大量人类冲突的根源，已经不再局限于那些让生命存续成为可能的小小的几个方面了。

注：本文作者史蒂芬·平克的"语言与人性"四部曲（《语言本能》《思想本质》《心智探奇》《白板》）已由湛庐文化策划，浙江人民出版社出版。

02

EVOLUTION BY MEANS OF NATURAL SELECTION

自然选择的进化之路

苏珊·布莱克莫尔（Susan Blackmore）

心理学家，著有《意识概论》（*Consciousness: An Introduction*）。

显而易见，唯有达尔文的自然选择学说可以解释万物，无可匹敌。自然选择学说涵盖一切物种的选择，自然的抑或是变异的，它是放诸四海而皆准的美妙而优雅的真理。通过简便的三步进化演算法，运用单一学说至简的理念，自然选择学说解答了人类为什么生活在一个如万花筒般多样的世界里。它不仅阐释了我们人类为什么能够生存，还回答了树木、小猫咪、乌尔都语（巴基斯坦官方语言）、英格兰银行、切尔西足球队和苹果手机为什么会出现这样的问题。

你或许会感到疑惑，如果自然选择学说如此唾手可得且能擎天撼地，那为何在达尔文和阿尔弗雷德·罗素·华莱士（Alfred Russel Wallace）发现这一真理之前，没有任何一个人发现呢？更不用说，时至今日，不知其然者尚有无数。我想，究其根源，是因为自然选择学说的核心看上去是一种重言式（永真式）逻辑。打个比方，当你说"活物是活的"或"成功的想法便是成功"这些话时，就相当于什么都没说。要想把这些重言式的阐述转化为足以擎天撼地的力量，你必须在一个设限的世界里追根溯源。在这个世界里，万物不是永恒存在的，但生存的竞争无处不在。与此同时，你必须意识到，这是一个千变万化的世界，这其中的无穷变幻都被生存竞争的法则推动着、引领着。

在这种情况下得来的成功总是转瞬即逝，紧接着，三步进化演算法开始施展身手，它能够把重言式逻辑转化为深邃而优雅的真理。伴随着轻微的变异，三步进化演算法无数次地对存活的物种进行复制，并任由它们散落在这个千变万化的世界里，只有那些适应新环境的物种才能够生存下来。这个世界上的万物，比如生命体、思想、组织、语言、故事、软件和机器等，统统都是生存竞争压力下的产物。

掌握并理解这样一个美妙而优雅的理论并非易事。我认识许多大专院校的学生，尽管他们在学校里曾经接受过进化论的学习，我也以为他们都能理解这一理论，但实际上，这些学生并没有真正掌握。对我来说，教学中的一大快乐，便是看见学生们在恍然大悟之时，他们脸上呈现出愕然不已的神情。在那样的时刻，我心中总会有种感动油然而生。自然选择学说暖人心房，因为与那些有宗教信仰的人不同，当我的视线越过电脑屏幕，望向窗外远处那静静横亘在河水之上的小桥、那一棵棵树木、那低着头吃草的牛群时，它们全都身处在一个简单明了的竞争过程之中，结果都是适者才能得以延续和繁衍。那一刻，身处一隅之地的我，心亦为之雀跃。

自然选择的进化之路

03

LIFE IS A DIGITAL CODE
生命是一组数字代码

马特·里德利（Matt Ridley）

科普作家，牛津大学动物学博士，国际生命中心创始主席，著有《理性乐观派》。

如果今天，再让我像 1953 年 2 月 28 日那天的清晨那样，认为生命是一个极具深奥玄妙的课题，已经非常难了。在那一天的午餐时分，人类对生命的认知蓦然发生了翻天覆地的变化。回顾在此巨变之前所有对"生命是什么"这个问题的回答，你会发现，作为地球上的一个物种，人类一直在苦苦追寻这个答案，却始终不得其解。生命是由具有特异性和复杂性（主要是蛋白质）的三维物体构建而成的，生命可以准确地进行自我复制。这是怎么实现的？你如何着手设置一个三维物体的复制？你怎么才能让这个复制品以一种可预测的模式，保持不断地生长和持续地发展？对这样一个严肃的科学性问题，我们绝不能凭空猜测答案。奥地利物理学家埃尔文·薛定谔（Erwin Schrodinger）曾经尝试过寻找这个答案，但他却求助于与此毫无关联的量子力学。千真万确，薛定谔运用了"非周期性晶体"（aperiodic crystal）这个术语，假如你见多识广，就能够把非周期性晶体视为一组线性代码，但我想要想做到这一点，光见多识广可能还不够。

虽然刚才讨论的问题让人迷惑不解，但谢天谢地，人类终于意识到 DNA 在生命进程中发挥了至关重要的作用，因为 DNA 是那样简洁明了。在 1953 年 2 月 28 日之前的所有那些对生命的胡乱解释，都与人类挥手作别。不过，这些解释倒是在原生质和生命力方面给予了人类洞察力。

接踵而来的是双螺旋结构，对此最直截了当的理解便是如弗朗西斯·克里克几周后给他儿子的信中所写的那样，"双螺旋结构是某种类型的代码", 数字的、线性的、二维类型的, 它们可以无穷组合并能瞬间自我复制, 这便是你所需要的全部答案。以下是克里克信函的部分节选, 写于1953年3月17日:

> 我亲爱的迈克:
>
> 沃森和我可能得出了一个最为重要的发现……现在我们坚信DNA是一组代码, 即基础或叫作字母的排列顺序使得一个基因有别于另一个基因, 就像印刷的一页纸不同于另一页一样。你可以从中获知大自然是如何进行基因复制的。如果把一个拥有两组基因的链条分拆为两个单独的基因链条, 并且每一个链条都可以和另一个链条聚合在一起, 那么, 因为腺嘌呤(A)与胸腺嘧啶(T)总是一对, 鸟嘌呤(G)与胞嘧啶(C)也是一对, 我们便能够获得之前两组基因的复制品了。换言之, 我们相信自己已经发现了生命之所以能代代相承、生生不息的奥秘……你肯定能明白沃森和我是多么地欣喜若狂。

从没有过一个谜题, 像生命的奥秘这样, 在清晨时分还如此让人迷惑, 而到了解开谜题的午后, 又让人觉得答案如此显而易见。

04

REDUNDANCY REDUCTION AND PATTERN RECOGNITION

冗余度压缩和模式识别

理查德·道金斯（Richard Dawkins）

进化生物学家，牛津大学教授，英国皇家科学院院士，著有《自私的基因》《道金斯传》。

什么是深邃、美妙而优雅？一个理论之所以简洁优雅，其中一半的功劳要归于它以小明大、见微知著的威力。说到此，只有达尔文的自然选择学说力拔头筹。自然选择学说所包含的内容犹如恒河沙数，数不胜数，该理论阐释了一切与生命相关的事物，包括生命的复杂性、多样性，甚至包括被精心设计出的错觉等，这些阐释都被细化到了微渺之处，而且这些微渺需要进行假定，因为随机变化的基因通过地质时间而非随机地存活了下来。在人类认知领域中，从未有过一个理论能像自然选择学说一样，可以在如此少的假设中，阐释出这么多事实。它真是深邃且优雅，其深度之深，直至 19 世纪末期，人类都未曾探知。另一方面，对某些人而言，自然选择学说太具破坏性、太奢侈浪费、太残忍不堪，因此很难与"美妙"二字相提并论。但通常情况下，我相信还是会有人选择达尔文的学说。那我就先来谈谈达尔文曾外孙的理论，最后再回过头来讨论达尔文的自然选择学说。

英国皇家学会会员霍勒斯·巴洛（Horace Barlow）先生是霍勒斯·达尔文爵士（Sir Horace Darwin）最小的外孙，而霍勒斯·达尔文爵士则是查尔斯·达尔文最小的儿子。如今，霍勒斯·巴洛先生虽已有 90 岁的高龄，但依然是威名赫赫的剑桥神经生物学家。今天我想讨论的这个理论是关于冗余度压缩和模式识别的，巴洛先生在 1961 年发表的两篇论文中曾经提及过。因其深远的影响力和重要性，这个理论在我今生的研究生涯里始终激励着我。

神经生物学理论中有一个神秘的"祖母神经元",又名祖母细胞。当某个极为特定的图像,比如美国神经生物学家杰里·莱特文(Jerry Lettvin)的祖母的头像出现时,这个或这组细胞就会激活并映射在视网膜上(莱特文与巴洛先生一样,从事的是青蛙视网膜的研究工作)。问题的实质在于,莱特文祖母的头像仅仅是由大脑识别出的无数图像中的一个而已。如果人类拥有一个可供我们识别万物的特定神经元,不仅仅是莱特文的祖母,而是众多其他人的脸庞、物体、字母、花朵,并且每一个都能从众多的角度和距离见到,那我们人类面对的将是一个组合式大爆炸。如果感官识别是依靠"祖母原则"来运行的,那么特定识别的神经元数量,即用于神经脉冲的所有可能组合数量将超过宇宙中原子的数量。美国心理学家弗雷德·艾特尼芙(Fred Attneave)曾经进行过推算,人类的脑容量可以以立方光年为单位来测量。巴洛和艾特尼芙二人各自独立地提出了运用冗余度压缩的原理来解释这个问题。

信息论的创始人克劳德·香农(Claude Shannon)提出,"冗余度"(redundancy)是一种信息的倒置。在英语里,紧随"q"这个字母的往往是"u",于是在不丢失信息的情况下,字母"u"完全可以被省略掉。"u"就可以被称为是冗余的。无论何时冗余出现在一组信息里(这不会是随机的),人们都完全可以更加简洁地记录信息但不丢失信息,虽然在修正错的误能力方面会略有缺失。巴洛认为,在感觉传导路径的每个阶段中,都存在着若干调整机制,以此来清除大量的冗余度。

时间"t"这一点上的世界,与时间"t − 1"这一点上的世界并无多大差别。因此,对感官系统而言,没必要对世界的状态进行持续不断的反馈。它们需要的仅仅是"变化"的信号,这种变化能够让大脑处于一种假定状态中,即假定没有被反馈的事物依旧保持着原来的状态。感官适应是感觉系统里最著名的一个特征,这个特征正如巴洛先生所指定的那般精准地显现了出来。举个例子,如果一个神经元正在标志温度,并非如人们天真地设想的那样,即该神经元发射信息的频率与温度成正比。截然相反的是,仅仅在温度出现一个变化时,这个频率才会得以提升。紧接着,它逐步衰减到一个缓慢的、休眠的频率。与此相同的还包括标志亮度、响度、压力等的神经元。通过挖掘世界的时间序列中的非随机性,感官适应获得了巨大的经济效能。

感官适应系统在时间领域里所获取的，与侧抑制（lateral inhibition）固定现象在空间领域里所获取的完全一样。假设将生活中的一幕场景放到一个像素化屏幕里，该屏幕就好比是一个数码相机的后台或一双眼睛的视网膜，放眼望去，大多数的像素全都一模一样。这其中只有落在边缘和边界上的像素看上去与众不同。如果每个视网膜细胞都能够忠实地向大脑报告其光值，那么大脑将会遭到一条巨量的冗余信息的轰炸。但如果大多数到达大脑的脉冲来源于沿着场景边缘的像素细胞，那么大脑就获得了巨大的经济效能。于是，大脑才能假定边缘之间的空间能保持均匀性。

正如巴洛先生所说，以上正是侧抑制获得的结果。举例来说，在青蛙的视网膜上，每一个神经节细胞都源源不断地向大脑传输着信号，在其视网膜表层的特定位置上报告着光的强度。但与此同时，神经节细胞也向其最近的细胞发送着抑制信号。这说明向大脑传输强信号的是那些位于边缘的神经节细胞。与位于边缘区域的细胞不同，因为受到邻近细胞的抑制，位于均匀彩色区域的绝大部分神经节细胞向大脑传输的脉冲信号少之又少。基于此，信号方面的空间冗余就被消除了。

巴洛学派的分析逐渐延伸成为现代的感官神经生物学，包括 1981 年的诺贝尔生理学及医学奖获得者休伯尔（Hubel）和威塞尔（Wiesel）著名的水平线以及垂直线探测神经元（直线为冗余，从端线重组），以及由杰里·莱特文和其团队发现的青蛙视网膜中的运动"缺陷"探测。在青蛙的世界里，运动呈现出一种非冗余的变化。但如果始终以相同的速度保持着相同的方向，那么运动也是冗余的。毫无疑问的是，莱特文和他的团队在青蛙的研究中发现了一个"奇异"的神经元，只有当运动着的物体做出一些意想不到的行为，比如加速、减速或改变方向时，神经元才会输出信号。这种奇异神经元会被调节，以此过滤掉高阶序位的冗余度。

巴洛先生指出，从理论上讲，通过对一个特定动物的感官过滤器进行研究，可以证实，冗余度存在于动物世界。它们构成了一种可以使用统计特性来描述的动物世界。这也提醒了我，我刚刚说过我要返回来讨论达尔文的进化论。在《解析彩虹》（Unweaving Rainbow）中，我曾指出，一个物种的基因库是一本"基因的度亡经"（Genetic Book of the Dead）。这本经书根据来自远祖世界的编码描述所撰写，而那些在远祖世界里的物种基因，则是经历过地质年代留存至今的。自然选择其实是一台标准的计算机，在这个生生不息的世界里，它自始至终都在进行着冗余度，也就是重复模式的检测，这样，各类物种才得以留存和传承；所有物种中，50% 是两性繁殖，另 50% 则是无性繁殖。试问我们能否把巴洛先生的感官系统神经元理论，运用到对基因库里自然胜出的基因进行平行分析呢？如果能做到，它就将被称为深邃、美妙而优雅的科学理论。

注：本文作者理查德·道金斯的《道金斯传》（全 2 册）已由湛庐文化策划，北京联合出版公司出版。

05

THE POWER OF ABSURDITY
荒谬的力量

斯科特·阿特兰（Scott Atran）

人类学家，法国国家科技研究中心研究员，著有《与敌人对话》（*Talking to the Enemy*）。

什么是超然的力量？它能驱动整个宇宙，或驱动历史、驱动是非决策与分辨好坏，它的存在已经从根本上超越了理性，不再受到逻辑的或经验反证的束缚，这种超然的力量是我所知道的最简洁而优雅、最具科学玄妙的现象。其威力和荒谬性强烈地相互干扰着，值得我们人类对其进行谨慎的科学研究与观察。在当下这个时代，最具爆炸性和看似棘手的冲突大多来源于宗教，如何完美地运用科学理论来解决这样的难题，已成为前所未有的重中之重。

你可以叫它"种群"的爱或者"上帝"的爱，或是对"一个信念"或"起因"的奉献，反正最后都已无关紧要。正如英国哲学家霍布斯（Hobbes）在其著作《利维坦》（*Leviathan*）中所写的："超然是荒谬所拥有的特权，在超然的世界里，除了人类，其他一切生物都不是主体。"在《人类的由来》（*The Descent of Man*）中，达尔文称其为"道德的美德"，拥有这样的美德，在历史的螺旋式竞争中，获胜的部落才能够被赋予更多的生存和统治优势。

与其他生物物种不同，人类会使用一些抽象的术语来定义他们所从属的种群。通常，人类会竭尽全力地拼杀，以期获得与其他陌生人建立一种永恒的理性与感性并存的联盟。人类孜孜不倦地寻求着英雄般的杀戮和阵亡，但这并非是为了要延续他们自己的生命或是他们认识的人的生命，而是为了某个构成他们自我的信念，即"我们是谁"这样的信念。

神圣的、亦或是超然的价值观和宗教信仰都具有文化的普遍性，尽管它们因跨越文化而内容迥异。神圣的价值观标示着社会的道德边界，并决定着何种物质交换能被准许。对"神圣"的严重侵犯是不可触碰的禁忌：我们认为那些卖掉自己孩子或出卖自己国家的民众是反社会分子；而其他国家则视通奸或漠视穷人为不道德，但不会认为出售儿童、妇女或否认言论自由为不道德。

通常只有在被挑战之际，神圣的价值观才会变得至关重要。以食物为例，在人们的生活当中，只有当我们得不到食物时，食物的绝对价值才会凸显出来。在一个单一的文化氛围里，人类往往不会意识到对他人而言的神圣是什么。换言之，人类只有通过冲突才会逐渐意识到，挖掘出另一面的价值是非道德和荒谬的，比如，反堕胎与倡议堕胎合法化。类似的冲突不能完全沦为世俗的利益算计，但必须运用该冲突自身的术语来处理，即采取不同于市场，也不同于权力政治的逻辑。打个比方，跨文化的证据表明，严重的经济负担和大量的死亡并不会促使人类选择战争、革命或是抵抗。正如达尔文所指出的，善良者与勇敢者，他们不畏后果，只把"做正确的事情"视为一种道义责任。事实上，我们已经拥有了神经影像的证据，表明人类在处理神圣价值观方面，其大脑倾向于用规则约束行为，而不倾向于进行功利的算计——想想《十诫》或者《人权法案》吧。

在大规模的人类社会形成方面，隐藏着一个明显的悖论。文明的漫漫长河是由数量庞大的陌生人聚合而成的，这些陌生人包括当今不同国家的人、跨国运动带来的人，以及其他由虚构亲属所组成的"想象共同体"。宗教和意识形态的崛起取决于丹麦哲学家克尔凯郭尔（Kierkegaard）所认定的这种"荒谬的权力"，比如亚伯拉罕为了表明将自己交付给一位无形无名之神的决心，甘愿杀死自己最心爱的儿子。因杀子献祭之举，亚伯拉罕成了世界上最伟大的文化英雄，而不是被视为虐童者、谋杀犯或是疯子。人类最强烈的社会关系和行为，包括合作、宽恕和对杀戮的容忍度，源于一种人类对"不可言喻"的行为原因和过程的责任感，即从根本上缺乏对一致性的逻辑判断和对代价与结果的经验评估。对于一项神圣事业，你越是有着物质层面上令人费解的奉献和承诺（换言之，就是越发荒谬），越是笃信神圣事业的存在，这种笃信就会制造出越多的片面责任感。

当然，各类派别的思想家都曾殚精竭虑地解答这个悖论，大多数都是由意识形态驱动的或草率的回答，他们通常只是想证明，宗教信仰是向善的，或者更多情况下，宗教信仰过于不合理。进化论如是教诲：人类是充满激情的生物，而其理性本身的目标是社会的胜利和政治的信仰，而非寻求哲理或科学方面的真理。持久坚持理性，是战胜同样持久的非理性的最佳手段和希望所在。有朝一日，基于事实的逻辑将会摆脱掉神圣这个光环，从而结束这场理性与非理性的冲突，而正是这场冲突否定了所有科学观教导我们的基于激情驱动的本质。纵观人类的历史，在我们身处最束手无策的冲突和最宏大的集体主义狂欢之下，功利主义逻辑取代神圣宗教的前景实属黯淡。

对阿尔弗雷德·罗素·华莱士而言，道德行为（与数学、音乐和艺术并肩）证明了人类不仅仅是通过自然选择进化而来的："我们一直在探讨的特殊能力清晰地表明，人类内在所具有的某种能力，并非来源于其动物祖先，或许我们最好称这种能力为一种精神精髓……它超越了所有由物质、法则和力量所作出的阐释。"

华莱士与达尔文在这个问题上的分歧长期存在，这促使达尔文曾一度抗议："我希望你没有把你自己和我的'孩子'（即进化论）赶尽杀绝。"但达尔文本人也没有给出因果解释，来回答人类是如何进化成道德动物的，他只是说，由于我们的祖先身体羸弱，只有种群的力量才可以帮助他们生存下来。

宗教和神圣被禁多年，这种禁令来自合乎逻辑的探究，而这些探究又是由所有派别的意识形态偏见所主导的。或许这个话题太过于接近我们人类期盼成为何人或不想成为何人，于是它成了科学研究上一个浩瀚无垠、紊乱复杂、未经探索的领域。无论如何，对我们绝大多数人类而言，无论何处，无论何时，它都是如此简明而优雅。

HOW APPARENT FINALITY CAN EMERGE

何以水落石出

卡尔罗·罗威利（Carlo Rovelli）

法国马赛大学理论物理研究中心理论物理学家，著有《量子引力》（*Quantum Gravity*）。

毋庸置疑，本书 Edge 年度问题的答案只能是达尔文的自然选择学说，其至简至美的解答令人叹为观止。我坚信不疑，世人都会旗帜鲜明地把达尔文的自然选择学说视为他们最心仪的那个深邃、美妙而优雅的科学理论。可我依然想强调，人们旗帜鲜明地选择达尔文的学说，是因为其具有里程碑式的意义，它指明了我们人类与地球上的所有生命共享着相同的祖先，这直接关系到整个科学事业的核心。

在古希腊物理学家着手对大自然进行自然主义的解释不久之后，反对的意见也随之而来。这种反对意见，在柏拉图的论述，如《斐多篇》（*Phaedo*）中得以清晰地表达出来，尤其体现在亚里士多德对"原因"理论的争论上。自然主义的解释依赖于亚里士多德所说的"有效原因"（efficient cause），即由过去的现象制造的结果。然而，世界看上去是由现象所主宰的，现象可以用"最终原因"（final cause）来理解，即一个"目标"或一种"目的"。在我们生活的世界里，这些处处可见。我们长着嘴，"所以"我们能够进食。这种反对意见的重要性不能被低估，它使古代自然主义走向灭亡，在众多人的心目中，这种反对依旧是主要源头，让人们从心理上抗拒着对整个世界采取一种自然主义的理解。

达尔文发现了一个无比惊人的简单原理，即有效原因制造出了现象，尽管此现象看似是由最终原因导致的。我们随时都可以使现象得以复制，我们所观察到的实际现象一直都在进行着复制，因而这些现象也必定易于被复制，于是我们能够以最终原因来读取它们。换句话说，一个最终原因之所以可以有效地理解世界，是因为它是一条捷径，能够对一个持续现象的过去和历史进行解释。

可以肯定的是，这个观点曾经出现过。古希腊哲学家恩培多克勒（Empedocles）曾推断出，在一个幸存的王国里，显性的结局可能是随机性选择的后果；并且，亚里士多德在其著作《物理学》（*Physics*）中也提及过有关物种（"种子"）这个概念，但当时的时机并未成熟。在随后的宗教时代里，这样的观点渐渐消逝。我认为，对达尔文自然选择学说的抵制，不是因为理解这个美妙理论的威力有多么困难，而是因为惧怕这种非同寻常的力量，这样的一个理论将打破人类陈旧的世界观！

FACT, FICTION, AND OUR PROBABILISTIC WORLD
事实，虚幻，与我们的概率性世界

维多利亚·施托登（Victoria Stodden）

计算机法学学者，哥伦比亚大学统计学助理教授。

我们如何区分小说和事实？我们时常被看似不寻常的巧合所影响。想象一下，你在早上读报时看到描述一条鱼的一段话，接着午餐时你吃了一条鱼，话题转到了"四月鱼"（或是四月愚人节）。那天下午，同事给你看了几张鱼的照片，晚上你又得到了一份鱼形海怪的刺绣礼物。第二天早上，同事告诉你，她昨晚梦见鱼了。一开始你可能会感觉这些事件有些怪怪的，但事实证明，我们不应觉得有什么古怪。这里的原因有着很长的历史，这导致了随机性通过概率的分布，直接构建到我们对自然理解的非直观洞悉当中。

机会是无知

俄国小说家托尔斯泰曾经质疑我们对机会的理解。他举出了一个羊群的例子，有一只羊被选出来要被宰掉。这只羊被单独喂食了额外的食物，托尔斯泰设想那群羊在不知道未来要发生什么事情的情况下，一定会认为持续变肥的那只羊是那么的与众不同。托尔斯泰认为这群羊以其有限的观点，笃定地认为这是机会使然。托尔斯泰给这群羊提供的解决方案是，羊群就此停止认为事情仅仅是为了"实现羊的目的"而发生的，同时要意识到，其中必然存在蹊跷的目的才能够完美地解释这一切，因而没有必要依靠机会这个概念。

机会是看不见的力量

在 83 年后，卡尔·荣格（Carl Jung）在他著名的论文《同步性，一个非因果联结的原理》（*Synchronicity, An Acausal Connecting Principle*）中表达了相似的看法。他假设，这些看似没有因果关系、但又似乎有关的事件，事实上是受到了某个隐藏的力量影响。本文开始的"六条鱼"的故事就来自荣格的书。他发现这一系列的事件非同一般，甚至它们相互之间存在非比寻常的关系，所以不能将其原因简单地归于机会。荣格认为某种其他的事物必定会发生，他将其称为非因果联结原理。

佩尔西·迪亚科尼斯（Persi Diaconis）是斯坦福大学统计与数学教授，也是我以前的老师，他对荣格的例子进行了批判性的思考：假设我们平均每天遇到鱼的概念一次，根据统计学家所谓的泊松过程，这个用来计数的标准数学模型，它假定观察出现的平均值有某个固定值，否则就是随机的。所以，我们可以对荣格的例子进行思考，以 24 小时为周期观察其长期平均频率，并计算在 24 小时中看到六次鱼或以上的概率。结果迪亚科尼斯发现，此概率高达 22%。从这个角度看，荣格不应对这一系列事件感到惊诧才是。

统计革命：产生于数据生成模型中的机会

仅仅在托尔斯泰写到羊的故事之后的 20 年，英国数学家卡尔·皮尔逊（Karl Pearson）通过观察结果如何而来的新思路（和戴康尼斯计算概率使用了同样的想法），带来了科学思维的统计革命。皮尔逊认为，大自然遵循未知的分布模式来提供数据，但又带来某些随机性。他的观点是，这与观测结果实际记录的额外增加测量误差是不同的概念。

在皮尔逊之前，科学应对的是"真实的"事物，例如描述行星如何运行的定律，或者马匹体内血流动的定律。皮尔逊促成了世界的概率概念。即便有着测量的误差，行星还是没有按照定律精密且准确地运行。每匹马体内确切的血流途径各不相同，但马的循环系统不都是随机的。估计这些分布并非现象本身，因而我们能提炼出更为精准的世界画面。

由概率分布所描绘的机会

认识到测量本身具有概率分布的特征，是个显著的转变，从此我们就不会再将随机局限性视为测量错误。皮尔森的概念能够发挥作用，是因为该概念允许我们在分布的假设前提下，我们所作出的估计是否具备可能性。在当今，这个论证已经成了我们判断一个阐释是否可能正确的主要工具。

举例说明，我们能够量化药效的可能性，或是在高能物理学中判定是否能够进行粒子探测。药物治疗在控制组和对照组内的平均反应差分布是否集中在零？如果这看起来很有可能，就可以怀疑药物的有效性。与目前为止已知的粒子的型号分布截然不同的可能信号，是否一定代表不同的分布方式，从而代表着一种新型粒子？检测希格斯玻色子需要对这些数据有概率性的理解，才能够从其他事件中区别出希格斯信号。所有这些案例的关键所在，在于我们想知道产生有效现象的潜在分布特点。

皮尔逊直接将随机性与概率分布合二为一，从而使我们对可能性谨慎思考，并量化我们对特殊阐释的信心，因而我们可以对事物是否具有特殊意义作出更好的评估，这样我们就能够更好地达成"人类目标"。

08

AN UNRESOLOVED (AND THEREFORE UNBEAUTIFUL) REACTION TO THE EDGE QUESTION

什么是美的阐释？

丽贝卡·纽伯格·戈尔茨坦（Rebecca Newberger Goldstein）

哲学家，小说家，耶鲁大学惠特尼人文学科中心弗兰克客座研究员，著有《柏拉图在谷歌总部》（*Plato at the Googleplex*）。

本书的 Edge 年度问题提出了一个深邃的问题，这绝非轻而易举就能回答的：当思考一个问题时，我们如何得知对这个问题的优美的阐释与其本质存在必然联系呢？看似优美的阐释和真理又有着何种必然联系呢？那么，在回答"为什么美学的中心概念必须要引进严谨的科学概念"这个问题上，是否还有更好的解释呢？

你可能会认为，优美是一种可意会而不可言传的感受，而非一个评判理论的标准。打个比方，在我们的印象中，对称的脸和身体是美丽的。对称也被证实标志着一个人拥有良好的健康状况，因而具有婚配价值。对一个生物体而言，一项重大的挑战在于它面临着去协调其数十亿细胞的制造，以保证其发展为一个对称的个体，从而能抵御疾病，避免伤害、基因突变和营养不良等不健康的状况。比如说，对称的女性乳房意味着有着良好的生育能力。我们的审美基因明白，对称标志着基因的健康，而不对称则让我们避而远之。同样地，在谈及人类其他美的指标时，比如熠熠生辉的皮肤、明眸善睐的双眼、激情澎湃的青春（至少在女性中），其实我们并不是因为对方美丽而想和他们婚配，而是因为我们想和他们婚配，他们才变得惹人喜爱。我们想与其婚配的主要原因在于，我们的基因会如复制器一般将押注在他们身上的优势基因都复制下来。

你还可能认为，几乎每一种美都不可言传，因为美本身是一种没有实质内容的摄人心魄的附带现象而已。这一点让我想到 Edge 年度问题中有关优美的阐释的问题。是否有"美可以言传"这一概念，即在不同阐释与解答之间做出选择的指南？抑或是任何一个让人心满意足的解答，能让我们感到恰好就是这个原因，让我们怦然心动，从而将其视作美的参照标准，而再一次没有任何实质内容呢？这可能是将美学神秘地与科学关联在一起的一种解释。随之而来的结果却是，这样的解释因美丽而无法让人满意。但我们想要的是，这样的解释因令人满意而美丽。解释脱去了现象的神秘外衣，这或许是一种奖励——使用同一种解释可以让更多的现象去伪存真、不再神秘。是否在解释美的过程中，美的释义就这样无疾而终了？可否不使用任何阐释的方式来概括呢？我认为放弃阐释是一个好方法。

我本想用一种优美的阐释来解答可言传的美，从而结束这篇文章，但有人一直在我耳边喋喋不休。他就是那个该死的柏拉图。柏拉图唠叨了很多关于可言传之美的概念是如何以一种没有任何阐释的方式被世人所接受的。尤其是他坚持己见，正如他在其著作《蒂迈欧篇》（*Timaeus*）中所阐述的那样："对称之美，尤其在物理定律的数学表达式中，不会像上面提到的那样在解释的过程中无疾而终。"他责怪，对可言传之美使用不进行任何阐释的方式，忽略了历史上很多因为坚持对称之美，得以引领实质性科学进步的事例。如果麦克斯韦没有在电磁学领域里锲而不舍地追寻数学的对称之美，他怎么能发现那 4 个电磁学方程式？如果爱因斯坦没有坚持数学之美，他又怎么能发现万有引力方程式？

只有在真正地、完全地解释清楚时，放弃解释才是美的。所以，与其回答本书的 Edge 年度问题，倒不如针对这个深邃的问题奉上我这篇答非所问的文章。

什么是美的阐释？

09

THE DARK OF THE MIND
心灵暗物质

乔尔·戈尔德（Joel Gold）

精神病学家，纽约大学医学院精神病临床副教授。

这世上总有人渴望拥有稳定的婚姻，却又不断欺骗自己的妻子；这世上也总有人渴望事业上的成功，却又不断做自己职场上的掘墓人。

亚里士多德曾把人类定义为一种理性的动物。但以上述那样的矛盾情形来看，人类也并非是理性的。其实所有人都生活在矛盾冲突当中，即人们内心的渴望和实际生活状况的矛盾。在人类历史的长河中，我们曾经一度无法解释这个问题，直到弗洛伊德发现了"无意识"，人类才找到了答案。在弗洛伊德之前，人类一直在找寻自己感知方面的答案，但一直局限于知觉的意识这一层面。在解释矛盾的思想、情感和动机方面，人类一直受限于意识所能企及的层面。我知我所知，我想我所想。弗洛伊德对这个问题给出了一个相当优雅的阐释，这其中假定了一个概念空间，这个空间被非理性所掌控，而且并没有呈现在我们的面前。心灵渴望的呈现不受制于理性的束缚，譬如逻辑推理、因果关系和线性时间。为什么看上去相当理性的人却过着非理性的生活？无意识给出了这个问题的答案。

评论家对弗洛伊德提出的诸如"驱动着性和侵略、防御、冲突、幻想、感情和信仰的源头都存在于无意识当中"的说法予以反对，但是又没人可以否认无意识的存在。现如今，无意识的概念已经被人们普遍接受了。如何解释我们人生当中的起起落落、突发奇想和不可思议呢？我很想知道，一个行为主义者在与他第三任容光焕发的太太离婚时，他心中的所想与所念是什么样的？

　　宇宙主要是由暗物质组成的。虽然人类看不见这类暗物质，但它却有着庞大的重力。心灵的意识层面与宇宙的可视部分极为相似，它只是心灵世界的一个微小分子而已。如此推断，心灵暗物质，即无意识，则具有最大的心灵重力。如果无视宇宙中的暗物质，就会出现异常现象，那么如果忽略心灵的暗物质，也就难以诠释人类的非理性。

心
灵
暗
物
质

WE'VE LEARNED THAT WE LIVE IN JUST ONE PLANETARY SYSTEM AMONG BILLIONS, IN ONE GALAXY AMONG BILLIONS. BUT NOW THAT'S NOT ALL.

我们已经知道，人类生活在数十亿浩瀚星系中的一个行星系里，而银河系也是数十亿星系里的其中一个。但我们现在知道，这并不是宇宙的全部。

——马丁·里斯（Martin Rees）

10

SNOWFLAKES AND THE MULTIVERSE

雪花和多重宇宙

Martin J. Rees
马丁·里斯

英国皇家天文学家，曾任皇家学会主席，剑桥大学宇宙学和天体物理学名誉教授，著有《从当前到无限》（*From Here to Infinity: A Vision for the Future of Science*）。

个令人惊叹不已的概念已进入宇宙学的主流思想：真实的宇宙可能比由空间和时间构建的传统意义上的宇宙要恢弘辽阔许多。哥白尼日心说的地位可能面临着进一步降级。我们已经知道，人类生活在数十亿浩瀚星系中的一个行星系里，而银河系也是数十亿星系里的其中一个。但我们现在知道，这并不是宇宙的全部。天文学家观测到的全景，或许只是我们宇宙大爆炸之后的一个微小部分，而这样的爆炸也许只是无限爆炸中的一朵小小的浪花。

宇宙的环境或许具有丰富的特定结构，但其幅员之辽阔，致使我们人类的视界如井底之蛙。我们无从获知宇宙的"大画幅"，就如生活在特定水域的浮游生物那般，不曾留意到世界上的地形和生物圈。宇宙学家们从探索最简单的模型入手，这显然合乎情理。但期盼在比陆地环境更为复杂和辽阔的宇宙中，探测出更为简单的特性，这是没道理的。

除此之外，由于与宇宙学并无关联，弦理论学家们猜想，可能存在一个有着巨大多样性的"真空状态"。若这个猜想是正确的，那么不同的宇宙就理应由不同的物理定律所控制。从更为广阔的视角入手，一些我们称为自然定律的法则，可能只是局部的次要法则，虽然与一些支配总体的首要理论存在一致性，但并不会被该理论所固化。更具体地说，这些猜想在某些方面或许存在武断性，但还是有些道理的。打个比方，就像雪花的形状具有六重对称性，这是水分子属性和形状直接呈现的结果。但雪花的形状具有丰富的多样性，因为每一片雪花都是在不同的历程和微环境中形成的，每一片雪花在其形成的过程中，都会对偶然的温度和湿度变化极为敏感。

如果物理学家成功得出了一个基本理论，它理应告诉大家，大自然的哪些方面是基本理论的直接体现，比如雪花形状的对称属性起因于水分子的基本结构，又有哪些宇宙数值，如每片雪花的独特图案，是环境突发事件导致的结果。

我们的世界不应该仅仅是一个随机的世界。它应该归属于一个非同寻常的子集，这其中有一组宇宙数值的"幸运大奖"，这组"幸运大奖"有助于我们对复杂性事物的理解。其特征是仿佛经

扫码关注"湛庐教育"，
回复"世界因何美妙而优雅
地运行"，
观看本文作者的 TED
演讲视频！

雪花和多重宇宙

过了精心设计或精细微调一般，但并不会让人感到惊讶。在 21 世纪末，人类应该能够自信满满地回答，我们是否生活在一个多重的宇宙当中？其中的多样性究竟有多少种？我认为，这些答案至关重要地决定了，如何诠释我们所生活的这个具有"生物友善性"的宇宙。这也决定了与外星人不期而遇时，我们要与它们所分享的内容。

如果物理学家们发现自己试图解释的一些关键数字，最终被论证为仅仅是环境的偶发事件，并不像地球围绕太阳的参数那样具备"根本性"，他们难免会大失所望。但当他们发现真实的宇宙比迄今为止设想得更为恢弘繁复、富饶丰富的时候，那些失落与失望一定会被抛到九霄云外。

11

QUAI-ELEGANCE
晶体的优雅

保罗·斯泰恩哈特（Paul Steinhardt）

普林斯顿大学物理学和天体物理学讲席教授，合著有《无尽宇宙》（*Endless Universe*）。

我人生中第一次体验到科学的优雅，是在阅读一本当时并不太流行的书的时候，这本书就是《对称》（*Summetry*），作者是著名的数学家赫尔曼·魏尔（Hermann Weyl）。我在大学四年级时第一次读了这本书，然后每隔几年，我都会拿出来再重读一遍。《对称》这本书面向普通大众，从直觉审美引入对称这个概念，并从艺术、建筑、生物学类型和装饰图案设计等诸多方面，列举了许多栩栩如生的例子。在第四章和最后一章，魏尔将众多奇思妙想转到了精准的科学研究上，例如他引入了"群论"的部分内容，即将对称转换为一种强大工具的数学理论。

为了证明其威力，魏尔概述了群论是如何能被用于解释晶体形状的。晶体因其漂亮的刻面，长久以来一直深受人们的喜爱。大多数岩石都是由不同的矿物混合而成，这其中不乏晶状体的存在，但由于岩石或是一起生成，或是相互交错，或是被风化，因而难以看到漂亮的晶体面。只在很偶然的情况下，相同的矿物才会形成一个单一的大型刻面晶体，这样的晶体最为赏心悦目。"氧化铝"听起来不怎么值钱，但如果加上少许的铬，并给予大自然充裕的时间，你将拥有一颗富可敌国的红宝石。

在大自然中发现的晶体面，只有从某个特定角度看，才能稍微对应上一组小的对称组合。但为什么物质会具有某些形状而非其他形状呢？这些形状传达了一些什么样的科学信息呢？魏尔通过回答另一个看似与之无关的抽象数学问题，阐释了有关形状的问题：如果形状完全相同、边与边对齐、严丝合缝，什么形状可以用来镶嵌平面或填充空间？正方形、矩形、三角形、平行四边形还有六边形都能够做到。或许你猜想还有许多其他的多边形同样也能做到，但尝试一番后，你会发现根本不存在这个可能性。五角形、七角形、八角形以及所有的正多边形，都无法做到严丝合缝地镶嵌平面或填充空间。魏尔的这本书描述了一种可以将所有可能性进行分类的数学。在二维空间，针对上述问题只有 17 种可能性，在三维空间则有 230 种可能性。

在这些可能性的列表中，让人瞠目结舌的事实是，这与在自然界发现的晶体形状种类完全匹配。因此，我们可以推断，晶体物质是如一块不可分割、完全相同的积木重复搭建起来的镶嵌体。当然，我们现在知道这些搭建的积木其实就是原子或分子群集。但是，我们要牢记，将数学与实际晶体关联在一起的时间是在 19 世纪，当时人们对原子理论依旧心存疑虑。让人感到惊叹的是，对瓷砖和积木搭建的抽象研究激发了人们对物质基本成分和所有可能排列分类的敏锐洞察力。这便是物理学家尤金·维格纳（Eugene Wigner）所提及的一个经典例子——"数学在自然科学中不合理的有效性"。

这个故事到此并没有结束。随着量子力学的发展，群论和对称原理已经被广泛运用在预测固体的电子、磁力、弹性和其他物理属性上。效仿这一成果，物理学家们运用对称原理成功地解释了原子核和基本粒子的初始组成，以及它们之间的相互作用力。

当年作为一名少不更事的学生，在读到魏尔的这本书时，我把晶体结晶学视为科学学科当中的一个理想研究目标：优雅的数学，为所有物理的可能性提供了一套完整的理解思路。具有讽刺意味的是，多年以后，在证明我的理想研究存在巨大缺陷的过程中，我自己居然还发挥了不小的作用。那是在 1984 年，达尼埃尔·谢赫特曼（Dan Shechtman）①、伊兰·布莱克（Ilan Blech）、丹尼斯·格拉提亚斯（Denis Gratias）和约翰·卡恩（John Cahn）共同宣布，他们发现了令人不解的具有正二十面体对称性的人造铝锰合金。正

---

① 以色列理论物理学家，2011 年诺贝尔化学奖获得者。20 世纪 80 年代初，他发现了具有准晶体结构的合金，在晶体学研究领域和相关学术界引起了很大震动。目前，准晶体的相关研究成果已被应用到材料学、生物学等多种领域。——译者注

二十面体对称，具有 6 个 5 重对称轴，在晶体对称性方面被誉为是绝无仅有的形态。幸运的是，以色列理工学院的多夫·莱文（Dov Levine）和我一直在研究一种假定的概念，我们将其简称为"准晶体"的一种固体新形式，"准晶体"即"准周期的晶体"（quasiperiodic crystal）。（一个准周期的原子排列，是指原子的位置可以用一组振动函数的和来表示，其振动频率的比例是无理数。）带给我们灵感的是罗杰·彭罗斯（Roger Penrose）爵士发明的二维贴砖法，即大家所知的"彭罗斯铺砖"——将两块瓷砖排列成 5 重对称图案。我们发现，"准晶体"能够在三维空间里存在，并且不受结晶学规则的限制。事实上，"准晶体"具备晶体不应有的对称性。与此同时，我们还发现用于正二十面体的"准晶体"预测的衍射图样，与谢赫特曼等人的观测结果完全匹配。

1984 年以后，具有其他禁忌对称性的准晶体，在实验室里实现了合成。2011 年，诺贝尔化学奖被授予了达尼埃尔·谢赫特曼，以表彰其在改变人类对物质可能形态方面的思考上有了实验性的突破。在 2012 年，我和同事们也发现了"准晶体"可能是形成太阳系的矿物质的第一个证据。

在魏尔的书里，我第一次接触到晶体结晶学，当时我想当然地认为它完美无缺，并会恒久流传。随着发现其遗漏掉数不胜数的物质对称的可能性后，晶体结晶学不幸地被证明为并非完美无缺。或许这就是在警示我们：优雅和简洁往往是评判理论的标准，但优雅和简洁在某些时候也会误导我们，让我们是非不分、大谬不然。

晶体的优雅

12

"THERE ARE MORE THINGS IN HEAVEN AND EARTH...THAN ARE DREAMT OF IN YOUR PHILOSOPHY."

天地之大，万物生长，远非你的智慧所能想象

艾伦·阿尔达（Alan Alda）

演员、作家、导演，美国公共电视台《人类花火》（*The Human Spark*）主持人，著有《自言自语之时，我无意听到的》（*Things I Overheard While Talking to Myself*）。

这题目听起来不太像一种理论，但我还是要以这样的方式进行论述。对我来说，哈姆雷特的告诫（即"天地之大，万物生长，远非你的智慧所能想象"）阐释了宇宙以及近期的多元宇宙的混乱性和不确定性。这句话在我们愚钝蒙昧之际，时刻鞭策着我们。这句话回答了一个我们通常难以启齿的问题："这是什么鬼东西？"伴随着人类推开的每一扇走进大自然的门，100扇新的大门随之呈现在眼前，而每一扇大门都有自己神秘的密码锁。这既是一种阐释，也是一种挑战，因为世间总是有更多的东西需要被了解。

我欣赏以一种无限循环的方式回归到事物本质。每当你在天地之间发现一件新兴事物，它便会成为你世界观的一部分，随后，它也将被更新的事物所挑战。

当然，与所有理论一样，这句话也有其自身的局限性。哈姆雷特说这句话的本意是力劝好友霍拉旭接受鬼神存在的可能性。同样，它也可被用于让人们相信不明飞行物（UFO）、占星术，甚至是上帝的存在。比如说，某些事物无法用确切的证据反驳其存在，因而只能证明它存在于天地之间。

尽管如此，这句话还是能够让我们获益匪浅。它并不是一辆载着我们抵

达思想尽头的出租车，而是一张打开探索大门的通行证。我们最好将哈姆雷特的这句话当作一个棘轮（ratchet），一个发音与寓意同样优美的字眼：永不停息、尽心尽责。如果要建立全球卫星定位系统（GPS），我们需要爱因斯坦，但如果想登上月球，我们也仍然需要牛顿。

天地之大，万物生长，远非你的智慧所能想象

13
MATHEMATICAL OBJECT OR NATURAL OBJECT?
数学对象还是自然物体？

丘成桐（Shing-Tung Yau）

国际数学大师，著名华人数学家，哈佛大学终身教授，合著有《大宇之形》（*The Shape of Inner Space*）。

大多数科学事实是基于我们肉眼看不见、耳朵听不到、双手摸不着的事物的，很多这样的事物都是由数学理论来描述和引领的。但能够把一个数学对象从自然中的若干物体区分出来，并非易事。

球体的概念便是这样的一个例子。球体究竟是自然物体的一部分，还是一个数学的对象呢？对一个数学家而言，这个问题很难回答。或许一个抽象的数学概念，的确是自然的一部分，并且事实上，这个抽象的概念极为精准地对自然予以了描述。这并不足为奇。

14

THE PRICE EQUATION
普赖斯方程式

阿曼德·马里·勒卢瓦（Armand Marie Leroi）

伦敦帝国理工学院进化发育生物学教授，著有《突变体：论基因多样性和人体》。

每当我们看到高度井然有序的现象，比如一个婴儿、一首交响乐曲、一篇科技论文、一家公司、一个政府或一个银河星系等一样时，我们都会不由自主地发问：这些秩序是如何形成的？我们有一个抽象的答案：每一个高度井然有序的现象都是变异选择过程的产物。我的看法是，任何一个以多重变体开始的过程，这其中的绝大部分会消逝得无影无踪，或是被扔进废纸篓或被降解掉，仅留存下一小部分或强健、或受人关注、或坚如磐石的适应者得以存活。通过自然选择的方式，有机形态的产物就是如上所述的过程中最为大众所熟知的一个案例。与此同时，我们对这种过程中产生的人类文化也是司空见惯了。但正如以上案例所暗示的，一旦我们明确了追寻的目标，便处处可见变异选择的过程。

许多人都曾有过类似的思考，但无一人像乔治·普赖斯（George Price）一样，能够真切领悟其中的内涵。乔治·普赖斯是一个居住在伦敦的美国人，他于 1970 年推出了描述所有物种变异选择过程的方程式，即当今众所皆知的"普赖斯方程式"，它就是我心中深邃、美妙而又优雅的科学阐释。该方程式可用来描述尤其是包括模拟无线拨号调频，化学反应动力学，新生儿死亡率受体重分布等在内的影响，还可以解释人类居住在地球而非居住在其他星球的原因（假设还有其他适宜人类生存的星球）。对我来说，普赖斯方程式的真正魅力不在于他于 1970 年推算出的公式，而在于他两年后发表的一篇扩展论文。

变异选择系统的一个属性是，这个选择过程可在多个不同层级上产生。音乐无疑是一个变异选择过程的结果。作曲家坐在钢琴前，思考着接下来的部分，并从可能的音符、和弦或乐章中精挑细选。看看贝多芬的手稿，第 47 号作品《克莱采奏鸣曲》就是一个很好的例子，潦草的手稿上还留有其他的作曲想法。1996 年，布莱恩·伊诺（Brian Eno）使用 SSEYO 的 Koan 软件制作了一张从始至终不断变异的作品集，他称之为"衍生音乐"（generative music）。

但我们 iPod 里的音乐当然不仅仅是作曲家精选的结果，也不仅是制作人、演奏者等人的选择结果，还是我们自己选择的结果。作为个体消费者，我们是甄选和创造的生力军。我们不仅扮演着个体的角色，同时也是社会群体的一员。实验证明，如果我们知道其他人在听的音乐曲目，我们也很有可能会把这些曲目纳入到自己的审美偏好之中，并追逐潮流。这个现象解释了为什么预测畅销歌曲绝非易事。因此，作曲家、消费者以及群体消费者共同搭建了音乐的王国。安伯托·艾柯（Umberto Eco）早在 1962 年，在其《开放的作品》（*Opera Aperta*）中就提出了相同的观点。当然，作为文学批判家的艾柯，他除了让民众更关注这个问题之外，也没法再多做些什么了。然而，这个问题被乔治·普赖斯解决了。

1972 年，普赖斯发展了他的通用变异选择方程式，以开放多层级的选择。该方程式对进化生物学家帮助巨大，比如帮助他们清晰地了解亲族与群体选择之间的关联度，从而解决了来源于不一致的数学公式所产生的无休止的争论。该变异选择方程式目前还未应用到文化进化上，但我相信这一天一定会到来的。但延伸后的普赖斯方程式远比之前的作用更为明显，它解开了戈尔迪之结（希腊神话中的一个难题）这个科学家和科学哲学家们长久未能解开的难题。

戈尔迪之结是一个关于可化简性的难题。一个系统的运行状态，是否可以通过简化为其组件的状态来了解呢？这个问题，总是以这样或那样的形式遍布在科学研究当中。系统生物学家与生物化学家、认知科学家与神经系统科学家，涂尔干（Durkheim）与边沁（Bentham），古尔德（Gould）与道金斯、亚里士多德与德谟克利特（Democritus），整体论者与简化论者在认知论、本体论和方法论的分歧是众多科学上伟大争论的起源，与此同时也是进步的起源，正如一个立场被另外一个更正确的立场所取代一样。事实上，通常在不稳定的休战期，整体论者和简化论者的研究项目会共生共存，这个现象你可以在任何一个生物学院系看到。当休战停止，战火重燃时，显而易见，我们需要理性划分出在不同层面上运作着的创造力。

那便是普赖斯所给予的。他的方程式只适用于变异选择系统，但如果你细想一番，大多数顺序生成的系统都是变异选择系统。现在回到我们的音乐世界：谁真正创造了音乐？是制作 MIDI 文件的贝多芬的粉丝们吗？是在自己卧室里下载音乐的青少年吗？是公众的群体冲动吗？我认为普赖斯的方程式能够对这些疑问予以阐释，这个方程式肯定能够做出若干的阐释与回答。

普赖斯方程式

15

SIMPLICITY ITSELF
简单的本质

托马斯·梅青格尔（Thomas Metzinger）

德国美因茨大学哲学家，著有《自我的隧道》（*The Ego Tunnel*）。

优雅不仅是一种美感的体现，还是我们在更深层面的直觉理解中，所体验到的那种转瞬即逝的愉悦。优雅是一种形式之美。作为一种哲学原理，形式之美是人类所发现的最具危险性、最具颠覆性的概念之一——它是理论简单性的闪光点。它的颠覆力远大于达尔文的演算法或其他任何一个科学理论。因为，简单告诉我们何为理论的深邃与深奥。

作为理论的简单性，优雅具有许多不同的表现形式。众所周知的奥卡姆剃刀原理体现了精简的本体论原则：如无必要，勿增实体。在我们需要在相互矛盾的原理中做出抉择时，奥卡姆的威廉（William of Occam）给了我们一个形而上的原则。假定所有的其他条件都一致，若要理性地选择，则应偏向含有较少本体假设的理论。

《自然哲学的数学原理》（*Principia Mathematica*）中写道："如果有能同时兼具真理性和充分性的理由来阐释自然事物，我们就理应予以接受。"牛顿视其为哲学推理的第一法则。我们应该抛开一切无关紧要的解释，把举证责任转移到对简单理论的支持者上。诚如爱因斯坦所说的那样："所有科学的宏伟目标均来源于最小可能的假设或公理，通过逻辑推理，来替代最大可能的经验事实。"

在当今的科技竞争中，新的问题层出不穷：为什么都要归于形而上学呢？在相互矛盾的假设中，我们理应权衡的难道不是那些自由的、可调整的参量吗？难道不是因究其句法的简单性，我们才能在基于数字的抽象性和导向原理中捕捉到一个理论中最优雅的部分吗？抑或优雅的真正标准，最终在统计学中才能得以体现？（即在一组数据中精选出最佳模型，与此同时保证合适曲线的"拟和优度"与简约法达成最优平衡。）除此之外，对于奥卡姆式的本体论简单性而言，最大的问题依旧悬而未决：为什么简化的理论更有可能是真实准确的呢？综上所述，这一切是否皆根植于一个深藏的信仰：是上帝创造了这个美丽的宇宙？

而让我痴迷的是，简单性的概念是如何在历史的长河中一直经久不衰的。作为一个超理论原理，简单性呈现出了强大的威力，这是一种兼具理性和还原理论的颠覆性力量，它使理论简单性的形式之美所具备的非凡力与创造力同时得以体现。理论简单性摧毁了冗余的假设，这种假设的错误性是我们无法采信的，而真正的优雅的理论则赋予了人们一个观察世界的全新视角。我本人急切想获知的是：能否将这种基本的洞察力或者说兼具颠覆性与创造性于一体的简单性，由科学研究领域转移到文化或意识经验的层面上呢？什么形式的正规简单性才能使我们人类的文化成为一种深邃、优美的文化呢？什么才是优雅之心呢？

简单的本质

16

EINSTEIN EXPLAINS WHY GRAVITY IS UNIVERSAL

爱因斯坦理论阐明了为什么引力是万有的

肖恩·卡罗尔（Sean Carroll）

加州理工学院理论物理学家，著名科普作家，著有《从永恒到当下：追逐时间的终极理论》（*From Eternity to Here : The Quest for the Ultimate of Time*）。

古希腊人坚信，较重物体的下落速度快于较轻物体。他们有很好的理由来支撑这个概念。一块重石滚落的速度非常快，而一张纸则是轻轻柔柔地飘落到地面。伽利略的思维实验证明了，这个概念存在一个缺陷。假设将一张纸绑在石头上，纸与石头合二为一成为一个新的系统，这个新系统比之前的任何一个组成部分都要重，因而滚落的速度也会更快。但实际上，这张纸减缓了石头的下落速度。

伽利略论证了，如果不是因为空气阻力的干扰，物体下落的速率实质上是一个普适量，与其质量或自身的构成成分并无关联。阿波罗飞船的第15位宇航员大卫·斯科特（Dave Scott），站在接近真空状态下的月球表面上，举起一片羽毛与一把锤子，同时让二者下落，实验结果证明了伽利略的这个论点，即二者是以同样的加速度下落的。

诸多科学家们曾对这个现象百思不得其解。与引力作用相反，电场中的粒子因受到作用力呈现出不同的反应：正电荷被推向一边，负电荷则在另外一边，中性粒子则不呈现电性。但引力是万有的，世间万物皆以相同的方式受到引力的影响。

正是对这个问题的思考才让爱因斯坦获得了他称之为"一生中最幸福的思想"。让我们想象一下这些场景：一名宇航员身处在一个没有窗户或没有其他方式能够观察到外界的飞船上。如果这艘飞船远离任何恒星或行星，飞船内的一切物体都将处于自由落体状态，自然也不会有引力作用在飞船内的物体上。现在，把飞船放在一个引力极为可观的庞然大物的轨道上绕行，飞船内的一切物体依然处于自由落体状态，因为所有物体均以相同的方式受到引力的作用，没有物体被推向或远离其他物体。在以上飞船内所观测到的情形中，我们是无法察觉到引力的存在的。

爱因斯坦，以他天才般的智慧，领悟到了这种情形所赋予的深远寓意：如果引力以相同的方式影响着万物，那么把引力视为一种"力"则有失偏颇。当然，引力是时空的本质，万物均通过时空进行着运动。特别要强调的是，引力是时空的曲率。我们进行运动所处的空间和时间，并不像牛顿所认为的那样，一定是固定和绝对的；因为受到物质和能量的作用力，时空会呈现出弯曲和延伸的状态。由此，我们把物体因受到时空弯曲作用而被推向不同方向的现象，称为"引力"或"重力"。因拥有着令人惊叹的数学能力和无以伦比的物理直觉，爱因斯坦才解开了自伽利略时代以来一直悬而未决的一个难解之谜。

爱因斯坦理论阐明了为什么引力是万有的

17

THE FAURIE-RAYMOND HYPOTHESIS
论福莱－雷蒙德假设说

乔纳森·戈特沙尔（Jonathan Gottschall）

美国华盛顿与杰弗逊学院英语副教授，著有《讲故事的动物》（*The Storytelling Animal*）。

多年以前，我读过有关福莱－雷蒙德假说方面的书籍，但一直未曾开窍，直到某天我与大个尼克对打了一番后才幡然醒悟。尼克是一名国民警卫队士兵，我和他在当地的一家武馆里一起训练。从技术角度来讲，我们是对打的训练伙伴，而非打斗的对手。但尼克太强壮了，他出的拳都相当货真价实，即便他尝试很温柔地挥拳，依旧会打得你晕头转向。一声铃响，我和尼克又厮打在一起，恐惧感瞬间让我找不到北。当时我感到有些不对劲，虽然尼克力大无穷，但论技巧可比不上我，他也不是那种步伐轻盈飘逸或是技术出神入化、炉火纯青之流。尼克一路勇猛进攻：刺拳，重拳；刺拳，重拳，勾手拳。尼克没有上蹿下跳，也没有迂回晃动。尼克一直向前进攻。

可是为什么我就是打不到他呢？为什么我的拳头只是轻飘飘地擦过他的太阳穴、软绵绵地落到他的肚子上？为什么每当我费力躲闪并迎头进攻时，我总是一拳落空？透过他模糊的双手，我努力追踪着他的身影，可不管从哪个角度看来都是错误的，他的脸和身子整个都是又歪又斜，压根儿没地方可以出拳重击他。与此同时，对尼克的重拳我却反应得相当迟缓，又慢又重的拳头令人窒息般地落下。

最终是铃声救了我，我和尼克拥抱在一起，没有什么比一场充满善意的互殴让男人彼此钦慕，这简直就是个悖论。我瘫坐在一张折叠椅上，头晕心悸、大汗淋漓，我喃喃自语："的确没错，福莱－雷蒙德的假说就是对的。"

尼克是那种90%的拳手又怕又恨的类型。尼克是左撇子，按我拳击教练的话说是"令人生厌"并是"天生残疾"。在拳击运动里，我的教练和其他多数的右撇子们一样，当他们说"所有的左撇子都应该在出生时就被淹死"这话时，绝对不像是在开玩笑。

我的教练宣称左撇子就是残疾，这话其实暗含了一个出乎意料的道理。在一个包括剪刀和书桌都是为右撇子制造的世界里，对左撇子而言，生活中肯定有诸多不便。多项研究表明，左撇子在诸如精神分裂症、精神发育迟缓、免疫力缺陷、癫痫、学习障碍、脊柱畸形、高血压、注意缺陷多动障碍（ADHD），酗酒和口吃等身心失调方面面临着更高的风险。

这些让我想起夏洛特·福莱（Charlotte Faurie）和米歇尔·雷蒙德（Michel Raymond），这一对来自法国专门研究用手习惯进化的科学家。左撇子一部分是源于遗传，并与健康风险有着显著的关联。这就是为什么左撇子常常问的：物竞天择怎么没有淘汰掉左撇子呢？是被左撇子某些秘而不宣的优势所抵消了吗？

左撇子在诸如棒球和击剑带有竞争互动的运动中占有优势，但是在体操或游泳这类没有直接身体接触的项目中则不具优势。在板球、拳击、摔跤、网球、棒球等运动的优秀选手中，左撇子占有相当高的比例。原因不言而喻：由于世界上90%的人都是右撇子，右撇子通常会相互竞争。当遭遇到一切都反向而行的左撇子时，右撇子们的头脑就会发懵，结果便是如我被尼克那般暴打一顿溃败下来一样。与此相反，左撇子习惯面对右撇子，当两个左撇子相遇对抗时，一切的混淆与发懵就都不复存在了。

福莱和雷蒙德在精神领域的研究方面又实现了一个跨越。古人的生活行为比起我们现代人更为暴力。左撇子在包括拳击、摔跤和击剑等类似肉搏运动的优势，是否也延展到了使用拳头、棍棒亦或长矛的战斗中呢？难道好战的左撇子所拥有的优势，抵消了与左撇子相关的健康风险？2005年，福莱和雷蒙德发表了一篇论文，论述了他们的一个观点，即在工业化前的社会里，暴力和用手习惯之间，存在着强大的关联性：社会越暴力，左撇子越多。他们所抽取的最为暴力的社会，是新几内亚高原的艾坡族（EIPO），其人口中

30% 都是左撇子。

究竟什么可以使得一个科学的阐释趋于完美与优雅？广义而言，譬如简约，在其中发挥了作用。但任何有关审美的质询，个体品位的怪癖占据了相当大的比重。为什么福莱－雷蒙德的假说会深深地吸引我？在一定程度上，是因为它是一个颇具大胆且富有创造力的思想，并且其数据也看上去合乎情理。但主要的原因则是其不容置疑的真理性，在 2012 年的某一天，被一名年轻的国民警卫队士兵的拳头，打进了我的大脑里。

我需要跟英国诗人济慈先生（John Keats）先说声抱歉，这并非代表美与真理能够画上等号。有时，真理其实是颇为无趣与平凡的。大多数在一开始倍受拥护的理论，其实到最后都被证明是大谬不然的。赫胥黎（T.H.Huxley）称此为科学的悲剧："一个华丽的假设却被一个丑陋不堪的事实给扼杀了。"许多研究都验证了福莱－雷蒙德的假设说。结果好坏参半，但依我个人的品位而言，结果丑陋得不堪入目。近期一个令人印象深刻的调查显示，没有任何证据表明，新几内亚高原的艾坡族左撇子人数比例过高。

放弃坚守一个至爱的思想让人颇为心伤，这个思想曾经是你笃信不疑的，是通过生活中的经验而非靠统计数据而映入心扉的。而且我本人也没做好准备，将这个思想传递到可爱却又暮气沉沉的科学墓地之中。福莱和雷蒙德通过对各种运动的考察数据来支撑他们对抗争斗的主要论述。我坚信运动数据实际上是最为关键和主要的论述。左撇子基因，或许在游戏般的对抗中而非在真枪实弹的战斗中，可以获得更高的生存几率。福莱和雷蒙德在以后的论文中会承认这个可能性。竞技体育比赛贯穿文化领域。放眼全球，竞技体育由男人们所主宰，从橄榄球队的队长，到传统的非洲摔跤选手，到美国本土的田径运动员和曲棍球运动员，他们获得的不仅仅是荣誉，这还能帮助他们提升其社会文化地位，赢得男性的赞赏和女性的青睐，研究证实了一个板上钉钉的现象：男性运动员在性方面拥有更多的成功。于是，一个更为普遍的可能性显现出来：正是因为运动高手的存在，才造就了我们人类这个物种。而这点，我们之前并不了解。

18

GROUP POLARIZATION
群体极化

戴维·迈尔斯（David G.Myers）

美国霍普学院社会心理学家，著有《社会心理学》（第11版）、《迈尔斯直觉心理学》。

多年前，一些社会心理学实验以带有故事性问题的形式，来评估人们承担风险的意愿，比如，究竟有多大的成功几率，可以让一位崭露头角的作家放弃其稳定的收入，而全身心投入到一部巨著的写作当中？令人瞠目结舌的是，群体讨论让人们选择去冒更多的风险，这掀起了一波涉及陪审团、商务决策层和军队等群体承担风险的思考与探索。还有一些带有故事性的问题则呈现出另一个现象，群体审议比以前更加谨慎了。就像是一个有着两个孩子的年轻父亲，是不是应该孤注一掷把所有积蓄都投资到热门股票上？拨开诸如群体互动是增加了风险抑或是提高了审议的谨慎程度这些困惑不解，一则深邃、简洁而优雅的哲理展现于眼前：群体互动易于扩大人们的初始倾向。在一项研究中，把学生分为两组：一组为有偏见的，一组为不带偏见的，之后在这两组学生讨论的前后，分别询问有关种族困境的问题，例如财产权归属与（禁止种族、宗教等歧视）开放住房之间的矛盾冲突。与志趣相投者的讨论增加了不同看法的差异。

现如今，志趣相投的人热衷于自我隔离。随着流动性的增加，保守派与激进派吸引着各自的拥护人群。政治专栏作家比尔·毕晓普（Bill Bishop）和社会学家罗伯特·库欣（Robert Cushing）的研究报告指出，以压倒优势获胜的县郡（即总统候选人选举中得票率超过 60%）比例，在 1976—2008 年间，将近翻了一番。一旦邻里成为政治共鸣箱，其结果便是加剧了两极分化，正如加州大学圣迭戈分校的戴维·斯卡德（David Schkade）和其同事们，通过对博尔德市的自由派居民和科泉市的保守派居民的分组研究，发现在这些居民在天气变化、平权行动和同性恋联盟等的社区讨论中，博尔德市的民众更趋于左倾，而科泉市的民众更趋于右倾。

显而易见，恐怖主义就是一种群体极化的表现。作为一个单独个体的个人行为，事实上恐怖主义从来不会突然而至。相反，恐怖主义分子的热血贲张往往起因于人们所共同分享的悲伤。由于远离心平气和的和缓气氛，群体内的互动成了一种社会情绪放大器。互联网为和平爱好者和新纳粹分子、怪才们和哥特人、阴谋策划者还有癌症幸存者们，增加了找寻到同伴并相互影响的机会。在社群网络化的时代，物以类聚、人以群分，人们的共同利益、态度和猜忌都在放大。

所以，在社会多样性观察方面，一则兼具优雅和社会意义的阐释简述如下：主张的隔离 + 交谈 = 两极分化。

注：本文作者戴维·迈尔斯的《迈尔斯直觉心理学》已由湛庐文化策划，浙江人民出版社出版。

UNCONSCIOUS INFERENCES
无意识推论

格尔德·吉仁泽（Gerd Gigerenzer）

社会心理学家，马克斯·普朗克研究所人类发展研究中心主任，著有《风险与好的决策》（*Risk Savvy*）。

视错觉，让人赏心悦目、困惑不已，且难以忘怀。即使你对它了解甚多，你仍然会深陷错觉当中。为什么会存在视错觉？难道仅仅是心理作用在作怪吗？物理学和生理学家赫尔曼·冯·亥姆霍兹（Hermann von Helmholtz）给出了有关感知本质的优美阐释，解释了感知错觉的深度、范围以及其他属性是如何生成的。感知需要一种被称为"无意识推论"的聪明抉择。在他的《生理光学手册》（*Physiological Optics*）第三册里，亥姆霍兹叙述了一段他的童年经历：

> 那一年，我还小，路过在波茨坦驻防的一个教堂，当时有些人站在钟楼上。我以为这些人是洋娃娃，便叫妈妈伸手去拿这些娃娃给我，我理所当然地认为妈妈可以做到。那时的情景让我记忆犹新，正是因为这个错觉，让我学会了用透视法来理解投影缩减法则。

童年的这段经历让亥姆霍兹知道，从视网膜和其他感觉器官获得的信息，不足以重构世界。判断物体的尺寸大小、距离远近和其他属性，还需要其他不确定的线索，这些线索，还需要经验的积累与学习。基于这些经验，大脑会进行无意识的推论来获知感知，从而获得对现实事物的解释。换句话说，感知是对真实情况的一种赌注。

但实际上对于这个推论是如何发挥作用的，亥姆霍兹引用了概率三段论予以说明。想要使无意识推论发挥作用，首要前提是拥有由长久意识积累而成的经验集合；次要前提则是当前的感官印象。以下是加州大学圣迭戈分校大脑与认知中心的 V.S. 拉马钱德兰（V.S.Ramachadran）和同事们所做的"点错觉"（dots illusion）实验：

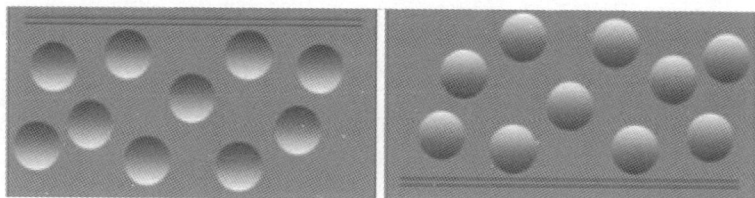

图 19-1　点错觉示意图

图 19-1 左图中的圆点呈现为凹面，视线为陷入平面内且远离观察者；而图 19-1 右图的圆点则呈现为凸面，突出面向观察者。如果你将这页纸水平旋转 180 度，两张图的视觉效果就相互对调了。事实上，除了各自旋转了 180 度之外，两个图片其实是一模一样的。凹凸点错觉是由于我们的大脑使用了无意识推论。

◎ 首要前提：点的上部有阴影，几乎总是与凹面相关联；

◎ 次要前提：阴影在上部；

◎ 无意识推论：点的形状是凹面的。

假定我们的大脑是一个三维世界，其首要前提是由以下两个生态结构来推断出第三个维度：

1. 光源来自上方；

2. 只有一束光源。

这两个生态结构曾经占据着人类和哺乳类动物历史的主导地位，其中太阳曾经是光源的唯一来源，第一个生态结构也接近于当今的人造光源。亥姆霍兹应该认同前面提到过的一个观点，即首要前提是来自于个人的经验获取；其他人则更倾向于在进化过程中的学习。在这两种看法中，视错觉被认定为是无意识推论的产物，而这种无意识推论是基于人们习以为常的证据运作的，但在特殊情况下人们会被引入歧途。

无意识推论的概念也可以被诠释为来自其他感官形态的现象。一个著名的例子是，如果一个人被截肢的话，那么之前提到的首要前提就不成立了。尽管首要前提不复存在，但病患仍然会感知到已被截掉的肢体的疼痛。（某些神经的刺激与截掉的肢体依旧有关联。）"幻肢"表明一个事实：即便我们并非一无所知，但我们无法更正无意识的推论。关于个别感知和整体认知方面亥姆霍兹的概念赋予我们一个新的视角：

1. 认知属于归纳推理。如今，概率三段论已经被托马斯·贝叶斯(Thomas Bayes) 和赫伯特·西蒙 (Herbert Simon) 所推出的统计和启发式推论模型所取代。

2. 合理的推论不一定是有意识的直觉和直观，与在意识下产生的智慧一样，都是相同的归纳推理方式发挥着作用。

3. 错觉属于一种必然的智力结果。

认知需要超越已获取的信息，只有这样才可下赌注，并冒险试错。如果没有视错觉，我们人类是否会生活得更好？事实上，没有视错觉人类有可能过得更糟糕，就像一个人一直缄默不语，以此来规避因说话犯下的任何错误一样。人非圣贤，孰能无过，过而能改，善莫大焉。

在这篇文章里，我用自己最心仪的科学理论来开篇，又用自己最钟爱的未解之谜来结尾。抱歉我没有循规蹈矩，但所有睿智的解释皆如此。解释得越好，随之而来的问题就越多。

——李奥纳特·苏士侃（Leonard Susskind）

I BEGAN TELLING YOU WHAT MY FAVORITE EXPLANATION IS, AND I ENDED UP TELLING YOU WHAT MY FAVORITE UNSOLVED PROBLEM IS. I APOLOGIZE FOR NOT FOLLOWING THE INSTRUCTIONS. BUT THAT'S THE WAY OF ALL GOOD EXPLANATIONS. THE BETTER THEY ARE, THE MORE QUESTIONS THEY RAISE.

20

BOLTZMANN'S EXPLANATION OF THE SECOND LAW OF THERMODYNAMICS

熵永远不会衰减

Leonard Susskind

李奥纳特·苏士侃

弦论创始人之一，斯坦福大学理论物理研究院主任，

著有《黑洞战争》（*The Black Hole War*）。

"你最心仪的那个深邃、美妙而优雅的科学理论是什么？"对一位理论物理学家而言，这真是个棘手的问题。理论物理学包罗了世间所有深邃、美妙而优雅的科学理论，并且世间还有许多阐释与解答等待着从理论物理学中甄选出来。

就我个人而言，我所钟爱的阐释与解答都能以小明大、见微知著。在物理学中，这相当于一个简单的方程式或是一个非常普通的原理。但我必须承认，世上还没有任何一个方程式或原理能够与达尔文的进化论并驾齐驱，它是以自私基因的机制来呈现的。在我看来，达尔文进化论拥有无可匹敌的物理学阐释，它具有一种精确的必然性。其实，有很多人能比我更好地解释进

化论，所以我还是坚守在我最擅长的领域里吧。

作为一名物理学家，指引我的启明星是路德维希·玻尔兹曼（Ludwig Boltzmann）的热力学第二定律。这个定律指出，熵永远不会衰减。对 19 世纪末的物理学家们来说，这条定律完全就是一个悖论。大自然里的不可逆现象比比皆是，事物总是那么轻而易举地就发生了，但绝无可能逆向反转。然而，物理学的基本法则却完全可逆：牛顿方程式的任何解答都能够反向计算，并且其经过反向计算后仍然是一个成立的答案。因此，如果熵增加了，物理定律会得出熵也必能降低。但实际经验则否定了这个结论。举例来说，如果你看到电影里有反向进行的核爆炸，你很清楚这都是假象。作为一条法则，天地万物只能按一个方向前行发展，不会反向而行。熵在增加。

玻尔兹曼意识到，作为热力学第二定律的熵永远不会衰减和牛顿的万有引力定律或法拉第的电磁感应理论截然不同。玻尔兹曼第二定律是一条概率性定律，它与下面这个情况类似：如果你掷硬币达到 100 万次，得到硬币正面的次数不会也是 100 万次。显而易见，这根本不会发生。但它可能会发生吗？答案是肯定的。这并没有违反物理学的任何一条法则。它真的可能吗？实际上根本不可能。玻尔兹曼第二定律的构想与上述状况非常相似。不是说熵不会衰减，而是强调熵很有可能不会衰减。但如果你在一个封闭的环境里待了足够久，你最终将看到熵的确衰减了下来，这就像在非常偶然的情况下，粒子与灰尘会集合在一起，并形成一个组装好了的炸弹一样。这需要多长时间？根据玻尔兹曼的原理，答案是炸弹爆炸时所产生熵的指数。这是一个相当漫长的时间，远比连续掷 100 万次硬币的时间还要长。

我给你举个简单的例子，虽说两种情形的可能性都存在，但其中一种的可能性远远大于另外一种。假设我们来到一座高山的山顶上，这山顶非常狭小，如针眼一般。接下来，假设一个保龄球被放在这个针眼般的山顶上，一阵微风袭来，保龄球从山顶上滚落下来，最后你在山脚下接到了球。再然后，我们逆向反转一下：保龄球离开你的手，又滚向了山顶，以无限的精准性到达了山顶，然后它停住了！这有可能会发生吗？答案是肯定的。但实际上这真的可能吗？绝对不可能。你必须有近乎完美的精准性才能保证把球放在山

LEONARD SUSSKIND
李奥纳特·苏士侃

熵永远不会衰减

顶上，更不用说还能让球在山顶上保持绝对平衡了。以上这个例子同样适用于解释炸弹那个例子。如果你能够以足够的精确性让每个原子和粒子进行反向扭转，那么你也可以让爆炸物重新再自行组装起来。但只要有一个单一粒子在运动过程中存在微小的误差，你就会功亏一篑。

接下来是另一个例子：把一滴黑墨水滴到一缸水里。墨水慢慢弥散开来，最终让这缸水变成了灰色。这缸灰色的水最终能否净化，然后又成为一小滴墨水呢？这不是不可能，但可能性相当小。

玻尔兹曼是理解第二定律统计基础的第一人，也是第一个清楚自己的构想存在不足的人。假设你来到一个水缸前，这水缸的水是自盘古开天辟地之时便汩入的，且一直未被外界干扰。你注意到一个奇怪的事情，水中有一团墨水。你可能最先问的一个问题是："接下来会发生什么？"答案是这团墨水肯定会扩散。出于同样的原因，如果说在你发问的这一刻之前，最有可能发生了什么，答案还是与之前的一模一样：这团墨水可能之前会比现在还要弥散。针对这个现象最可能的阐释与解答应该是：一个散开的墨水滴仅仅是一个瞬间的波动。

事实上，我认为你根本得不到上述结论。一个更为合理的解释是：不知为何，水缸在不久之前被注入了一滴墨水，墨水随之扩散开来。理解墨水和水缸里的水同走一条"路"，构成了"初始条件"（initial condition）的问题。究竟是什么让墨水在初始阶段就浓缩在了一起？

在回答熵为什么会增加这个问题上，水和墨水起到了类比的作用。熵增加的原因在于它拥有增加的可能性，但是方程式则会表述为：熵也可能朝着过去的方向增加。为了理解这种方向感，就必须问一个玻尔兹曼曾提出的问题：为什么熵在开端时非常小？究竟是什么以一种如此特别的低熵方式创造了宇宙？这是一个事关宇宙论的问题，而我们人类目前仍然不得其解。

在这篇文章里，我用自己最心仪的科学理论来开篇，又用自己最钟爱的未解之谜来结尾。抱歉我没有循规蹈矩，但所有睿智的解释皆如此。解释得越好，随之而来的问题就越多。

21

PTOLEMY'S UNIVERSE
托勒密的宇宙

詹姆斯·奥唐奈（James J.O'Donnell）

古典学家，乔治城大学院长，著有《新罗马帝国衰亡史》（*The Ruin of the Roman Empire*）。

托勒密阐释了天体。他生于埃及，在罗马帝国的皇帝图拉真（Trajan）和哈德良（Hadrian）在位期间，托勒密居住在罗马帝国，并用希腊文进行写作。他最有名的著作被阿拉伯译者誉为《天文学大成》（*Almagest*）。托勒密继承了美索不达米亚以来悠久的天文学传统，但他最为居功至伟的业绩是通过数学的方式描述了天体的运行法则。

现在人们都认为，在现代社会进步的洪流当中，托勒密的地心宇宙说已完全因为哥白尼、开普勒、牛顿和爱因斯坦等人的学说被世人摒弃。但托勒密仍然值得我们由衷地敬佩。事实上，托勒密的地心宇宙说曾经发挥过作用，他了解行星和恒星的区别，知道需要对行星进行一些解释。在希腊文中"行星"意指"流浪者"，这个词语表达了远古人们的困惑，比如那些明亮的光点无法让牧羊人或水手直观预测到其运行模式，它们既不像猎户座年复一年、周而复始地运行，又不像头顶上的大熊星座那样旋转。于是，托勒密用复杂的数学系统来呈现天体运行，其中最有名的的就是"本轮"，即轨道中的轨道。行星一边绕着地球，一边绕着自己这个小圆周运行，这样便解释了行星在夜空中会进行看起来有时向前、有时向后的运动。

我们有很多理由敬佩托勒密，这其中最重要的一个就是，他利用当时有限的工具进行了非常认真和负责的研究工作。在当时所知的范围内，他的体系充满了奇思妙想，在数学上更是极大超越了其他之前的研究。他竭尽其所能进行了细致入微的观测，其数学计算也极为精准。不仅如此，根据研究需要，托勒密的数学体系一方面相当复杂，一方面又尽可能地简单，为他当时的研究工作提供了利器。所以，托勒密是一位真正的科学家，因为他建立了标准。

经过了相当漫长的时间和诸多的争论后，天文学中才出现了超越托勒密所贡献的学说，这便是托勒密的一项丰功伟绩。科学研究的脚步无可阻挡，托勒密让这前进的步伐不再与痴心妄想、迷信或凭空想象做伴。在现代天文学的伟大年代中，托勒密的接班人仍然需要遵循他的规则——更为细致入微的观测、精准无误的演算、在复杂与简单中找到平衡点。托勒密向现代人发起了挑战，让他们来超越自己。而如今，后辈也已经做到了。而我们，这些托勒密的后辈，还欠托勒密很多。

22
SIMPLICITY
论简单

弗兰克·维尔切克（Frank Wilczek）

2004年诺贝尔物理学奖得主，麻省理工学院理论物理学家，著有《存在之轻》（*The Lightness of Being*）。

我们所有人对"简单"的含义都有一种直觉。在科学的世界里，"简单"通常带有褒义。相比繁复冗杂的长篇大论，我们更倾向于简单明了的阐释，因为它更自然、更全面、更可靠。我们都厌烦周转圆（即前文中提及的"本轮"），也憎恶一堆例外和特殊状况。但是我们能否再迈出关键的一步，把关于简单的直觉重新定义为精准的、科学的概念呢？天地间是否存在一个获取"简单"的简单核心呢？"简单"这个概念能否被量化和测量呢？

每当思考重大的哲学问题时，我都力求达到精益求精，而其中我最心仪的一个技巧，便是力求用计算机可以理解的方式来构建问题。通常这属于一种分解的方式，这样做能够迫使你保持清醒，一旦拨开迷雾，你将发现所谓的重大哲学问题已经随风而逝、不复存在。然而，在获取简单的本质时，这个技巧已被证实为具有创造性了，因为它直接引领我在信息数学理论领域获得了一个简单却又意义深远的理论，对长度进行描述的概念。该理论在科学文献中有若干不同的叫法，包括演算熵（algorithmic entropy）和柯尔莫哥洛夫－斯米尔诺夫－蔡廷复杂度（Kolmogorov-Smirnov-Chaitin）。理所当然地，我本人选择了最为朴素简单的那个叫法。

尽管对长度进行描述本质上是对复杂度进行的一种测量，但究其目的，亦有其益。因为我们可以定义简单与复杂互为对立，或用数字的表现形式定义简单与复杂互为相反数。如果使用一台计算机来计算某事的复杂度，我们必须将"某事"以一种计算机可处理的形式呈现出来，也就是必须将其转化为一个数位文档,也就是由若干 0 和 1 所组成的字符串。这是一个很有用的约束,举个例子,我们都知道电影是以数据文件的方式呈现的,因此我们能够对一部电影里所呈现的任何事物的简单性进行探索。由于我们的电影可能是关于记录科学观测或实验方面的,因而我们能够对一个科学阐释的简单性进行提问。

当然,充满趣味性的数据文件或许相当庞大,但诚实地讲,庞大的文件并不需要有多复杂。比如,一个包含数万亿个 0 而无其他数据的文件一点都不复杂。简而言之,描述长度的理论就是指一个文件,一个将复杂信息通过最简单的形式呈现的文件。或者,用计算机术语来解释,一个文件的复杂度,就像它从零开始运行的最短程序那般复杂。综上,"简单"可被定义为具有精准性、广泛适应性和数字可量化性的特征。

简单具有一条令人印象深刻的优点,即它点亮和启发了若干引人注目、成就功业的认知。譬如在理论物理学中,我们力求用精简却又强大的定律来总结海量的观测和实验成果。换言之,我们一直在不停地编写可以诠释这个世界最简单的程序。准确地说,理论物理学是对简单进行求索的一门学科。

接下来我们要适时增加"对称"概念,它是物理学定律的一个中心特征,是"简单"的强大助推器。如果我们要研究空间 - 时间转化下的对称性定律,即这些定律适用于任何时间、任何地点,那么我们就不需要再为遥远宇宙的某处或不同历史时期推演出新定律,就能够让这个世界的程序简短精炼。

◎ 由简入深:一个简短精炼的程序最终展开为丰富的推算,其必须能够支撑起逻辑和演算的长链条,此为深度的本质。

◎ 由简达雅:最简短精炼的程序只蕴含真理。每一组比特都发挥着作用,否则我们就删除程序使其更为简短。程序里的每个不同的内容都将在一起顺畅平稳地运行,最终实现由少至多。在我看来,世间最为优雅的过程,便是遵循DNA的程序,把一个受精卵最后培育成一个婴儿。

◎ 由简至美:正如我们看到的那样,简单造就了对称,这是体现其优雅的一个方面。实际上,对称兼具深邃与优雅。

正如我们所正确领悟到的那样,简单诠释了深邃、美妙、优雅的科学理论。

23

EINSTEIN'S PHOTONS
爱因斯坦的光子学

安东·蔡林格（Anton Zeilinger）

维也纳大学物理学家，奥地利科学院量子光学和量子信息研究所主任，著有《光子之舞》（*Dance of the Photons*）。

我所挚爱的深邃、优雅的科学理论是爱因斯坦于 1905 年提出的观点：光是由能量子组成的。现今我们将能量子称为光子。相当有趣的一点是，即使在物理学界，也鲜有人知道爱因斯坦是如何得出这个结论的。公众通常以为，这个观点是爱因斯坦用来解释光电作用的。爱因斯坦在 1905 年发表的观点里确实有这部分内容，但仅仅在最后才被提及。事实上，这个观点本身更为深奥、更为优雅，也更为美丽。

假设一个密闭容器的四壁达到了某种温度，四壁在闪闪发光，它们一边释放辐射，一边也吸收着辐射。一段时间之后，容器内部的辐射分布将会达到平衡。在爱因斯坦之前，这个观点已经广为人知。普朗克引入了量子化的概念，对处于这样一个体积内部的能量辐射分布作出了解释。爱因斯坦则更进一步，他研究了容器内的辐射是如何有序进行分布的。

对物理学家而言，熵是对混乱程度的一种度量。奥地利物理学家路德维希·玻尔兹曼论证了，一个系统的熵是对该系统状态可能性的一种度量。举个简单的例子，书籍、笔记本、铅笔、相片等物体，相对于这些东西被整整齐齐码放在一起，它们更有可能是四处散落在书桌上。或者我们假设，一个容器内装有 100 万个原子，相对于所有原子都集中在一个角落里，这 100 万个原子更有可能均匀地分布在容器内。在以上两种情形下，"均匀分布在容器内"这种状态的有序性会弱一些，并且当一个更大的容器装有这些原子（或物体）的时候，它们会具有更高的熵值。

爱因斯坦意识到，其辐射的熵包括光会随容器体积的改变而改变，对这个过程的计算方法与计算原子的方法相同。在两种情形下，熵随着体积对数的增加而增加。对爱因斯坦而言，这绝非巧合。如此一来，我们就可以理解气体的熵了，因为它是由原子、辐射以及粒子所组成，即被爱因斯坦称作能量子，即今天所称的光子。

很快，爱因斯坦把他的想法就应用到了光电效应上。与此同时，他也意识到，能量子（光子）的概念和已经过长期研究并观察的干扰现象之间，存在着根本性的冲突。问题的实质在于如何理解双狭缝干涉模式。根据理查德·费曼（Richard Feynman）的理论，此种现象含有量子物理的"量子力学中的意识问题"。挑战并非难事，当我们将一束光子投射到一个有着两个狭缝的平面上，并当双狭缝呈开启状态时，在平面后面的观测屏幕上，我们可以观察到明暗交错的干涉条纹。如果只开启一条狭缝，我们则看不到条纹，而只会观察到一个分布广阔的光子。这个结果很容易通过光的波图来理解：光波分别通过两个狭缝，在观测屏幕上相互抵消与增强，如此的此消彼长，就让我们看到了明与暗交替的条纹。

如果光束的强度低到只有一个光子可以通过装置，会发生些什么呢？跟随爱因斯坦现实主义的立场，我们自然而然地会假设一个光子可以通过其中的任意一道狭缝，但无法同时穿过两条狭缝。我们可以实验一下，一次送出一个光子。爱因斯坦认为，在这样的条件下不会出现干涉条纹，因为一个单一的光子，作为粒子，不得不只"选择"其中一道开启着的狭缝，因此无法像在波图中那样出现增强或抵消的现象。这的确是爱因斯坦的论点，他提出只有在多重光子同时穿过狭缝时，才会呈现因为相互作用而产生干涉模式的条纹。

如今，我们从若干实验中获知，即使强度低到每秒只有一个光子通过装置，干涉条纹模式仍会出现。如果我们等待足够长的时间，并在观测屏幕上观察所有光子的分布，我们将看到干涉模式。现在对此现象的解释是，在宇宙中的任何地方，在完全不知道粒子会穿过哪一条狭缝的情形下，干涉模式便会出现。通俗地讲，对光子一次同时穿过两道狭缝的说法我们要持怀疑态度。即便是爱因斯坦，在光的能量子问题上，也犯错了，比如，光子指向的是遥远的未来。

　　1905年，在这个奇迹之年，爱因斯坦发表了狭义相对论。同年，在爱因斯坦写给他朋友康拉德·哈比希特（Conrad Habicht）的信中，他把在光子方面的论文评价为具有"革命性"的意义。迄今为止，这是爱因斯坦唯一被称为具有革命性的研究成果，这也的确是名副其实，因此他获得了1921年的诺贝尔奖。但早些年的状况并非如此顺利，在1913年，那封由普朗克、瓦尔特·能斯特（Walther Nernst）、海因里希·鲁本斯（Heinrich Rubens）和埃米尔·瓦尔堡共同签署，推荐爱因斯坦成为普鲁士科学院院士的著名推荐信中，他们写道："就如同他的光量子假设说一样，他的推测偶尔会偏离目标，但我应该对他的这些失误既往不咎，因为如果没有偶然性的冒险，最精准的科学则不会存在真正的创新。"1905年，爱因斯坦通过光子对辐射熵所做的深邃、美妙而优雅的阐释，真真切切地论证了偶然性推测的巨大作用。

24

GO SMALL
见微知著

杰瑞米·伯恩斯坦（Jeremy Bernstein）

史蒂文斯理工学院名誉物理学教授，《纽约客》（*The New Yorker*）前特约撰稿人，著有《量子跃迁》（*Quantum Leaps*）。

当面对这样的问题时："你最心仪的那个深邃、美妙而优雅的科学理论是什么？"声势浩大地去作答一番是个不小的诱惑，比如从爱因斯坦的相对论谈起。与之相反，我却想通过"见微知著"方式去作解答。

20世纪之初，普朗克向公众介绍了他的基本作用量子，他意识到这会产生一组新的自然单位。打个比方，普朗克时间 $= \sqrt{(h \cdot G) / c^5}$ 🔍。它是人类所谈论的时间最小单位，但它确实可以被称作"时间"吗？问题出在这些常数上，对一个静止的观测者和一个移动的观测者而言，常数是相同的。但时间却不会是一样的。我认为这是一个不解之谜，而弗里曼·戴森（Freeman Dyson）提供了一个美妙的答案。他尝试构建一个可以度量普朗克时间的时钟，通过利用量子的不确定性，他展现出了普朗克时间最终会被自己制造的黑洞消耗殆尽。没有方法能够对普朗克时间进行度量。普朗克时间，或许已超越时间这个范畴，也许它与时间并无瓜葛。

🔍 公式中的 h 是普朗克常数，$h = 6.63 \times 10^{-34}$；G 为万有引力常数；c 为光速。——译者注

WHY IS OUR WORLD COMPREHENSIBLE
为什么我们的世界是可以理解的?

安德烈·林德（Andrei Linde）

斯坦福大学理论物理学家，"永恒混沌暴胀理论之父"，尤里·米尔纳基金会基础物理学奖首届得主。

"这个世界最不可思议之处，就是它居然是可以理解的。"爱因斯坦这样曾经感叹过。尤金·维格纳也曾提过类似的问题，他认为，数学的不合理而又有效性是"一件我们既无法理解也无法拥有的奇妙礼物"。

为什么我们生活在一个有着特定规则、易于理解的宇宙当中，而这些规则可以被充分运用起来去预测我们的未来呢?

当然，我们可以这样回答：正是因为这样，上帝才创造了宇宙，并使其一切从简，以便让我们人类易于理解。但我们能如此轻易地就绕过这个问题吗? 我们先思考一下其他几个类似的问题：为什么宇宙如此之大? 为什么平行线永远不会相交? 为什么宇宙的不同部分看上去却是如此雷同? 长久以来，类似的问题看上去都太形而上了，以至于鲜被人们严肃思考。如今，暴胀宇宙学为上述问题提供了一个可能的答案。

想要理解这个话题，我们先来看一下这个关于不可理解的宇宙的一些案例，这其中数学扮演着无能为力的角色。假设宇宙处在一个称为普朗克密度的状态中：$r \sim 10^{94}/cm^3$ 时，比水的密度大了 94 个数量级。根据量子重力理论，处于该时空状态下的量子波动幅度惊人，以至于所有的量尺在测量过程中都以一种混乱和无法预知的方式快速弯曲、收缩和延展，变化速度快到你根本无法测算出它们的距离。所有时钟被毁坏的速度远超于你可以测算到它们的时间。之前的一切数据统统被抹掉，你记忆里只会是一片空白，你无法记录，也无从预测未来。如果生命有可能存在的话，对生活在那里的人们而言，宇宙是无法理解的，数学的一切定律也无法得以有效运用。

假如上述那种在高密度状况下的案例看上去有些极端，但通过其他案例会让我们明白那并不是极端现象。宇宙有三种基本类型：封闭型、开放型和扁平型。形成于热大爆炸的典型封闭型宇宙，除非它在开始时就规模巨大，否则都会在 10^{-43} 秒内坍缩为普朗克密度。形成于大爆炸的典型开放型宇宙，由于它膨胀过快，以至于无法形成银河系，即便人类存在，我们的身体也将在顷刻间四分五裂。在上述两种宇宙中，人类无法生存，更不用说可以理解这样的宇宙了。我们人类只能在一个扁平型或接近扁平的宇宙中乐享生命，就如我们现在这般，除非有某种特殊情况发生，比如暴胀，这种状况要在大爆炸的瞬间，以几乎不太可能达到的 10^{-60} 的精准度，对初始条件进行微调。

"万有理论"最热门的候选者，弦理论，其近期的研究发展，揭示了一个更具广泛可能性但无法令人理解的宇宙。如果我们假定，宇宙确定如弦理论所描述的那般，是否意味着我们对身边的这个世界无所不知了呢？举个相当简单的例子：回想一下水的状态：液态、固态或气态。从化学角度看，都是同一物质，但海豚只有在液态水的环境下，才能够生存并以它们自己的方式理解这个宇宙。在这个例子里，我们只有三种选择：液体、冰或水蒸气。

根据弦理论的最新发展，围绕在我们周遭世界中大约有 10^{500} 或更多种选择。所有这些选择都遵循同一个基础理论。然而，与每一个选择相对应的宇宙，看上去仿佛是由不同的物理定律所控制的，它们的公用法则仿佛都被隐藏了起来。由于有若干种不同的选择，人们希望，其中的一部分可以对我们所生存的世界进行描述。但大多数的选择只会引领我们来到一个无法生存、无法搭建度量工具、无法记录存储、也无法有效利用数学和物理学预测未来的这样一个世界。

当爱因斯坦和维格纳在试图理解，为什么我们的世界是可以理解的，以及为什么数学可以如此有效地描述这个世界，人们会假定，这个宇宙是独一无二、始终如一的，并且物理定律是放诸四海而皆准的。这种假设被誉为宇宙学原理。我们并不知晓，为什么宇宙处处如出一辙，对我们而言只觉得这都是理所应当的。因而，由爱因斯坦和维格纳所描述的问题被期望可适用于整个宇宙。在此情形下，近期的研究发展只能是更加激化这个问题。如我们所知，假设存在一个典型的宇宙对生命充满敌意，在极为偶然的情况下，人类可以生存在一个可能有生命、可以被理解的宇宙中，那简直是无比幸运。这看上去仿佛奇迹一般，就像"一个我们永远无法理解也永远无法拥有的礼物"一般。除了仰仗奇迹的发生，我们人类还能做得更好吗？

在过去的 30 年里，我们对世界起源和全球整体构造的思考发生了翻天覆地的变化。首先，我们发现了暴胀，由于早期宇宙指数型快速膨胀，宇宙变得扁平，从而为适宜生命生存创造了潜在的可行性。除此之外，宇宙的快速延展，使得我们居住的地方也变得很均匀（宇宙是均匀的）。因此我们发现了观测宇宙均匀性的科学解释。然而，我们也发现了一个规模非常巨大的，远远超出了目前所观测 10^{10} 光年的可观测的宇宙地平线，因为被空间爆炸性扩充所扩大的量子效应，宇宙从而变得完全不均匀了。

在与暴胀宇宙学相结合的弦理论前提之下，我们的世界与其说像一个不断扩大的对称性球体，还不如说看上去更像一个多重宇宙，一个令人难以置信的由指数级的巨大泡泡组成的超大集合体。每个气泡看起来都像一个宇宙，现在我们用"宇宙"这个词汇来描述巨大的、各地均匀的部分。在源自弦理论的 10^{500} 低能量物理定律中，每一个定律都在各自的宇宙中运行着。

在这些宇宙当中，量子波动相当巨大，导致我们无法对它进行计算。在这种情形下，数学毫无用处，因为所有的预测无法被保存并在后续的计算过程中使用。一些宇宙的生命周期过于短暂，而其他宇宙虽可长存但空无一物，它们的物理定律不允许任何实体存在，也不能存活足够长的时间，使我们发现其物理和数学规律。

幸运的是，在众多可能的多重宇宙中，一定会有一些宇宙可能有我们所知的生命存在。但必备条件是，在多重宇宙中，人类所处那部分中的物理定律能够形成长时间稳定的结构，从而能够进行计算，人类的生命才有可能存在。这意味着，要建立起可以用于长期预测的数学关联度。人类物种的快速发展之所以具备可能性，仅仅是因为我们生活的多重宇宙的这个部分里，具备让我们进行长期预测的条件，这才使得我们能在不利的环境中生存下去，并在与其他物种的竞争中脱颖而出。

总而言之，暴胀的多重宇宙包含不计其数的"宇宙"，每一个宇宙当中都有各种物理和数学定律。人类仅仅能够存活在物理定律允许我们存在的宇宙里，存活的首要条件就是，需要做出可靠的预测。换句话说，数学家和物理学家只能活在可理解的、数学定律或法则是有效的宇宙里。

对于我刚才所写下的一切，您完全可以嗤之以鼻，就当我是胡言乱语吧。但有意思的是，过去 30 年里，在新宇宙论的思考模式得以发展的前提下，人类或许能够第一次着手解决那些最错综复杂和神秘莫测的难题，这些难题曾经困扰了 20 世纪两个最伟大科学家：爱因斯坦和维格纳。

26

ALFVÉN'S COSMOS
阿尔文的宇宙

乔治· 戴森（George Dyson）

科技史学家，著有《图灵的大教堂》。

一个层次分明的宇宙，其平均密度为零，而其质量则为无限。汉内斯·阿尔文（Hannes Alfvén）是磁流体动力学领域的先驱。尽管面对诸多质疑，但阿尔文从未放弃自己对宇宙大爆炸说的怀疑，阿尔文为我们呈现了一个由现在被称为"阿尔文波"（Alfvén Wave）所主宰的宇宙。"他们一方面反对流行的神造论，一方面也群情激昂地与他们自己的创造论做着斗争。"1984 年，阿尔文全力提倡一个有层次的宇宙论，他将宇宙所带有的数学特性归功于埃德蒙·爱德华·福尼尔·阿尔布（Edmund Edward Fournier d'Albe）和卡尔·威廉·路德维希·沙利耶（Carl Vilhelm Ludvig Charlier）。分层并不意味着各向同性，也不排除所观测到的各向异性。

莱布尼茨坚信，我们的宇宙是从一个无穷多可能的宇宙中精挑细选出来的，从而使得极小的一组自然法则产生如此丰富的多样性。很难想象有比"密度为零"和"质量无限"更为完美的一组边界条件。但这个最大量多样性原理也警示我们，如果想要详细列举其多样性，将要耗费宇宙中的所有时间。

注：本文作者乔治·戴森的《图灵的大教堂》已由湛庐文化策划，浙江人民出版社出版。

TO ME,
THE HALLMARK OF A
DEEP EXPLANATION
IS THAT IT ANSWERS
MORE THAN YOU ASK.
AND INFLATION HAS
PROVEN TO BE THE
GIFT THAT KEEPS ON
GIVING, CHURNING
OUT ANSWER AFTER
ANSWER.

对我来说，一个深邃的科学阐释所具备的最明显的标志，就是它给出的答案远远多于你的提问。暴胀理论已被证明是一件上天赐予我们的礼物，它持续奉献，提供一个又一个答案。

——迈克斯·泰格马克（Max Tegmark）

27

OUR UNIVERSE GREW LIKE A BABY

我们的宇宙曾如婴儿一般生长

Max Tegmark
迈克斯·泰格马克

麻省理工学院物理学家，精确宇宙学研究员，基本问题研究所科学主任。

著有《穿越平行宇宙》。

是什么导致了宇宙大爆炸？我最心仪的那个深邃、美妙而优雅的科学理论就是：我们的宇宙曾如婴儿一般生长。在受精怀孕后，细胞数量每天大约会翻一番，细胞总数量日复一日地不断增长，1，2，4，8，16……持续不断地翻番是一个强而有力的过程，但如果胎儿在出生前每天都这样生长的话，妈妈可就麻烦大了：经过 9 个月约 274 次的倍增，胎儿会比我们在宇宙中所观察到的所有物质相加之后还要重。

这听起来很疯狂，但根据以阿兰·古斯（Alan Guth）等人为先驱的暴胀理论，我们的"婴儿宇宙"的确如此。从比一个原子还要小而轻的颗粒开始，宇宙不断以翻番的速度进行着扩增，令人眼花缭乱，直到比我们现在所能观测到的宇宙还要大。而且它的扩增速度不是每天翻一番，而是瞬间倍增。换言之，似乎在一眨眼的瞬间，暴胀让原本空无一物的宇宙发生了大爆炸。当人类胚胎长到 10 厘米时，成长就从加速变为减速；在最简单的暴胀模型中，我们的婴儿宇宙在长到大概 10 厘米时，也从加速变为减速，其指数型成长的步伐减缓为一种更为悠闲的节奏，高温等离子体逐渐稀释并冷却下来，构成它的粒子也逐渐合并形成原子核、原子、分子、恒星和星系。

暴胀宛如一场无比神奇的魔术秀。我的本能反应是"暴胀不可能遵循物理定律"。然而再细细思量，暴胀依旧遵循着物理定律。打个比方，1 克的暴胀物质是怎么变为 2 克的？毫无疑问，质量不会凭空出现吧？有趣的是，爱因斯坦通过他的狭义相对论，为我们做出了详尽的解释。相对论论述的是：能量 E 和质量 m 是相互作用的。有个著名的公式 $E=mc^2$，其中 c 代表光的速度。这个公式说明，增加能量便可以增加物质的质量。例如，通过拉长橡皮筋，从而使它的重量有轻微的增加：你需要在拉长的过程中施以能量，该能量进入到橡皮筋中，从而增加了它的质量。由于需要对橡皮筋做功才可以将它拉长，所以橡皮筋具有负能量。类似地，为了遵循物理定律，膨胀的物质必须具备负能量，该负能量必须非常巨大，才可以让扩大两倍体积所需的能量正好能够产生两倍的质量。令人瞩目的是，爱因斯坦的广义相对论提出，该负能量导致负重力，不断重复翻倍，最终将从空无一物当中创造出万物不断生长。

对我来说，一个深邃的科学阐释所具备的最明显的标志，就是它给出的答案远远多于你的提问。暴胀理论已被证明是一件上天赐予我们的礼物，它持续奉献，提供一个又一个答案。首先，该理论解释了为什么空间如此平坦，这一点我们已测量到约 1% 的精准度。其二，该理论解释了为什么平均来说宇宙从各个角度看都是一样的从一点到另一点只有 0.002% 的起伏度。其三，该理论解释了这 0.002% 起伏度，实为源于微观至宏观的暴胀所形成的量子起伏，在此基础上经由重力放大，形成今日的星系和大规模的宇宙构造。该理论甚至将宇宙加速（cosmic acceleration）归结于暴胀，宇宙以慢速运动予以重启，并且每 80 亿年（不是每秒）扩大一倍，该理论将争论的焦点从是否存在暴胀，转移到暴胀是发生过一次还是两次，也正是因此，该理论荣获了 2011 年诺贝尔物理学奖。

时至今日，日渐清晰的是，暴胀理论是一个永不停息的科学阐释，即：暴胀不会停息，对此的阐释亦不会停息。

就像细胞分裂不会生出一个孩子就停止，而是会不断生产数目庞大且多种多样的人口一般，暴胀也不会仅仅制造出一个宇宙就结束，而是会制造出数目庞大且多种多样的平行宇宙，这也许会让我们以往视为物理常数的东西的所有可能选项成为现实。因此，它或许可以解密一个事实：对生命而言，在我们所处宇宙中的许多常数都是恰如其分的，如果发生一些哪怕是微小的改变，我们所知的生命形态将不复存在，比如说，那样就不会再有星系或者原子。即使绝大多数由暴胀所制造的平行宇宙胎死腹中，也还会有一些条件恰到好处地适合生命产生与生存的情况，这毫不让人意外，譬如我们人类生存的这个星球。

暴胀理论让我们极度尴尬，真的是无比尴尬。因为这种宇宙的无限性带来了所谓的度量难题，我将此视为现代物理学所面临的最大危机。物理学是一门依据过去来预测未来的学科，但暴胀理论看来要颠覆这个定义了。我们的物理世界充斥着模式和规则，然而，当我们试图量化这些模式和规则，以便预测一些特定事件的发生概率之际，暴胀理论总是给出相同的无用答案：无穷大除以无穷大。

问题在于，不管你做了什么样的实验，暴胀理论都会预测，在一个无限数量的平行宇宙中，你所获取到的每一个物理上的可能结果，都会有无限多的副本。无论多年来在宇宙学界饱受怎样的争议，迄今为止，如何从这些无穷大中抽取出合理的答案，我们并没有达成共识。所以，从严格的意义上讲，我们这些物理学家并不能再对任何事物进行预测。我们那婴儿般的宇宙已经逐渐成长为一个变幻无常、捉摸不透的少年了。

这种糟糕的情况让我开始认为我们需要一种激进的新思路。或许我们需要某种方式来摆脱无限性。或许就如一根橡皮筋那样，难道空间不会突然一下子断掉而无限地扩展下去？或许无限多的平行宇宙已经被某些尚未获知的进程所摧毁，亦或出于某些原因，这些平行宇宙不过是海市蜃楼？最为深邃的科学阐释不仅仅要能提供答案，同样还要予以设问。我认为，暴胀理论依旧留给了我们若干思考与找寻答案的空间。

我们的宇宙曾如婴儿一般生长

注：本文作者迈克斯·泰格马克的《穿越平行宇宙》已由湛庐文化策划，浙江人民出版社出版。

28

KEPLER ET AL.AND THE NONEXISTENT PROBLEM
开普勒之流和非存在问题

吉诺·塞格雷（Gino Segrè）

宾夕法尼亚大学物理学名誉教授，著有《普通天才》（*Ordinary Geniuses*）。

1595 年，开普勒就如何测定当时已知的 6 颗行星和太阳之间的距离，提出了一条兼深邃与优雅于一身的理论。把 5 个正多面体按照八面体、二十面体、十二面体、四面体、立方体的顺序排序，再把每个正多面体嵌套进一个适当大小的球体中，就像俄罗斯套娃那样。开普勒认为这些连续球体的半径比例和行星距离的比例是相同的。不言而喻，这个说法并不正确，但就如乔·布朗（Joe E.Broun）在电影《热情似火》（*Some Like It Hot*）中的所说过的那句著名台词一般："世间本无完人。"

早在 2 000 多年前，在一个后来被描述为"天体和谐定律"（Harmony of the Spheres）的概念中，毕达哥拉斯在涉及球体距离和琴弦之间距离多远才可以弹奏出悦耳动听的声音的研究中，找到了一种解答。而几乎在开普勒提出上述理论的 200 年后，约翰·波得（Johann Bode）和约翰·提丢斯（Johann Titius）推出了一个简单的计算天体间距离的数值公式，但并没有做出更多相关的解释。按照推测，这个公式应该正确。所以，我们可以得知，开普勒的理论，既不是第一个，也不是最后一个试图解释行星轨道半径比的，但对我来说，由于开普勒的理论把动力学和几何学关联在了一起，所以它仍然是兼深邃与优雅于一身的理论。

严格来说，上述那三个解答都是正确的。它们都解答了一个其实并不存在的问题，至于我们现在所知的行星位置，则纯属一个意外收获，这是由于环绕早期太阳周围的碟型涡流尘埃，在重力影响下，形成了其目前的结构。在我们人类对所处行星系的认识中，最初被我们当作宇宙中心的东西，经过人类意识的扩展，我们发现它不过是组成无限银河的一小部分而已，那些我们之前所有的疑问也就都不复存在了。

与众多理论物理学同行们一样，我之所以苦苦思索这个问题，是因为我长久以来，始终在找寻一个基本粒子质量的理论。但或许一直找寻不到该答案的原因，在于一个已逐渐被大众所接受的认知，即我们所见的宇宙不过是数不胜数宇宙中的一个随机示例而已，这些宇宙中的夸克和轻子，其质量都大为不同。碰巧的是，其中的一个宇宙，其夸克和轻子的质量数值允许至少存在一颗恒星和一颗行星，并且该行星上有着正苦苦思索类似问题的生物们。

换句话说，如上所述，由于我们对宇宙的认知在不断变化，我们之前的观点有可能会再一次被颠覆。如果事实如此，未来还会有怎样的伟大远景在等待着人类？但愿我们的子孙后代，在面临这些问题时，能够有更为深入的理解。当他们意识到，我们这一代人曾为一个并不存在的难题，一直做着无谓的努力，以此找到一个深邃和优雅并存的答案，他们届时应该会一笑而过吧。

开普勒之流和非存在问题

29

HOW INCOMPATIBLE WORLDVIEWS CAN COEXIST

相克能否相生

弗里曼·戴森（Freeman Dyson）

普林斯顿高级研究所物理学名誉教授，著有《多彩的玻璃：宇宙生存之地的反射》（*A Many-Colored Glass: Reflections on the Place of Life in the Universe*）。

大千世界；相克却又相生，此景比比皆是，我一直试图找出其原因所在。有两种可能，其一，在一个被万有引力所支配的世界里，我们所见所闻的事物和现象集合组成了这个世界的经典画面；其二，则是在一个被概率和不确定性所左右的世界中，原子和辐射以一种无法预知的方式运动，从而呈现出了量子世界的画面。这两个世界都是真实的，但二者之间的关系却如谜一般不可获知。

物理学中的传统派认为，我们务必要找到能够涵盖上述两个特例的统一理论，并且该统一理论必须包含量子引力理论，只有这样，才能证明同时受重力与量子不确定性这两种属性影响的引力子粒子是存在的。

为了这个谜一般的问题，我一直在努力找寻不同的答案。我提出，如果引力子真的存在，它能否被观测到？

这个问题的答案我本人也无从得知，但我有一个证据可以表明，这个答案或许是"不"。这个证据来自于激光干涉引力波天文台，目前已在路易斯安那州和华盛顿州投入使用。这个探测仪的工作原理是，借助光线在两面镜子之间来回折射，以此精准地测量这两面镜子之间的距离。当一束引力波经过时，两面镜子间的距离将会发生非常细微的变化。由于受到周围环境和仪器设备噪音的影响，此探测仪实际上只能探测到远强于一个单一引力子的引力波。即便处在一个完全静默的宇宙当中，关于一台理想的探测仪能否探测到一个单一引力子的问题，我也可以给出答案，这个答案就是"不能"。在安静状态下，距离测量的精准性受限于镜子位置的量子不确定性。为了达到较小的量子不确定性，镜子的质量必须非常大。基于已广为人知的引力定律和量子力学定律，运用一个简单的运算便可获知一个惊人的结果。使用一台激光干涉引力波天文台设备来探测一个单一引力子，镜子的重量必须够精准，只有这样，镜子与单一引力子才能够以不可抗拒的力量相互吸引并崩塌进入一个黑洞中。换句话说，大自然本身就禁止我们人类使用这样的设备来观测一个单一引力子。

基于以上单一的思想实验，我本人提出一条假设——任何可想象的仪器设备都无法观测到单一引力子。如果该条假设成立的话，那意味着量子引力理论是不可检验的，因而也失去了其科学意义。于是，经典世界和量子世界完全可以和平共处、相生共存，因为我们无法证明二者不兼容。宇宙中的经典画面与量子画面都可能是真实的，一味期待会出现某种统一理论，有可能到头来是虚幻一场。

相克能否相生

30

IMPOSSIBLE INEXACTNESS
无法实现的不精确性

萨特雅吉特·达斯（Satyajit Das）

金融专家，主要研究衍生工具和风险管理，著有《极限金钱》（*Extreme Money*）。

不精确性往往被视为开始即结束。其意蕴深远，并横跨科学、数学、哲学、语言学和信仰等诸多领域。

1927 年，维尔纳·海森堡（Werner Heisenberg）提出，不确定性蕴含在量子力学之中。粒子的特定属性，位置和动量，无法同时被测量。在量子世界中，物质是以量子或光波的形式存在的。其基本元素既不是粒子也不是光波，但却能表现出其中的任意一种特性。这些不过是阐述量子世界的若干理论方式中的一种而已。

不精确性标志着确定性的终结。当我们试图用更精准的方式测量某个属性时，我们度量另一个属性的能力就渐渐被破坏了。实际上，度量的行为否定了我们原有知识体系中的要素。

不精确性也让科学的决定论🔍慢慢走向消亡，这意味着人类对世界的认知永远是残缺不全、飘忽不定且极为偶然的。

不精确性对因果关系提出了挑战。正如海森堡所观察到的："因果定律意指，如果我们知道现在，就可以预见未来。但在这个定律中，并非是结果错了，而是前提有误。究其原则，我们无法获知现在所有的决定性要素。"

---

① 决定论是一种认为自然界和人类社会普遍存在客观规律和因果联系的理论和学说。——译者注

不精确性对方法论也提出了质疑。实验仅能证明它们所设计的要证明的东西。不精准性是一个基于度量上的实际限制理论。

不精确性和量子力学同样对信仰、真理和秩序的概念提出了质疑。它们暗示，世界的本质是概率性的，在其中，我们无法通过确定性来获得对事物的认知，而只能通过可能性来获取。不精确性消除了牛顿学说中，有关来自现实中潜在的时间和空间的要素。在量子世界中，力学仅被视为一种无任何因果性解释的概率而已。

爱因斯坦否认时空的位置无法完全获知这一说法，也不同意量子概率不反映任何潜在原因这种表述。他并不排斥不精确性理论，而只是反对事出无因。在写给马克斯·博恩（Max Born）的信中，爱因斯坦那句名言说道："不管怎样，我坚信上帝不掷骰子。"但如史蒂芬·霍金后来所说："如果我是海森堡的话，我会说'上帝不仅会掷骰子，而且有时，即使上帝掷了骰子，这些骰子也不会被看见。'"

不精确性既隐晦又微妙，它通过这种特性渗透到不同的领域当中，如艺术理论、金融经济学甚至是流行文化中。在某个层面，海森堡的不确定性原理意指，度量某个事物的行为将会改变该事物在我们心中的原有认知。但从另外一个层面来看，在有意或无意当中，海森堡所指的某个事物，实际上是关于我们整个认知系统的本质：绝对真理的缺失和人类知识的局限。

不精确性也与繁复多样的哲学体系有所关联。丹麦哲学家克尔凯郭尔把客观真理与主观真理进行了区分。客观真理被我们的主观真理所过滤和改变，这让我们想起海森堡不确定性原理的核心内容：观测者和被观测事物间的相互作用。

不精确性与语言哲学也有着千丝万缕的联系。在《逻辑哲学论》（*Tractatus Logico-Philosophicus*）中，维特根斯坦预测到了不精确性，指出语言的结构提供了思想的界限，以及何谓意境深远。

海森堡的个人生涯充满了争议，这也从另一个角度说明了不精确性的深层歧义。1941 年第二次世界大战期间，海森堡和其以前的导师尼尔斯·玻尔，在当时被占领的丹麦相逢。玻尔的妻子，玛格丽特提了一个很重要的问题，在迈克尔·费雷恩（Michael Frayn）1998 年的戏剧《哥本哈根》（*Copenhagen*）中，这个问题被反复争论："为什么他（海森堡）要来哥本哈根？"这部戏剧重现了他们师生二人的三次会面，每一次会面的结果都各不相同。戏中的海森堡说道："就算我一遍一遍反复解释，还是没人能理解我的哥本哈根之行。我告诉了玻尔，告诉了玛格丽特，告诉了审讯官和情报官们，告诉了记者和史学家们。我解释得越多，不确定性也就更多。"

在保罗·狄拉克写于 1930 年的《量子力学原理》（*The Principles of Quantum Mechanics*）中，他把牛顿学说和量子学说进行了对比："我们能够逐渐清晰地感受到，自然界有很多不同的运行法则。这些基本法则并非像我们的精神世界那样，以任何一种直接的方式来控制世界，相反，这些基本法则却控制着我们的精神基础，如果没有引进不相关性，我们人类则无法形成现在的认识系统。"

在海森堡以及在其不确定性原理之前，曾存在过一个世界。在海森堡之后，也存在着另一个世界。它们其实是同一个世界，却截然不同、相距甚远。

31

THE NEXT LEVEL OF FUNDAMENTAL MATTER

基础物质的下一个层级？

哈伊姆·哈拉里（Haim Harari）

理论物理学家，魏茨曼科学研究所前主席，著有《来自暴风之眼的观察》（*A View from the Eye of the Storm*）。

个科学概念或许优雅，或许正确。如若必须二选其一，那么我们则选择正确。如能二者兼具，则为上佳。

情人眼里出"西施"，而"正确"则来自于科学和大自然通过对实验的结果所作出的终极判断。不同于一般的电视选秀比赛，"优雅"与"正确"不是通过大众票选或一帮只会讥讽嘲笑的评审们所决定的。但科学的概念是否优雅，则往往取决于提出的问题。

万物均由6种夸克和6种轻子组成，它们具有看似随机却又无法阐释的质量，其质量范围横跨十个数量级。无人得知其中的原因，在这12种粒子中，相同的构建模式会重复3次。在特定情况下，其中一些物体，通过一种被称为无法解释的速率，"混合角"（mixing angles），实现相互转换。这些速率的20多个数值和质量看起来像是被大自然或是上帝武断地设定一样。这就是粒子物理标准模型为我们所阐释的原理。这原理优雅吗？看起来并非如此。

然而，高山与蛇，海洋与垃圾，人类与电脑，汉堡与星辰，钻石与大象，以及整个宇宙中的万物，统统是由12种基本粒子构建而成，这样的事实的确让人感到震惊。而这也确实是同样的标准模型所给出的阐释。这样的阐释优雅吗？确实如此。

我非常期待，大自然能够变得更加优雅。这 12 个粒子以及它们的反粒子电荷均为 0，±1/3，±2/3 和 ±1。每一个数值都恰好重复三次。

迄今为止，仍然有许多问题并未得到令人满意的解释，如为什么基本粒子的电荷是电子电荷的 1/3？为什么 0 和 1 之间的每个数值出现在列表上的次数是一样的？为什么它们的数量从未超过 3 个？为什么相同的模式会重复 3 次？为什么轻子的电荷永远都是整数，而夸克的电荷则是非整数？为什么夸克电荷和轻子电荷之间是单比的？

蚊子、椅子和西红柿汁均为电中性的产物，这是因为质子电荷数和电子电荷数的大小有着无法求证的相等关系，由此使得原子呈现为中性。这其中的原因在于，夸克电荷与轻了电荷之间有着相当精准的单比。然而，为什么电子不具有，比如是质子电荷的 0.8342 倍那样的电荷呢？为什么这二者有着完全相同的电荷值呢？

假如所有的夸克和轻子（由此推及宇宙中的万物）仅是由两个模块所构建而生成，一个是带有 1/3 电子电荷的模块，另一个是无电荷模块，那么，以上那些困惑已久的难题都将会得到完美的解答。所以，这 3 个基本物质的全部组合，或许能够精准地创建已知的夸克和轻子模式，并且可以帮助人们娴熟地解答以上那些疑问。尽管关于夸克和轻子的质量，以及转化率的问题依旧会让人感到匪夷所思，但如果我们把讨论转移到动力学层面，也就是将这两个更为基本的基础物质结合，使之转化为一种复合物，而非上帝所赐或是自然所赐的多达 20 多种的自由基础参数表中的一种，或许就能帮助我们更好地理解那些问题。

此为优雅的理论吗？当然。那么正确与否呢？据我们所知，这未必正确。但你永远都无法证明粒子不是由更为基础的物质构建而成的。在不与任何现有数据相悖的情况下，未来这些更为基本的基础物质或许可见，尤其是在比我们目前所知的更小范围之内、更高的能量之下，抑或是遵循一套全新且怪异的基础物理规则的时候，就会出现一种更崭新的结构。如此简单的一个假设，需要解决层出不穷的难题，有一些难题得以迎刃而解，而有一些问题则会让人束手无策。对绝大多数的粒子物理学家而言，对这个简单的理论所持有的否定态度，其部分合乎情理的原因就在于此。

我认为，创建整个宇宙是从两种构建模块（我称之为"里肖恩"，Rishons 或基元）开始的想法，是对众多被观测到的事实的一种阐释，既优雅又动人。在《圣经》中的开篇就讲道：宇宙始于"无形和虚空"，或者用希伯来语表述就是"Tohu Vavohu"。对于这两种基础物质的表述，最为恰当的就是 T 和 V，于是每种夸克和轻子都将包含 3 个基元，比如 TTV 或者 TTT。这或许是个永恒优雅但错误的认识，或许在未来的某一天，继原子、轻子和夸克之后，它会成为物质结构所呈现的下一个层级。让我们问问大自然吧，只有她知晓什么是"优雅"和"正确"的，但她永远都是笑而不语。

32

OBSERVERS OBSERVING
观者之观

罗伯特·普罗文（Robert Provine）

美国马里兰大学神经科学家和心理学家，著有《古怪的行为：打哈欠、大笑、打嗝及其他》（*Curious Behavior: Yawning, Laughing, Hiccupping, and Beyond*）。

何为兼具深邃与优雅的科学理论？其实这个问题并未完全打动我。"深邃"、"优雅"和"美丽"均属于美学特质，我更愿意把它们与体验和过程关联起来，而不是将它们作为一种理论，尤其是提到观者之观时。在实验心理学开创者的心中，观察是连接所有经验科学与探究本质的物理学家之间的桥梁。心理学与物理学，二者都涉及观察者的观察过程，而二者的区别之一，在于各自研究的重点不同。物理学强调被观察的对象，而心理学则把重点放在了观察者身上。对忽视观察者的超经验主义者而言，物理学必然是物理学家的研究行为，生物学是生物学家的研究行为，他们觉得上述那种论调简直匪夷所思、毛骨悚然。

十年前，我同约翰·惠勒（John Wheeler）探讨过这个问题，他曾经指出，宇宙学研究中的一个主要障碍就来自于宇宙学家自身。我会在我的"感知和知觉"这门课上对学生说："我们从事的是关于世间万物的研究，此话绝非戏言。在诸多方面，对感知和知觉的研究，的确是最基本和普遍的科学探究。"

我对观察的激情是兼具美学性和科学性的。最令我难以忘怀的是对夜晚星空的观测。对他人而言，令他们难忘的或许是发现霸王龙化石，或许是在春风和煦之日聆听到的鸟儿鸣唱。为了看得更为清晰、更为深远，我架起大大小小的望远镜，我期盼能够直截了当地通过自己的双眼，而非借助感光仪器进行收集或通过电脑对光子进行分析。我期盼能够与头顶上的宇宙直面相见，让它清洗我的双眼。作为专职的神经科学研究人员，它也为我开启了别具一格的观察冒险机遇：通过研究观者之观来进行神经病学机制的调查来认识宇宙。

观者之观

33

LANGUAGE AND NATURAL SELECTION
语言和自然选择学说

基思·德夫林（Keith Devlin）

斯坦福大学H-STAR研究所执行主任，著有《数字人：斐波那契的算术革命》（*The Man of Numbers: Fibonacci's Arithmetic Revolution*）。

自然选择学说的进化，不仅阐释了我们人类是如何诞生、如何生存的以及我们的举止行为，它甚至可以解释为什么多数民众都拒绝接受它，为什么更多的人相信，有一个至尊无上、无所不能的神存在。由于其他 Edge 的受访者有可能会选择自然选择学说作为自己最为心仪的深邃、优雅的科学理论，我将举个相当特别的例子，用来解释人类是如何获得语言的语法结构的。

有证据表明，至少 300 万年前，我们的祖先就开发出有效的口语表达方式。但语法在 75 000 年前才出现。那么语法是如何涌现出来的呢？

出过国的人都知道，向周边异国人传达基本的需求、欲望和意图，只需用寥寥数语和手势即可。唯一需要的语法是偶尔并列的两句话，如"我，泰山；你，简"这信息量已经相当丰富（含沙射影的程度也挺高的）这就是来自好莱坞相当经典的例子。人类学家把如此简单的配对沟通系统称为原始语言。

然而，沟通并非上述提到的那么简单，你需要的还有很多。如果你想有效地规划活动，尤其是该过程涉及两人或两人以上时，就需要相当完整的语法结构了；如果该活动需要与异地不同时段的团队进行合作，对语法的要求就更多了。

人类的生存依赖于规划和协调行为方面的能力、在发生错误后的集体回顾能力、避免反复犯错的能力。显而易见，语法结构对人类而言具有相当重要的作用。事实上，多数人认为这是人类最为显著的特征。但"沟通"堪称"语法杀手"，这是因为在最初，沟通能力不能被纳入到人类的基因池里。当口头表达是为了要传达比原生语更为复杂的想法时，才会用到语法；当大脑可以形成上述想法时，语法才会发生作用。这些考量帮助我们解释了为什么人类能够获得语言技能，以下是总结的几点原因：

1. 大脑（或成为大脑的器官）首先是为了关联动作反应和感觉输入刺激而进化的。

2. 某些生物的大脑变得更为复杂，在输入刺激和动作反应之间发挥着中介作用。

3. 这些生物中有一部分，其大脑能够覆盖自动刺激反应程序。

4. 与其他脑部发展程度较低的物种相比，人类大脑获得了"离线功能"，也就是可以在不需要感官输入刺激和产生输出反应的情况下，进行有效的动作模拟。

上述第 4 阶段便是大脑获得语法的原因。事实上，我们所说的语法结构，是一种描述和沟通的体现，其主要目的是为了对构建世界的精神结构而准备的。

作为一名精通数学的人，我钟爱自然选择学说的原因在于，它告诉我们大脑在什么地方获得了数学思维的能力。数学思维本质上是大脑模拟能力的另一个呈现，不是体现在描述 / 沟通方面，而是体现在数量 / 关联 / 逻辑方面。

自然选择理论通常需要投入大量的研究，来充实这些简单阐释的若干细节（有时我在某些方面没有其他人那么自信），但总体而言，其正确性打动了我。尤其是相关的数学故事阐释了，为什么在进行数学运算时，会伴随压倒性的柏拉图式的论证，该论证并非是关于抽象物体，而是关于真实物体的，至少在柏拉图的境界中是"真实不虚"的。关于这个问题，作一名数学教育者，我就将此问题的推理证明留给各位读者了。

34
COMMITMENT
承诺

理查德·泰勒（Richard H.Thaler）

行为经济学理论家，芝加哥大学商学院行为决策研究中心主任，合著有《助推》（*Nudge: Improving Decisions About Health, Wealth, and Happiness*）。

经济学中有一个基本原则，即一个人如果有更多可选择的事物，那么其经济状况是很好的。但这个原则是错误的。在某些案例中，人们可以通过限制未来的选择，和督促自己切实实行计划来让自己变得更好。

将承诺作为一项策略的思想的做法相当老旧了。著名特洛伊战争中的奥德赛（Odyseus），要求自己的船员把他绑在桅杆上，这样他就能听到女巫的歌声而不会让船触礁。另一个经典故事是科尔特斯（Cortez）决定在到达南美洲后烧掉自己的船，从而断了他那些船员想回头的念想。这些想法非常古老，我们并不知晓其精微玄妙之处，直到诺贝尔得主托马斯·谢林（Thomas Schelling）于 1956 年发表了其代表作《讨价还价漫话》（*An Essay on Bargaining*）。

众所周知，在游戏中，如果两个玩家相互信任、彼此合作，所谓两难困境就会迎刃而解；但如果对我而言，最佳的策略是背叛的话，我怎么可能会说服你来与我合作？前提假设如果你我都是游戏理论家，大家都知道背叛是优势策略。谢林列举了众多案例来论述如何可以做到这点。但我本人最为心仪的案例是：在美国丹佛（Denver）有一家康复诊所，客户都是些很有钱的可卡因成瘾者，这家诊所使用了一种"自我敲诈"的策略。诊所给患者一次写下自我认罪信的机会，只有这些患者在不定期的随机抽检中被发现吸食可卡因，这封自我认罪信才会被邮寄出去。这样一来，一旦许下承诺，大多数的诊所患者都会有着强烈的戒毒意愿。

社会中林林总总的棘手难题，从气候变化到中东冲突，如果相关党派能找到方法，共同承诺遵循制定的某些未来的行动步骤，这些难题都将迎刃而解。建议这些冲突各方，好好研究一下托马斯·谢林，然后想想如何才能真正做到一诺千金。

承诺

35

TIT FOR TAT
以牙还牙

珍妮弗·雅凯（Jennifer Jacquet）

纽约大学环境研究临床助理教授。

某些时候，自私看上去是最佳策略。对于"囚徒困境"（Prisoner's Dilemma）①而言，自私是合理的做法。打个比方，一伙中的任一人都可以选择合作或者背叛，最终可能会产生 4 种结果。不管另一方如何做，自私的行为（背叛）总是会收益更大。但如果双方都背叛的话，比起合作来说，背叛的结果是两败俱伤。然而，当政治科学家罗伯特·阿克塞尔罗德（Robert Axelrod）和他的同事们在计算机上运行了上百次的囚徒困境的表达式后，却出现了不同的结果。

关于这个问题，来自不同领域的专家给阿克塞尔罗德提供多达 76 种的游戏策略，让他们来做测试，其中有些策略相当煞费苦心。有些策略可以对抗多达 200 个回合。但在游戏最后，得到最高分的却是那个最简单的策略。成为赢家的策略是以牙还牙，这是一种"根据对方反应来决定自己做法"的假定策略，在此策略中，玩家们首先要建立合作，随后与伙伴亦步亦趋。在合作的演变中，人们已经察觉到互惠的重要性，但该重要性却只能通过机器得以模拟和验证。

通过一个堪称优雅的实验，这条优雅的理论，已被现实的利己主义者所验证。进化生物学家曼弗雷德·米林斯基（Manfred Milinski）注意到，他所

---

① 囚徒困境最初的故事是：有两个嫌疑犯 A 和 B 作案后被抓，警察对他们进行隔离审讯。如果两人都坦白，则各判 8 年；如果 A 坦白 B 不坦白，则释放 A，判 B10 年；如果都不坦白，则各判 1 年。——译者注

研究的三刺鱼会作出以牙还牙的行为。当捕食者靠近两条三刺鱼时，米林斯基观测到，这对三刺鱼有 4 种选项：它们可以并排一起游动；或一条在前而另一条尾随其后，这包含两种情况；或者是这两条都逃走。这 4 种情形满足了定义囚徒困境的 4 种不等式。

为了该实验，米林斯基想使用一对三刺鱼，但没法训练它们。于是他将一条三刺鱼和一组镜子放置在鱼缸里，这样看起来就像有两条不同的合作伙伴。第一种情形下，平行镜是用来模拟三刺鱼身边的合作伙伴；第二种情形，斜放 32 度的镜子来模拟三刺鱼身边的背叛伙伴，即当三刺鱼接近捕食者时，伙伴会看上去越来越落后并且不愿意予以合作。在不同的情况下，三刺鱼会觉得自己在平等分摊风险或是慢慢地独自承担风险。

当三刺鱼与背叛者结成伙伴时，它们宁愿待在鱼缸安全的一边，尽量远离捕食者。但与镜子合作时，三刺鱼大胆靠近捕食者的意愿增加了一倍。如果有伙伴同行，三刺鱼则表现得更为激进。在自然界中，合作行为意味着更多的食物、更广的空间，因而有着更成功的个体繁殖。与自私或撤退是上上策的预测相反，米林斯基观察到，三刺鱼最为常见的行为是一起靠近捕食者，这符合阿克塞尔罗德的结论，即以牙还牙是最佳的进化策略。

米林斯基在 1987 年的《自然》期刊上发表了其观察证据，第一次证明基于互惠的合作，来源于利己主义者的进化，包括小小的生物也如此。大量的研究表明，林林总总的生物系统，尤其是人类社会，是通过各种各样的合作策略组建而成的，科学方法持续趋于复杂，但最初的实验以及以牙还牙的策略极尽至简至美。

36

TRUE OR FALSE:BEAUTY IS TRUTH
是非题：美即是真

朱迪斯·哈里斯（Judith Rich Harris）

美国著名心理学家，著有《教养的迷思：父母的教养方式能否决定孩子的人格发展》（*The Nurture Assumption: Why Children Turn Out the Way They Do*）。

“美即是真，真即是美”，济慈如是说。但他从何而知呢？济慈是诗人而非科学家。科学家所居住的这个世界，真理往往深邃却不尽美雅并臻。事实上，我的印象是，真理越深邃，就越远离美与雅。

1938 年，心理学家伯勒斯·弗雷德里克·斯金纳（B.F.Skinner）提出了一条优雅的理论，在他的第一部著作《生物体的行为》（*The Behariors of Organisms*）中，他提出对反应给予奖励，他称之为强化，来增加在未来发生同样反应的可能性。不过，这条理论没有成功，并非因为它是谬论，而是因为过于简单。广义而言，强化的确会增加反应的可能性。该理论忽略了行为的先天要素，同时无法处理所有后天习得的行为。多数行为的获得或养成是通过经验，而非强化。生物体认知万物的方式五花八门。

模块化心智理论是以截然不同的方式解释行为的，尤其是人类的行为。其理念是，人类的心智是由一些被称为模块的专门组件构建而成，其中这些组件或多或少是独立运行的。这些模块从环境中获取各类信息，并以不同的方式处理这些信息。它们发出不同的指令，偶尔也会发出相互冲突的指令。模块化心智理论无法被誉为优雅的理论，因为它还不够精简。但是我们不应该像参加选美比赛那般对理论进行评判。我们应该评判，这些理论是否能比之前的理论更多更好地解释万物。举个例子，模块化理论可以解释脑损伤带来的奇怪影响，在不同病人身上，会出现不同的模式：有些能力或许会缺失，而有些则侥幸无碍。

　　说得更确切一些，模块化理论能够解释日常生活的一些棘手难题。比如群体间的冲突，蒙太古家族和凯普莱特家族相互交恶，但罗密欧还是爱上了朱丽叶。🔍你怎么能爱上仇家的人，却又恨着那个家族呢？答案涉及了两个独立的心智模块。一个负责群体意识，也就是认同自己的群体并敌视其他群体，另外一个擅于处理人际关系。这两组模块都收集有关人的信息，但却根据同样的数据处理不一样的事务。群体意识模块对种类进行区分，并计算群体类别里的平均值，其结果固定而刻板；关系模块收集并存储特定人物的详细信息，收集类似信息时我们会感到愉悦，这就是我们为什么热衷于八卦，喜爱读小说和传记，看总统竞选人在电视上互相攻击的原因。没有人拿着食物或钞票让我们做这些事情，甚至也没老板拍着你的肩膀以示鼓励，因为收集这些数据本身就是一种奖励。

　　模块化心智理论并非是优雅的。但我并非诗人，真理与美丽，我只选择前者。

是非题：美即是真

🔍蒙太古是莎士比亚戏剧《罗密欧与朱丽叶》中罗密欧家族的姓，凯普莱特是朱丽叶家族的姓。——译者注

正如丹·斯珀伯所言："文化是人类种群中关于认知与交流的沉淀。"

——克莱·舍基（Clay Shirky）

AS SPERBER PUTS IT, "CULTURE IS THE PRECIPITATE OF COGNITION AND COMMUNICATION IN A HUMAN POPULATION."

37

DAN SPERBER'S EXPLANATION OF CULTURE

文化是人类种群中关于认知与交流的沉淀

Clay Shirky

克莱·舍基

纽约大学社会网络学家，被誉为"互联网革命
最伟大的思考者""新文化最敏锐的观察者"。
著有《人人时代》《认知盈余》。

为什么同一个群体里的成员，其行为举止如出一辙？为什么他们的行为与邻近其他群体的行为又大相径庭？为什么这些行为能跨越时间的长河而岿然不变？"文化是顺应环境而生的"，这个显而易见的答案根本站不住脚。沿着印度河、幼发拉底河、莱茵河上游一路而行，尽管是在几乎相同的环境中比邻而居，但多个相邻文化却有各异的语言、服装和习俗。

这其中一定是有什么东西，可以让一群人以一种特定的方式来保持其行为举止的一致。在 20 世纪 70 年代初期，爱德华·威尔逊（E.O.Wilson）和理查德·道金斯注意到，思想在文化中的流动与基因在物种中的流动呈现出相似的模式，即群体内具有高流动性，而群体间的流动性则大幅减少。对此，

道金斯的解释是假设存在一种文化的基因，即模因（Meme）。同时，他还清晰地提出了问题：就遗传物质来说，完美的复制是不足为奇的，而突变却相当罕见。对文化来说，则截然相反。事件经常被记录错，然后又被描述错，引用常常混淆不清，即使是同一个笑话（纯粹的模因），人们讲述的版本也各不相同。对一代人来说，基因和模因的类比是一种颇具启发性的想法，但却没有什么分析的效用。

依我所见，丹·斯珀伯（Dan Sperber）破解了这道难题。在 1996 年出版的一本以朴实无华闻名的小册子《解释文化》（*Explaining Culture*）中，他提出了一个理论，即把文化视为思想流动性传播的沉淀。在该模型中，没有模因，没有从百花齐放、百家争鸣中割裂出来的文化单元。相反地，所有的文化传播都可以简化为两种类型中的一种：要么是心理表征公众化，要么是公众表征内化到意识层面。正如丹·斯珀伯所言："文化是人类种群中关于认知与交流的沉淀。"

斯珀伯的两个基本要素理念的外化和表达的内化，让我们不再把文化视为人类居住于其中的一个大容器，而是一个网络，这个网络拥有精雕细琢的印记，让我们得以追溯个体行为如何演变为若干范围更大、周期更长的模式。一些公众表征被不断地学习、复述以及再学习，譬如儿歌、格子呢图案和同级评审，它们横跨数个世纪一直流传至今。其他的则在数年之内，从无人不晓沦为无人问津，譬如宠物石和《椰林飘香之歌》。①

文化是人类种群中关于认知与交流的沉淀

① 宠物石即把石头当作宠物来养，该创意来自一位叫加里·达尔（Gary Dahl）的人。犹如真正宠物一般，宠物石被装在一个纸质宠物盒内，附一份宠物训练指南。仅投入市场第一年的上半年，宠物石便为达尔带来了 1 500 万美元收益。《椰林飘香之歌》则是鲁佩特·福尔摩斯（Rupert Holmes）1979 年的一首流行歌曲。——译者注

还有一些仅保存在亚文化领域,包括角色扮演(cosplay)、重演南北战争等。(的确,亚文化是指人类仅通过特定表征进行交流的网络,这些表征在主流文化中并不活跃。)

在斯珀伯的网络追踪模型中,对文化的最佳诠释是:文化是一组重叠的图情汇聚(an overlapping set of transactions),而非一个容器、一件事物或一股力量。鉴于此,我们可以询问更为详细的问题:哪些私人的想法会公诸于众?这些公众理念何时可以在个体心灵中驻足,以及多久一次?

举例说明,与其争论十四行诗是否仍然是西方文化里的重头戏,斯珀伯则另起设问:"哪一类人会对某一首十四行诗产生心理表征,或者对作为整体的十四行诗产生心理表征?他们会多久表达这些表征一次?其他人多久会想起这些表征?"理解十四行诗的内涵成了一项基于网络分析的项目,该项目由诸多带有实证的问题所驱动,譬如如何传播、如何细化、如何与十四行诗的内化表征相互耦合。对于十四行诗、"愤怒的小鸟"、美国例外主义和相对论的文化承诺,都可以放置在同一镜片之下审视。

这就是斯珀伯的理念强大的原因所在:文化是一个庞大且非同期的复制网络,思想转化为表征,表征转化为其他相关的理念。除此之外,斯珀伯让我们理解到,为什么公众表征的持续性能够如此威力无穷。当我对孩子唱起那首《开普敦赛马》(Camptown Race),他把这首歌内化成了自己的版本与原版略有不同。然而,当他开始学识谱时,他就进入到一个更为广阔的表征世界当中;贝多芬不再只是对他哼唱《致爱丽丝》(Für Elise),而是通过一组双方形成共识的符号,符号本身自我内化为心理表征,几百年后,贝多芬的公众表征依然能够被内化。

斯珀伯的理念提倡,对思想的公众表征介入越多,就越会扩大整体文化的动态范围。一些可获取的公众表征将生根于最为广泛的参与者团体中,在历史上、绝对数量上以及人类的百分比上皆如此。打个比方,想想现在有多少人会理解那句《愤怒的小鸟》游戏用语"一只鸟干掉了两头猪"。正是这种基于全球文化模仿的全球互联互通的可能性,让进化理论家马克·帕格尔(Mark Pagel)在谈到互联网造就"无限愚昧"之际,尤为忧心忡忡。

与此同时，对可能的亚文化群成员而言，以比普通大众更为低廉的成本、更为长久的寿命和更为广大的范围寻找彼此并创建属于他们自己的公众表征，本非易事。2011 年 1 月 25 日，埃及民众抗议者挑选具有公众表征的全国警察节来举行抗议活动，这极有可能是因为反对派能够在类似埃及国家层面的规模上，创建另一种可替代的公众表征。

还原论（即用少量的原因来解释多样的结果）的本质，在社会科学中是极为少见的，但是斯珀伯为我们提供了一个架构，该架构将文化所涉及的海量且含糊的问题融汇到一系列易于解决的研究项目当中。虽然大多数对"认知与交流的沉淀"的实证研究依然未展开，但在我的认知当中，在当前的社会科学领域里，还没有涌现出另外一个如斯珀伯思想那般能够呈现如此有分量的解释。

文化是人类种群中关于认知与交流的沉淀

注：本文作者克莱·舍基的《人人时代》（经典版）《认知盈余》已由湛庐文化策划，《人人时代》（经典版）由浙江人民出版社出版，《认知盈余》由中国人民大学出版社出版。

38

ERATOSTHENES AND THE MODULAR MIND
埃拉托色尼和模块化思维

丹·斯珀伯（Dan Sperber）

布达佩斯中欧大学社会和认知科学家，国际认知和文化研究院院长，合著有《意义与关联》（*Meaning and Relevance*）。

埃拉托色尼是埃及托勒密王朝时期著名的亚历山大图书馆馆长，他在数学、天文学、地理和历史方面作出了开创性的贡献。与此同时，他反对将人类区分为希腊人和"野蛮人"（Barbarians）。然而，他被世人所记得的是，他是第一个正确测量地球周长的人。[①]但埃拉托色尼是如何做到的呢？

埃拉托色尼曾听说，每年有一天正午的阳光会直射赛伊尼城（现在是埃及的阿斯旺）一座开口井的底部。这表明太阳正在天顶，因而赛伊尼城一定是在北归线上，而那一天则一定是夏至（6 月 21 日）。埃拉托色尼知道车队从亚历山大城到赛伊尼城需要的时间，基于此，他估算出两个城市之间的距离为 5 014 斯塔德（stades，古希腊长度单位）。他假定赛伊尼城位于同一经线上亚历山大城的正南方。事实上，他在这一点犯了个小错误，赛伊尼城位于亚历山大城的东边，而假设赛伊尼城经过北回归线也不对。但很巧的是，这两个错误造成的影响相互抵消了。埃拉托色尼明白太阳距离遥远，足以把投射到地球上的阳光视为平行光线。当太阳位于赛伊尼城的天顶之际，在更

[①] 该故事在尼古拉斯·尼卡斯特罗 (Nicholas Nicastro) 最近出版的《圆周》(*Circumferernce*) 中有详尽的描述。
——译者注

北的亚历山大城，太阳则更应偏向天顶的南侧。但偏南多少呢？他测量了图书馆前方尖碑的阴影长度（故事是这样流传的，他也可能测量了其他更方便的垂直物体），从而能够确定太阳是在天顶以南角度为 7.2 度的地方。正是利用这个角度，他才可以测量出亚历山大和赛伊尼城之间地球的曲率（见图38-1）。由于 7.2 度是 360 度的 1/50，埃拉托色尼将亚历山大和赛伊尼城之间的距离乘以 50，计算出地球的圆周是 252 000 斯塔德，这个结果与现代测量的结果 40 008 千米，只有 1% 的误差。

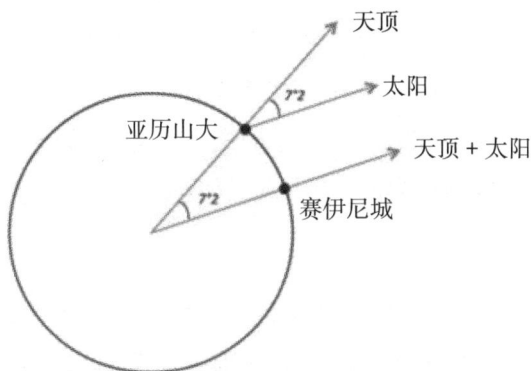

图 38-1 测量亚历山大和赛伊尼城之间地球曲率示意图

埃拉托色尼把看起来无关的证据（车队行进的距离、照射到井底的阳光、方尖碑投影的长度）、假设（地球是个球体、地球与太阳之间的距离）和数学工具结合起来，测量出了他既无法看到、也无法实地丈量而只能靠想象的地球的圆周。他的结果简洁且令人叹服。他所运用的方法是人类智慧的完美呈现。

对当代精神哲学的贡献无人能及的杰里·福多尔（Jerry Fodor）很有可能把这项超凡智力运用在了对心智运转中心系统的完美阐释上。他提出，任何信仰或证据都与任何新假设的评估相关联时，则它们之间具有"等向性"（isotropic）；在我们所有的信仰都是一个整体系统的一部分时，它们具有"蒯因性"（Quinean，以哲学家威拉德·冯·奥曼·蒯因，Willard Van Orman

Quine 命名）。这与另外一个我本人也有参与的观点形成对比，该观点认为，心智完全是由专门的"模块"所构成，每一个模块对应一项特定的认知领域或任务，而我们的心智活动源于这些模块之间的复杂交互作用，如互补、竞争等。然而，埃拉托尼的故事不是已经论证了福多尔的观点是正确无误的吗？大规模的模块心智是如何获得如此成就的？

因为我们有些模块是具有元表征（metarepresentational）的特性的。它们专门负责处理形形色色的各类表征：读取心智模块的精神表征；用于沟通交流模块的语言表征；用于推理模块的抽象表征。但终究这些表征都属于特殊性对象，仅可在人类信息处理设备和在其输出信息上予以体现。表征有着其他事物所不具备的原始属性，比如真与假、一致性等。然而，考虑到这些元表征模块并处理这些表征时，有可能涵盖包括它们自身的一切，它们呈现了一种虚拟的领域普遍性。由此元表征思维所引发的错觉，的确是普遍存在的。

我个人认为，埃拉托色尼并没有具体思考过地球的周长，就如他思考从图书馆到亚历山大皇宫的距离那般。他反而是对当时由其他学者所提出的、大不相同的地球圆周计算提出了挑战。他考虑到了解决问题所要运用的各种不同的数学原理和工具，该如何把繁杂多样的观测以及报告转为证据来运用，这让他绞尽脑汁。他的目标是找寻到一个清晰且令人叹服的解答，这是一个有说服力的论据。换句话说，他思考的是单一种类的物体，即表征，并寻找一个新的方式把二者联系起来。在这种情形下，外界事物激发了他的灵感，他也把外界事物作为了自己的研究目标。他所获取的超凡智慧，唯有在心智与人际交往事件的"社会–文化链条"中，作为一条卓越非凡的链接，才具有深远意义。对我来说，这不是关于个人心智独立运行的例证，而是社会文化延展模块心智的威力，这才是最让人叹为观止的。

39

METAREPRESENTATIONS EXPLAIN HUMAN UNIQUENESS

元表征学阐释人类独特性

雨果·梅西耶（Hugo Mercier）

瑞士纳沙泰尔大学认知科学中心研究员，认知科学家。

唯有人类方可洞悉他人的心理状态，唯有人类依靠开放的沟通交流系统，唯有人类求索自身信仰的原因。对于这些或其他类似的丰功伟绩，人类都是基于自身最殊胜的天赋：呈现表征，即形成元表征的能力达成的。隐藏在诸如"玛丽认为保罗觉得天要下雨了"这样司空见惯的想法背后，恰好是对人类独特性的诠释。

有两种途径可以呈现表征，一种极具威力，另一种则相当笨拙。笨拙的途径是为每一个需要被呈现的表征去创建一个新的表征。如果使用这样的方式，玛丽不得不形成一个笨拙表征：保罗觉得天要下雨了，次表征是完全独立于她自己的表征：天要下雨了。接下来，她还得重新获悉，从"保罗觉得天要下雨了"中得出的一切新推断，譬如这件事对保罗跑步锻炼的意愿会带来负面影响，或是会增加让保罗带上一把雨伞的可能性。这个冗杂的过程将不断重复，从"彼得觉得天气看上去真不错"到"露丝担心道琼斯股指明天会崩盘"。这样的过程绝不可能诠释清楚，人类所拥有的"把任何思想传递给他人"的这种神奇能力。那么，我们该如何诠释这些能力呢？

我们可以解释为：我们运用自己的表征将思想传递给他人。当玛丽将"天要下雨了"的信息传递给保罗时，她仅仅是简单地使用了她的表征"天要下雨了"，并将其隐藏在"保罗觉得天要下雨了"的元表征当中。因为运用了相同的表征，玛丽可以从"天要下雨了"的表征推断出"保罗觉得天要下雨了"。这个招数为人类打开了一扇能够理解自身社会环境的大门。

我们对于他人的大多数信息都源自沟通：人们不断告诉我们，他们的所思、所想、所欲、所畏、所爱。元表征再一次地扮演了一个至关重要的角色，这是因为语言的理解需要从"天要下雨了"这句话转到元表征：保罗觉得"这儿马上要下雨了"。

心智化能力，即将想法传递给他人的能力，其和沟通是元表征最为著名的应用，但这些并非是唯一的应用。元表征在人类思考推理方面也发挥着关键作用。当人们产生争执并评估争执时，需要仰赖某些特定的元表征，比如玛丽觉得"天要下雨了"与"我们最好不要出门了"形成了一个很好的争论点。再比如，玛丽使用了她的表征"天要下雨了"，而没有把这个表征传递给其他人，这时，玛丽把这个表征作为接受既定结论的理由，使其具有了强有力的说服力。

表征还具有其他几个从美学价值到规范性状态的属性。表征的丰富性让我们能够循环再利用自己的表征，以此去呈现其他人的表征，抑或是呈现其他表征的属性，这是我们最与众不同的特征，这也是众多源自自然选择的偶然发现，并且也是令人叹为观止、精彩绝妙的解决方案之一。然而，尽管与创建出新的表征这种笨拙方法相比，使用元表征要简单许多，但我们仍然面临着复杂的计算任务。即便当我们运用自己的表征并传递给其他人时，仍然有巨大的工作量，元表征不能总是吃遍天下。某些时候，我们需要输入新元素来呈现表征，比如语言或行为线索。除此之外，当要呈现一个表征时，并非所有源自该表征的推断都是有用的。当玛丽觉得保罗认为天要下雨了，其中一些她从"天要下雨了"得到的推断，并不一定要传递给保罗。打个比方，保罗也许并不介意在雨中慢跑。玛丽也可能不会有其他推断：保罗或许会担心落在外面的书。虽说如此，如果没有一个底线的话，即玛丽自己的表征，推断工作将从小菜一碟转变为极为棘手。

比起其他的认知特质，运用我们自己的表征来呈现他人表征的能力，很有可能就是人类之所以能够获取非凡成就的原因。如果没有这项技能，描绘人类物种的社会认知复杂形式，将不能实现。如果心理学家要继续深入探索人类的认知领域，获取并了解这些有关传递表征的理念，对我们而言也是极为重要的。

我把结束语留给丹·斯珀伯，他在使元表征成为我们独特认知最核心的解释方面，做出了比其他认知科学家更多的贡献："人类具备呈现表征的能力。我认为元表征是人类独一无二的能力，对于理解他人的行为发挥着至关重要的作用，就好比蝙蝠靠着回波定位一样。"

元表征学阐释人类独特性

40

WHY THE HUMAN MIND MAY SEEM TO HAVE AN ELEGANT EXPLANATION EVEN IF IT DOESN'T

即便空空如也，何以人类心智追求至雅解释？

尼古拉斯·汉弗莱（Nicholas Humphrey）

剑桥大学达尔文学院心理学家，著有《灵魂：神奇的意识》（*Soul Dust: The Magic of Consciousness*）。

18 59 年，达尔文的哥哥伊拉斯谟斯·达尔文看完《物种起源》后，在给达尔文的一封信中说："我对这样的先验推理非常满意，我对其喜爱的程度甚至到了如果事实与之不符，那该事实该有多糟糕啊的地步！"某些事实，譬如开尔文对地球年龄的计算，在当时对达尔文的理论而言，显得颇为尴尬。但是自然选择理论如此完美，不可能是个谬论。伊拉斯谟·达尔文坚信，某些糟糕的事实将得以改变。结果果真如此。

但并非世事皆如此。优雅有可能会将我们引入歧途。想象一个简单的数学例子，有个一个 2，4，6，8 的数列，你猜想生成这个数列的规则是什么？理论上可能有几种答案。其中一个规则很简单：假设前一个数是 x，接着计算 x+2。但同样适用于这组数列的还有一种合理但较为复杂的规则：假设前一个数是 x，接着计算：

$$-1/44\ x^3 + 3/11\ x^2 + 34/11$$

从所给的数列来讲，第一个规则显然更为优雅。假设某人，我们叫她翠西，因为两个规则都行得通，于是她选择了第二项，我们肯定会认为她是故意唱反调，并且反感优雅。她就是英国当代艺术家翠西·艾敏（Tracey Emin），而非米开朗基罗。

但假设翠西会说："我打赌如果我们再往下看看的话，我们将发现其实我才是一直都对的。"假设我们真的往下看的话，我们会惊讶地发现，这个数列的下一个数字不是 10，而是 8.91；再往下的数字也不是 12，而是 8.67。这就是说，真正的数列是 2，4，6，8，8.91，8.67。之前我们觉得比较好的规则不再与事实相符。但神奇的是，第二条规则却仍然完美匹配。在这个例子中，我们不得不承认，翠西的"反感优雅"获胜了。

真实世界会多长时间用这样看着简单、实则不易的规则来戏弄我们一次？一个著名的例子就是弗朗西斯·克里克于 1957 年提出的 DNA 如何用"无逗点码"（commafree code）传递蛋白质合成指令的理论。许多年后，克里克写道："我们自然而然地对无逗点码的想法而欢欣鼓舞。因为它看上去相当漂亮，几乎是优雅至极。输入神奇的数字 4（4 个碱基）和 3（3 联碱），就可以得到神奇数字 20，这就是氨基酸的数目。"但是，如此讨喜的理论却无法与实验事实相吻合。总之，真理果真无法优雅。

这难道是开了一个玩笑吗？当然，我不是说大自然故意误导克里克。正如爱因斯坦所言，上帝狡黠但并无恶意。在这个例子中，最为优雅的理论无法成为真理，我们可以说是运气不佳。而且，假设这样的坏运气不常有，或许整体上来看，我们仍然可以期待真理和优美并肩而行。毋容置疑，对 Edge 年度问题的若干解答会证实这一点。

然而，在一些案例中，一条错误理论具有优雅性也不见得是多么走运的事，复杂的现象其实是被戴上了简单的面具，或在某种程度上，让人类觉得就是如此简单。在进化过程当中，当人类以特别简单的方式，来看待某件事物具备生物学优势时，类似的情况就会出现。设计出这样的伪优雅性解释的不是上帝，而是自然选择学说。

接下来提到的是我最为心仪的案例。每个人呈现在其他人面前的形态，都是由一种我们称为心绪的非凡的结构所掌控的。但令人称奇且绝妙的是，人类的心绪会很容易被他人获知。从我们还是婴儿起，就会运用这种被心理学家所了解的"心智理论"，某些时候被称为"信念欲望心理学"。心智理论兼具简单与优雅的特性，连两岁的小朋友都能明白。毫无疑问，心智理论为解释人类的行为，提供了一个行之有效的方法。掌握一个了解他人心绪的技巧，是在社会群体中得以存活的一个不可或缺的能力。然而事实上，若非自然选择学说将人类的大脑塑造为可以读取他人的心绪，同时也可以让他人读懂自己的心绪的话，心智理论将无法发挥作用。这便是"解释的花招"登台之地。心智理论无法解释大脑是如何运作的。它是为特定目的建造的、简洁的、深邃且优雅的神话，这个神话的不足之处尚未显现，或许直到那些"额外的数字"是被愚蠢的行为亦或被脑残所增添，诸如此类不在自然选择学说范围内的意外事件发生，才能发现它的不足之处。

在我眼里，心智理论的优雅美不可言。

41

GENES, CLAUSTRUM, AND CONSCIOUSNESS
基因、屏状核和意识

维拉亚纳尔·拉马钱德兰（Vilayanur Ramachandran）

神经科学家，加州大学圣迭戈分校大脑与认知中心教授兼主任，著有《泄密的大脑》（*The Tell-Tale Brain*）。

何为我最为心仪的优雅的理论？显而易见，那就是经得起反复论证与推敲的关于 DNA 结构的理论。我将证明，之前用于破解遗传密码的策略，或许能够被成功地证实它也可以破解意识和自我的"神经密码"（neural code）。尽管这事成功的机会不大，但值得一试。

能够把控类比方法，并能够识别表象与本质的差异，拥有这样的能力是诸多伟大科学家的一项标记。弗朗西斯·克里克和詹姆斯·沃森也不例外。克里克本人曾说过，生物学的研究不应追逐至臻至雅。克里克说过，"上帝是个黑客"，他接着补充道（引自我的同事唐·霍夫曼所述）："许多年轻的生物学家已经用奥卡姆的剃刀割开了自己的喉咙。"最后克里克揭开了遗传之谜，其解决方案与达尔文的自然选择并列誉为生物学上最优雅的发现。那么在意识层面上，是否也会有类似优雅的解答呢？

众所周知，克里克和沃森发现了 DNA 分子的双螺旋结构：两条螺旋盘绕的互补核苷酸链。但鲜有人知，是在发生了一连串的事件才最终促成了这个伟大的发现。

最初，孟德尔定律决定了基因是微粒状物质，该定律是首个最为接近，大体上也属于精确的一个解答。后来，托马斯·摩尔根（Thomas Morgan）

提出，经过 X 射线照射的果蝇，其染色体内出现了点状突变，从而得出了清晰的结论——染色体是遗传中的关键所在。染色体是由组织蛋白和脱氧核糖核酸（DNA）所构成；早在 1928 年，英国细菌学家弗雷德·格里菲思（Fred Griffith）发现了一种无害细菌，在和加热后会失去活性的有毒细菌一起培养后，无害细菌会转变为有毒细菌。这就好比是一头猪走进了有一只羊的羊圈，最终走出来的是两头羊，这发现令人相当诧异。之后，奥斯瓦尔德·埃弗里（Oswald Avery）发现了引起巨变的主要根源来自 DNA。在生物学里，结构方面的知识，通常会引领到对功能知识的领悟，我们只需看看整个医学史便可了解。受到格里菲思和埃弗里的启发，克里克和沃森意识到，解答遗传问题的关键就在 DNA 的结构里，就像定位对脑功能起着至关重要的作用一样。

克里克和沃森并非只限于对 DNA 的结构作了描述，他们还对 DNA 存在的意义进行了阐释。他们发现了存在于分子链互补性，和父母及后代互补性之间的类比关系，即猪只能生下猪仔而非小羊羔。在那一刻，现代生物学才得以诞生。类似的关联存在于脑部结构和思维功能之间，也就是神经元和意识之间。在此我仅叙述了一些大家所熟悉的故事，原因在于有些被称为"新神秘主义者"（new mysterians）的哲学家对此持有反对意见。

在遗传学研究方面取得成功后，克里克转而去研究被他称为生物学中的"第二大谜题"：意识。质疑意识的人不少。我记得在拉荷亚索尔克研究院举办的一次研讨会上，克里克做了一次关于意识的演讲。但他差点没法开场，因为观众席上有位先生举手发言说道："克里克博士，在您发表有关这个主题的演讲前，您甚至都没有费心劳神地给'意识'这个词下定义。"克里克的回复令人难忘："我想提醒一下您，在生物学史上，从未有过什么先与后，只是我们一帮人围坐在一起，然后说'让我们先来定义何为我们的生命。'我们只是先行一步，然后发现了那个双螺旋。有关语义洁癖的问题，还是留给你们这些哲学家吧。"

我个人认为，克里克在意识方面的研究并未获得成功，无论其含义是什么。虽说如此，但克里克的方向是没错的。在他个人生涯的早期，由于抓住了生物学互补性的类比，即分子结构逻辑决定着遗传功能性逻辑，克里克收获颇丰。由于在运用结构功能类比策略上所取得的巨大成功，毫无意外地，克里克会运用同样的思维模型去探究意识。他和他的同事，克里斯托弗·科赫（Christof Koch），继而专注研究一种相对难理解的结构，该结构被称为屏状核。

屏状核是大脑岛叶皮层下的一层细胞薄片，左右脑半球上各有一组。从组织结构上看，屏状核比大多数脑部结构更为均匀；与大多数脑部结构发送或接收自其他结构的一小部分信号不同，屏状核几乎与每个皮质区域相互联结。当大量如潮水般的信息波通过屏状核时，由于其结构和功能上的精简，确保了神经细胞对信息输入的时间节点极为敏感。

但这与意识有什么关系呢？克里克和科赫并没有把精力放在迂腐的哲学研究上，他们转而从自己朴素的直觉入手。"意识"拥有诸多特性，如时间上的连续性、自主感或是自由意志、递归性或"自我意识"，等等。但其中最为显著的一个特性是主观一致性。我们的七情六欲、思想、意志、行动和回忆，是作为一个整体而非神经过敏或支离破碎般被体验着的。意识的这个特性，以及"当下"这个所伴随的感受，由于太过明显，反而让我们时常忽略它，我们总是认为这一切都是很自然的，不需要投入过多关注。

意识的核心特点是其一致性，即有一个脑部结构，它与大脑的其他结构相互发送和接收信号，包括涉及多感功能的右脑和涉及"自由意志"的体验的前扣带回。如此一来，屏状核似乎在解剖学上，而意识则在精神层面上，使万物归于一体。克里克和科赫意识到，这或许不是巧合：屏状核可能决定了意识的核心。事实上，这种说法也许体现了笛卡尔剧场理论，却是哲学家们的禁忌，屏状核或至少应该如交响乐团的指挥那般，发挥着决定性的作用。这种充满孩子气的推理，往往会引领出伟大的发现。显而易见，诸如此类的类比并没有取代严谨的科学，却是一个良好的开端。不能判断克里克和科赫的思想到底是对还是错，但可以肯定是它是优雅的。如果他们的思想是正确的，他们就为揭开生物学最大的谜团开辟出了一条道路；即便是错误的，他们也为后来者提供了可以效仿的研究方式。不过克里克总是被大众所忽略。

2004 年 7 月，我去拉荷亚拜访了克里克，当我要走时，他送我到门口，分别时，他狡黠地眨着眼说："拉马，我觉得就是屏状核，它才是秘密的真正所在。"一周后，克里克就辞别人世了。

42

OVERLAPPING SOLUTIONS
重叠的解决方案

大卫·伊格曼（David M.Eagleman）

贝勒医学院神经医学家，著有《隐藏的自我：大脑的秘密生活》（*Incognito: The Secret Lives of the Brain*）。

大脑之雅源自其俗。在历史长河中，神经系统科学一直试图给大脑的各个部位整齐有序地贴上标签：这是语言区，这是道德区，这是工具使用区、颜色辨别区、面孔识别区，等等。寻找一张有序的大脑地图，在起始阶段看来是一种可行的努力，但实则是误入歧途。

大脑那深邃而美妙的小诡计相当有趣：它富有多重性，以一种重叠的方式来应对这个世界。它是一台由相互矛盾的零部件所组成的机器。它执行代议民主制，大脑中的各个"党派"都坚信，自己掌握着解决问题的正确方式，凭借着相互竞争而行使职责。

结果便是，我们会对自己大发雷霆、自我纠结、咒骂自己并与自己做约定。我们能感受到冲突，这样的神经大战的背后通常是婚姻背叛、旧病复发继而成瘾、节食减肥时的自我欺骗、违背新年誓言等状况。所有这些情形，都可能会出现在同一个人身上。

但这些情形不会出现在机器设备上。你的车不会为了选择走哪条道而纠结，它的方向盘是被一名驾驶者所把控，它只会遵循你的控制而不会有任何的抱怨。从另外一个方面看，大脑是可以拥有两颗心的，而且往往只多不少。我们不知道该去选择蛋糕还是远离它，因为行为的"方向盘"上有着若干只手。

拿记忆来举例吧。在正常情况下，日常事件的记忆是依靠大脑里一个被称为海马的区域所掌控的。但在一些可怕的情形下，譬如遭遇车祸或抢劫，另一个被称为杏仁核的区域，也会留有一个独立的次级记忆痕迹。杏仁核负责的记忆有着不同的特征：这些记忆令人难以忘怀，还会以"幻灯片"的方式进行回放，这经常出现在性侵受害者和退伍老兵对回忆的描述中。换句话说，大脑有不止一个方法来储存记忆。我们所谈论的并非不同事件的记忆，而是同一事件的不同记忆。根据后续研究显示，我们对真实记忆的描述可能不止有两个版本，版本之间会进行竞争，最后胜出的那个，就成为我们对记忆的最终描述。所以记忆的一致性其实只是个幻觉而已。

参与决策的不同系统有些是快速的、自动的、位于自觉意识表面之下的；另外一些则为缓慢的、有感知的、有意识的。参与决策的系统不一定有两个，或许有很多个。大脑中的某些网络与长期决策相关联，有些则涉及短期冲动，这其中也可能会有一大部分与中期预测有关。

与此同时，注意力也逐渐被视为多重的、带有竞争性网络的最终结果，有些是为了某些特别任务所需要的专注度，而其他则可能是为了监控，也就是警惕性。它们总是处于竞争的状态中，以此来控制和引导生物体的行动。甚至是在最基本的感觉功能方面，如检测动作行为，现在看来也曾在进化中被多次重新改造。这一切为神经系统的民主机制提供了完美的基础。

在一个更大的解剖层面上看来，大脑的左右半球，可以被理解为重叠的竞争系统。我们的这项认知来自于那些两个脑半球不再相连接的病人：他们的基本功能是靠两个各自独立的大脑完成的。打个比方，这些病人的左右手各拿一支铅笔，他们能够同时画出完全不同的图形，比如是一个圆形和一个三角形。两个脑半球在语言、抽象思维、故事构建、推理、记忆、赌博策略等领域，发挥着截然不同的作用。它们组建了一个充满竞争性的队伍：各自运用着存在微小差异的方法来实现共同的目标。

对我来说，这个探寻大脑奥秘的优雅之解，会让那些立志高远的神经系统科学家们改变自己的研究目标。与其花费若干年的时光来寻求自己所心仪的解答，莫不如让自己的研究使命转化为阐明各种重叠的解决方案，如它们是如何竞争、如何结盟的，在分裂后又会产生什么样的情形。

发现优雅的解决方案的一个重要性在于能从中获益。神经系统民主制模型或许就是驱逐人工智能的首选。我们人类的程序员在研究问题时，仍然习惯假设有一个最佳解决方法，或是有一种方法理应可以解决。然而，进化并不是解决一个问题后就将其从清单中划掉。相反地，进化会不间息地反复重写程序，每一个程序都有重叠和竞争的方法。我们得到的教训是，放弃提问"什么是解决这个问题的最聪明方法"，而是想一想"有没有多重的、重叠的方法可以解决这个问题"。对于并不优雅的计算机设备而言，那将是优雅地迈向硕果累累新时代的起点。

43

OUR BOUNDED RATIONALITY
我们的有限理性

马扎林·贝纳基（Mahzarin Banaji）

哈佛大学心理学家，理查德·克拉克·卡伯特社会伦理学讲席教授。

那些兼具解析与美学的超凡理论都拥有如下特性：

◎ 化繁为简；

◎ 去伪存真；

◎ 舍我其谁。

对试图理解心智的我们，无可避免地要面对一种奇特的束缚：心智是用来作出解释的事物，同时心智也是需要被解释的对象。与自己心智之间的距离、与附着于自身物种或部落特殊性之间的距离、远离内省和直觉（并非制造假设，而是作答和阐释），在我们试图解释自己和他人的心智时，要顾及上述那些方面是非常困难的。

出于这个原因，在近十年里，我最心仪的理论就是有限理性的思想。该思想认为，与其他物种相比，人类是有智慧的，但从人类自身的标准来看，包括遵循理性基本守则的行为，则不够聪明。有限理性是目前一项经过精心雕琢、有着深邃实践基础的观察结果。

认知科学家和诺贝尔经济奖获得者赫伯特·西蒙，通过对信息处理和人工智能的研究，奠定了第一个基础，表明了人和组织采用类似"令人满意"的行为准则加以约束，以期得到像样的但并非是最佳的决策。打下第二个基础的是丹尼尔·卡尼曼（Daniel Kahneman）和阿莫斯·特沃斯基（Amos

Tversky），他们的发现令人瞠目结舌：即便是专家也避免不了犯错，这些错误结果不仅影响着专家们自身的利益，也会对所在的社会造成影响。

在过去 40 年里，进化发展的人性观点对"我们是谁、为什么做我们所要做的事情"的阐释说明，已经有了系统性的转变。我们以自己独一无二的方式犯错，对此的解释为：并非是我们故意犯错，而是源自我们心智架构的进化基础，在此基础上，我们对信息进行学习和记忆，我们被周遭的事物所影响，诸如此类。我们的理性被局限的原因在于，我们工作的信息空间远大于我们所拥有的能力，包括我们的自觉意识、行为控制和随心所欲的行为，都受到了诸多限制。

我们也能够看到在道德标准上的妥协，其实道理是相同的，即伤害的本意并非问题所在。相反地，解释往往深藏于类似态度的源头之中，包括归纳或过度概括的能力方面，以及日常生活中典型的犯罪普遍性上，某些信息在决策中起了误导作用。这些是更能引起个人和组织道德沦丧的原因。

糟糕的结果源自受限的心智，这些心智无法存储、计算或适应环境的需求，这种思想与我们对能力和本性的解释截然不同。该思想的优雅源自其对普遍性和无形的重视，而非强调特殊性和恶意的动机。该思想与另一个"从上帝到自然选择"的解释别无二致，也同样可能受到抵制。

44

SWARM INTELLIGENCE
群体智能

罗伯特·萨波尔斯基（Robert Sapolsky）

斯坦福大学神经科学家，著有《动物本能》（*Monkeyluv: And Other Essays on Our Lives as Animals*）。

对于本书的 Edge 年度问题，显而易见的答案就是双螺旋结构理论。"它没能从我们眼皮底下溜走……"这句言简意赅的话阐释了遗传的根本机制。但双螺旋结构对我来说，并非如此。我在高中时接触到了生物学，当时双螺旋结构属于古老历史的一个篇章，好比胡椒蛾的进化，或线粒体作为细胞内动力室这样的故事。诚然，沃森和克里克的发现确实令人欣慰，却被大众视为理所应当。

接下来休伯尔和威塞尔的研究发现了大脑皮质是以分层特征抽取的方式处理感觉的。譬如在视觉皮层，初级神经元从视网膜的一个单一感光器接收输入。所以，当单一感光器受到刺激时，它的初级视觉皮层神经元也会受到刺激。邻近的感光器受到刺激后，相邻的神经元也随之被激活。从根本上说，每个神经元都具备一个能力，就是如何识别一个特定的光点。接下来，一组感知到特定光点的神经元就投射到次级皮层的单一神经元上。当初级皮层特定排列的相邻神经元受到刺激，次级皮层的一个神经元也随之被激活。于是每个次级神经元就能够获知同一件事。紧接着，一组组感知到光线的神经元又继续投射到下一级的皮层。

就这么一直持续着，以如此优雅的方式感知万物，皮质一层一层地进行着抽取，从点到线到曲线再到成组的曲线，最终到达顶层，顶层的一个神经元仅知道一个复杂且特殊的事物，比如该如何识别你的祖母。听觉神经元也是这样：初级神经元可以识别某个单一的音符，次级神经元可以识别一组音符，而顶层神经元就能听出你的祖母哼唱着劳伦斯·威尔克（Lawrence Welk）的歌曲。

不过，最终证明事情并没有完全按照上述路径进行。皮质上只有寥寥几个"祖母神经元"，尽管 2005 年《自然》中有论文声称有人拥有珍妮弗·安妮斯顿的神经元。皮质不能过于依赖祖母神经元，因为需要天量级别的神经元才能够适应如此低效率和过度专业化的方式。而且，一个顶端除了只有祖母神经元，而没有任何其他物质的世界，会阻止多模式关联，比如，当看到一幅莫奈的画时，你会联想到羊角面包；听到德彪西的曲子时，你会回忆起在大都会博物馆印象派画展的那场悲伤的约会。其实这些都与神经细胞的网络世界有关。

这让我有了选择，这个选择的出现和复杂性，通过"群体智能"呈现出来。观察一只蚂蚁没什么重大意义，它朝一个方向行进着，突然没什么由头就掉转方向或是来个 180 度的大折返，完全不可预测。这种情形也会发生在两只蚂蚁或少数几只蚂蚁上。但要是有一群蚂蚁，这就有意思多了。它们分工明确、找寻新事物来源的手段有效、其复杂地穴里只有几度的温度差。最为关键的是，没有蓝图或指挥司令部，每一只蚂蚁都有着自己的行为演算法。但这并不是群体的智慧，所谓群体的智慧是指三个臭皮匠赢过了一个诸葛亮。蚂蚁们对整个大局并无概念，相反，每只蚂蚁的行为演算，仅仅是包括用来和本地环境、本地蚂蚁进行互动的几个简单规则，从而产生一个高效率的群体。

蚁群极为擅长在两点间找到最短路径，它们运用简单的规则来确认，何时需要留下费洛蒙踪迹（昆虫分泌的一种可以刺激同种昆虫的化合物），以及在遇到其他蚂蚁留下的踪迹时又该如何应对。蚂蚁的解决方法与货郎担问题的最佳解决方案极为相似。模拟运用类似规则的虚拟蚂蚁，在网络中产生连接节点的最短路径，这给电信公司带来了巨大的收益。它也可以运用在正处于发育过程中的大脑，利用许多连接点来连接众多神经元，就不再需要构建数百万英里的轴突连接点。基于若干不同版本的"蚂蚁路径"，可以为移动中的胎儿神经元找到一个有效的解决方案。

一个很棒的例子是关于吸引与排斥的特定规则（即正负极），它可以使

群体智能

简单的分子在"原始汤"里偶尔生成更为复杂的分子。生命的起源或许就在于此，并不需要几道闪电来催化复杂分子的形成。

对我这样一个无神论者而言，为何自组织性是如此美妙？因为复杂的自适应系统并不需要一张蓝图，它们也不需要蓝图的绘制者。如果它们不需要几道闪电，它们也根本不需要放闪电的人。

FITNESS LANDSCAPES
适应度景观

斯图尔特·布兰德（Stewart Brand）

《全球概览》创始人，"全球电子目录"与恒今基金会联合创始人，著有《地球的法则：21世纪地球宣言》（*Whole Earth Discipline: An Ecopragmatist Manifesto*）。

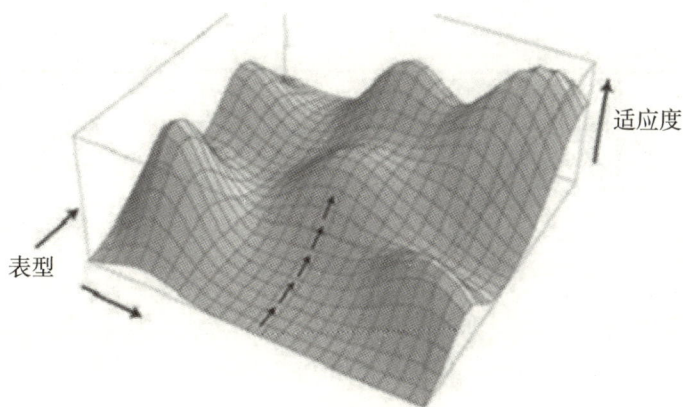

图 45-1 适应度景观

当我在加特勒·哈丁（Garrett Hardin）的《自然与人的命运》（*Nature and Man's Fate*）中第一眼看到适应度景观的漫画时，它给了我一条建议，让我知道在我有机会一览众山小的时候，该如何不陷入到过度修正并由此过度专门化某些局部适应度峰值的尴尬境地。然而，要达到那个境界，需要涉及冒险"下坡"到较低适应度的区域。从而我掌握了质疑最佳性这个窍门。

当人类尝试在一个复杂世界中推演进化或创新时，适应度景观（有时也被称为"适应景观"）应运而生。早期关于人工智能的乐观派们，马文·明斯基（Marvin Minsky）和西摩·帕伯特（Seymour Papert），在其重要的评论中曾作出警告，智能代理在看上去会闷头不响地"爬坡"，到达错觉最佳性的局部峰值的时候，便会卡在那里。复杂性理论家斯图尔特·考夫曼（Stuart Kauffman），在 1993 年和 2000 年，运用适应度景观，将其关于"毗连可行性"的观点视觉化，这个成果又促使史蒂文·约翰逊（Steven Johnson）在《伟大创意的诞生》中提出了"毗连可行性"在创新中所发挥的作用。

"适应度景观"这一天才般想法的幕后英雄，是人口遗传学的奠基人，理论家休厄尔·赖特（Sewall Wright）。1932 年，在设想到底是什么可能会促使生物群体的进化途径从峰值下降到其他可能性方面，赖特提出了用景观的方法来形象化阐释生物群体是如何逃离局部峰值的潜在陷阱的。看看他画的这 6 幅图，见图 45-2。

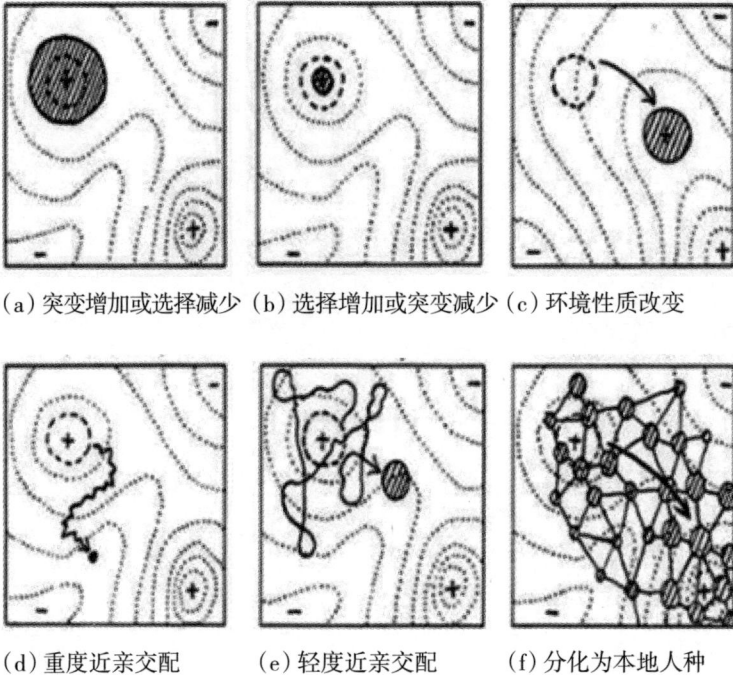

（a）突变增加或选择减少　（b）选择增加或突变减少　（c）环境性质改变

（d）重度近亲交配　　　　（e）轻度近亲交配　　　　（f）分化为本地人种

图 45-2 生物群体逃离局部峰值的潜在陷阱景观示意图

©Sewall Wright, *The Role of Mutation, Inbreeding, Crossbreeding, and Selection in Evolution*, Six International Congress of Genetics, Brooklyn, NY: Brooklyn Botanical Garden, 1932.

图 45-2（a）和图 45-2（b）说明了低选择压力或是高突变率（其人口规模都较小）是如何扩大物种范围的；而高选择压力或是低突变率则会严重地限制一个物种在局部适应度里达到峰值。图 45-2（c）说明，当景观自身漂移时会发生什么，以及人口随之进化的情况。

图 45-2（d）~图 45-2（f）则探索了小规模人口是如何通过无效的随机性来应对近亲繁殖的。西赖特认为，探索的最佳模式是在图 45-2（f）里，其显示了一个物种是如何分成犹如列队一般的种族，并彼此之间进行着互动的。这样挤在一起的群体摸索出了好的结果，能够把握时机，与时俱进。

适应度景观避繁就简地传达了很多内涵。打个比方，除了适应度景观之外，我们找不到更好的方法来呈现一个偏僻海岛和一片大陆森林二者进化的不同模式了。森林层峦叠嶂、浓荫蔽日，无数物种被隔离在高度专门化的小峰顶上。在物种为数不多的岛屿上，宛如平缓山丘的地形那般，物种悠闲肆意地开花结果，进化成达尔文雀。岛上的生物和植物"慵懒"，且对大陆来的侵略者毫无防御能力。

你所知晓的每个物种的景观，几乎完完全全是由其他物种所构建而成，所有这些物种都相互依存、不断进化，这就是共同进化。你与我，都是彼此的适应度景观。

46

ON OCEANS AND AIRPORT SECURITY
论海洋与机场安保

凯文·汉德（Kevin P.Hand）

行星科学家，天体生物学家，加州理工学院NASA喷气推进实验室太阳系探测项目科学家。

听起来或许比较奇怪，尽管很讨厌机场的警戒线，但我必须承认，当我站在那里，脱去外套、取下手表或其他带金属的物件，等待经过安检门时，我一半的心思已经飘荡在可能存在于太阳系中、那遥远的茫茫海洋之上了。

这些海洋隐蔽在覆盖整个木卫二、木卫三、木卫四（木星的卫星）、土卫二、土卫六（土星的卫星）的冰层下。这些地方的海洋均为液态水，就如在地球上我们所熟知和热爱的水一样，它们存在的历史可能与太阳系一样久远，大概有 46 亿年了。这些水的总体积至少是地球现有水体积的 20 倍。从我们找寻地球之外生命的角度看，这些海洋是第二个生命的起源和外星生态系统进化的首选之地。

但我们怎么才能知道它们是存在的呢？这些卫星被皑皑冰雪所覆盖，我们无法从宇宙飞船俯瞰到液态水。这个时候，机场安保系统就可以大显身手了。在你走过机场安全门之时，犹如经过一个快速变化的磁场。如果你将一块导电材料带进一个不断变化的磁场中，物理定律会导致电流出现并产生二次磁场。这个二次磁场通常被称为感应磁场，是由安检门的主要磁场所引发的。安检门的检测器可以感应到磁场的存在。当检测到磁场时，警报随之响起，你就会被带到特别搜查的队伍里去。

在探索遥远世界的海洋时，同样的基础物理学也得以大量运用。木卫二就是一个不错的案例。回溯到 20 世纪 90 年代，美国国家航空航天局的伽利略宇宙飞船多次飞越木卫二，飞船上的磁场感应器发现木卫二并没有很强的内在磁场。相反，木卫二却存在一个感应磁场，该磁场是由木星强大的背景磁场所形成。换句话说，警报器响起来了。

但要让警报器响起来，必须有一个导体。木卫二的数据显示，其导体层接近其表面。其他证据已经表明，木卫二表面的 150 公里都被水覆盖着，但这些数据并不能帮我们来分辨那些是固态坚冰还是液态水。然而，对上述的磁场数据，冰并不发挥作用，因为冰不是一个好的导体。溶有盐的液态水，譬如地球上的海洋，就是导体。最符合数据的推论有：木卫二有一个约 10 公里厚的冰层壳体，在壳体下有一片大约 100 公里深的全球海洋。海洋之下则是岩石海底，或许充满了深海热泉和奇异的外星生物。

所以说，下次你在机场接受安检时，如果排在你前面的人让你临近崩溃，因为他的皮带、钱包和手表都让警报频频作响，那么你最好深呼吸一下，想想我们现在知道的那个遥远的、或许适合生存的海洋。感恩美妙的物理学，它让你的思绪天马行空的同时，也错过了自己的航班。

47

PLATE TECTONICS ELEGANTLY VALIDATES CONTINENTAL DRIFT

大陆漂移之谜

保罗·萨夫（Paul Saffo）

科技领域预测专家，斯坦福大学工程系顾问教授。

板块构造论是对至美理论——大陆漂移说的阐释，该阐释令人称奇并十分优雅。困惑与解答皆为远在天边、近在眼前。一代代转着地球仪的学生们都会注意到，南美洲凸出来的部分与非洲的海湾完美契合，加利福利亚半岛看上去好像是从墨西哥大陆切出来的。上述这些和其他更多的微妙线索引导了阿尔弗雷德·魏格纳（Alfred Wegener）在 1912 年德国地质学会上提出，大陆在当时曾是连接在一起的。他的这条美妙的理论，在当时却得到了一片嘘声和科学界的斥责。

魏格纳的理论问题在于缺乏一种机制。批评者们轻蔑地断言，较轻的大陆板块绝无可能穿越密集且坚硬的海洋地壳。包括魏格纳在内，没人会想象得到，有一种能够推动大陆运动的力量。作为一名地球物理学界的气象学者，魏格纳对此也束手无策。1930 年，魏格纳死于格陵兰岛的探险途中，而他的理论也被世人冷落甚而忘却。

与此同时，这个被忽略的机制，其暗示随处可见，但要么是太小，要么是太大，以至于总被人们忽略。就如同蚂蚁趴在地球仪上，渺小的人类无缘一见那些显而易见之物。只有强大的科学新工具出现之后，才能掀开大陆漂移的隐藏证据。声呐沿着海洋底部，追溯到如拉链一般的神秘线状脊峰。把磁力仪从海床处拖拽之后，可以绘制出对称的、如斑马纹般的逆磁化模式。地震将板块的边界传递给地震仪，再利用放射测年法则测算出深邃时间的刻度。

　　魏格纳辞世 30 年后，板块构造机制再度清晰地出现在人们的眼前。大陆不需要有任何的穿越，因为它们漂流在地壳之上，犹如棉花糖粘在一块正在冷却的热巧克力上。海洋地壳像传送机一般运动着，新的地壳在海洋中央产生，而老的地壳则下陷、销毁或是在板块与板块之间联结处被推挤形成高山。

　　优雅的理论归属于库恩式的范畴，从旧范例中滤出黏合物，使得新理论拥有发展空间。在 20 世纪 60 年代中期，板块理论从质疑当中逐渐站稳脚跟。矛盾一瞬间成为合理的存在，矛盾的终结也变得自如许多，以至于无人会认为这些大陆板块曾经在很久以前联结在一起过。大陆被视为流浪者，喜马拉雅山被认为是印度板块与其接壤的欧亚板块碰撞的结果，显而易见的是，新的大洋将会在非洲的东非大裂谷中产生。在这个美妙的理论预测能力和对其优雅的阐释面前，神秘犹如多米诺骨牌一样纷纷倒下。对魏格纳的质疑销声匿迹，魏格纳终获昭雪。

THEY WERE JUST-SO STORIES UNTIL THEY WEREN'T, IN OTHER WORDS. THAT'S THE WAY SCIENCE ADVANCES.

它们起初都是"不过如此的故事",而最终变成了特别的故事,这就是科学的先进性所在。

——丹尼尔·丹尼特(Daniel C.Dennett)

48

WHY SOME SEA TURTLES MIGRATE

海龟迁徙的秘密

Daniel C.Dennett
丹尼尔·丹尼特

哲学家，认知科学家，塔夫茨大学认知研究中心联席主任，
著有《意识的解释》（*Consciousness Explained*）《直觉泵和其
他思维工具》（*Intuition Pumps and Other Tools for Thinking*）。

对于本书的 Edge 年度问题，我所选择的是一个能够令我感到身心愉悦的阐释。它正确与否，我无从得知，但可能会有读者在阅读 Edge 的文章时，能够引用合适的参考，并权威性地告知我。我迫切地想找到答案。多年前，有人告诉我，有一些种类的海龟，它们在非洲西海岸交配后，会一路跨越南大西洋，最后在南美洲东岸产卵。它们这样做的原因是当初有这样的行为的时候，冈瓦那大陆才开始分开，这应该是在 1 亿 3 千万年至 1 亿 1 千万年前，当时这些海龟仅仅需要游过狭窄的海峡，便可以产卵了。之后因为大陆板块移动，它们每一年会多游一点，或许就一英寸左右，但有谁会注意到这小小的差异呢？这些距离差逐年累加，最终，这些海龟现在要

跨越整个大洋来产卵，没有人知道它们为什么会有如此惊天动地之举。

这个案例让人回味无穷之处在于，它生动地阐明了几个重要的进化主题：横跨数百万年的惊天动地的力量，因其过程如此平缓而毫不起眼；绝大多数的动物行为，即便是适应性行为，却无任何踪迹可寻；此外还有借助自然选择的进化，其所呈现的一些令人大开眼界的观点，激发了那些求知欲强的自然主义者们的无限想象。同时这也阐释了，有关进化的假设能够被可发现的事实全面驳倒，或是可以通过进一步的证据得到支撑。

如此这般具有吸引力的假设，是探索的开始，而非探索的终点。评论家总是嘲笑关于史前事件的进化假设是"不过如此的故事"，但这样一个以偏概全的批评，理应被彻底驳回。数以千计的、最先基于单薄的证据提出设想的这类假设均是经过测试、确认之后，最终被排除在合理怀疑之外的。而其他数以千计的假设则是经过测试和否认的。换而言之，==它们起初都是"不过如此的故事"，而最终变成了特别的故事==，这就是科学的先进性所在。

我注意到，冠上"不过如此的故事"之名的假设，都有着这样的模式：全无例外，这种假设都应用在了人类进化上。但貌似并没有人反对这种做法，我们无法充分了解，是什么样的选择性环境导致了鲸鱼或鲜花的产生，因而我们也无法自信满满地获知，鲸鱼和鲜花是如何以及为何能够进化的。所以我的经验法则是：如果你听到谁在大声叫骂着"不过如此的故事"，那我们就去找寻一下政治动机吧，你总能找到一个。诚然，有些进化心理学家，依旧是基于单薄的证据提出关于人类进化的假设的，而且这些进化心理学家确实也并不太勤于寻求进一步的证据，来证实或否认自己心仪的假设，不过这最多是针对该领域里的一些研究人员的工作完整性予以批评罢了，而不是对他们的方法或假设予以苛责。对进化生物学而言，亦复如是。

49

A HOT YOUNG EARTH: UNQUESTIONABLY BEAUTIFUL AND STUNNINGLY WRONG

地球年龄之谜

卡尔·齐默（Carl Zimmer）

科普作家，著有《病毒星球》（*A Planet of Viruses*）。

约在 45.67 亿年前，一片巨大的尘云向内塌陷。在尘云中心，太阳开始燃烧，而外围的尘埃颗粒开始聚集，并绕着新的恒星运转。在 100 万年内，这些尘埃块演变成为原行星。在 5 000 万年内，地球长到了目前一半大小左右。由于越来越多的原行星撞向地球，它不断地扩大增长。正如我们所知，大概又用了 5 000 万年的时间，地球长成了目前的大小，这期间一颗火星大小的行星撞向了地球，并留下了到此一游的记号，那就是月亮。

地球的形成激发出了人类最大的想象力，也许最初地球就如此宏伟壮丽。但我不会用"优雅"来形容我刚描绘的理论。科学家们无法从基本原理获得这样的理论。这其中并无类似 $E = mc^2$ 这样，能够预测早期太阳系的复杂剧烈运动是如何产生一颗行星的，和这颗行星被水覆盖且能孕育生命的公式。事实上，我们对地球是如何形成的这个问题已经知道很多了，其原因在于地质学家摆脱了一个有着 150 年历史的、具有致命诱惑的优雅理论。然而这个理论，一方面有着毋庸置疑般的美丽，另一方面也包含着令人瞠目结舌的错误。

这个理论是由 19 世纪最伟大的物理学家之一，威廉·汤姆森（William

Thomson,亦称为开尔文勋爵）提出的。开尔文的造诣,覆盖了从具体到抽象,从解决如何把电报电缆从欧洲敷设到美洲,到热力学第一和第二定律的范围。开尔文毕其一生写下方程式,以此来计算出物体从热变凉的速度。他意识到,可以运用这些方程式来估算出地球的年龄。开尔文在1862年公布答案时宣称:"其实这些用来估算的数学理论都非常简单。"

在当时,科学家们普遍认同,地球起始是一团熔化的岩石,此后不断冷却。如此这般的起源说或许可以解释,为什么矿井的底部岩石是炙热的:地球的表层先冷却,随后内部的余热不断流入外部空间。开尔文推断,随着时间的推移,行星会稳固地冷却下来。他用自己的方程式,根据对热流效率的观测,计算出一块熔化的岩石需要多长时间可以冷却到地球当前的温度。他的结论是短暂的9 800万年。

地质学家咆哮般地予以抗议。他们不知道地球的年龄,但认为至少有几十亿年,而不是几千万年。达尔文最初是一名地质学家,后来成为一名生物学家,他估算出,英格兰的一处山谷侵蚀到目前的形状,大约需要3亿年的光景。对地球的年龄而言,达尔文认为,应该更为久远。在达尔文出版他的进化论时,他想当然地认为地球的年龄毋庸置疑足够老了;岁月缓慢而悠长,不知不觉间为进化提供了充裕的空间。

开尔文并不介意那些抗议。他的理论如此优雅、如此美妙、如此至简,肯定是正确无误的。对其他忽略热力学的科学家而言,开尔文的理论所引起的麻烦无关紧要。事实上,当开尔文再回顾自己的方程式时,这带给了地理学家更多的困惑。开尔文认为第一次的估算过于宽松,地球的年龄应该只有1 000万年左右。

事实证明,开尔文错了,但并非因为他的方程式有漏洞。这些方程式完美无瑕,问题出在开尔文用来推演方程式的地球模型。

在随后的几年里,反驳开尔文的故事演变得有些凌乱。许多人（包括我本人在内）都错误地宣称,开尔文的错误源自对放射物质的忽略。直到20世纪初,物理学家对量子物理学有所了解时,放射物质才得以被发现。物理学家欧内斯特·卢瑟福（Ernest Rutherford）认为，放射性原子在地球内核进行分裂，然后释放热量，从而造成地球比没有这些放射性原子时的温度高。因此，火热的地球说明不了它是个青春洋溢的少年地球。

放射物质的确会散发热量，但地球内核并没有充足的放射性物质，使其制造能够流出的热量。相反，开尔文真正的错误是他假设地球只是一个实心岩石。实际上，岩石流如同糖浆一般，其热量将它抬升至地壳，待冷却后再次下沉返回到深处。地球的这种"搅拌"是引发地震的成因，带动着旧的地壳下沉到地球深处，并在海脊处制造出新的地壳。这种对地壳的加热速度，比开尔文想象得要快得多。

这并非说放射物质在证明开尔文的错误方面没有发挥作用。物理学家认识到，放射性衰变定年可用于估算极为精准的岩石年龄。因此，我们现在可以断言，地球的年龄可以精确为 45.67 亿年。

优雅无疑在科学进步中发挥了重要作用。量子物理学中数学的至简性让人爱不释手。但在地质学家的手里，量子物理学掀开了地球那既辉煌，又凌乱，且极为不雅的历史幕布。

50
SEXUAL-CONFLICT THEORY
性冲突理论

戴维·巴斯（David M.Buss）

美国得克萨斯大学奥斯汀分校心理学教授，合著有《女人的性爱动机》（*Why Women Have Sex*）。

进化生物学和心理学，传统上是独立分开的两个学科，但二者之间却存在一个让人为之着迷的平行性。生物学家有史以来，都会把生殖视为天生的合作性冒险。一男一女之所以结合在一起，其目的就是为了繁衍共同的后代。在心理学范畴内，浪漫的结合被视为正常状态。发生在浪漫情侣间的重大冲突，一直都被视为功能紊乱的典型标志。一个激进的重构，通过性冲突理论呈现，颠覆了以上的观点。

在一男一女的生殖利益发生分歧时，或更为精准些，当他们的基因"利益"发生分歧时，性冲突也随之产生。性冲突理论定义了多重情形，这当中的不和谐是完全可预测且完全在意料之中的。

鉴于婚姻交配市场所存在的欺骗现象，如果一个男性追求短期的婚配策略，也就是男性对女性只有"性趣"，而对方女性却追求长期的婚配策略，男女之间的冲突势必爆发。男人会出于一时兴起的性交想法，虚情假意地对女性许下海誓山盟或卿卿我我，干扰了女性的长期交配策略。这使男人进化出复杂的性剥削策略。与之相反，女性某些时候会主动奋勇献身，随后让男人深陷其中而不能自拔，所以当男人某天清早醒来时，意识到自己的生活中不能没有她，这便是女人进化得来的"钓鱼计"。

即使结成长期的浪漫联盟，男人和女人在进化利益上依旧经常存在分歧。女性出现性背叛，或许能使她获益，主要是为了确保其后代的优良基因；但

139

对她倒霉的伴侣而言，这简直就是一场灾难，男方毫不知情地倾注所有给了对手的孩子。从女性角度看，一个男人的不忠，是冒着风险，把宝贵资源转给女性对手及他们的孩子，从而造成女人最终完全失去男人给予自己的承诺。性的背叛、情感的背叛以及资源的背叛，诸如以上都是导致性冲突常见的原因，理论家为每类情形都冠上了独特的用语。

然而，希望尚存。正如进化学家海伦娜·克罗宁（Helena Cronin）极具说服力地指出，性冲突是在性合作的情境下出现的。以下是对性合作的进化情况的详细说明：当关系完全是一夫一妻制时；当不忠或背叛的概率为零时；当夫妇有了后代，二人的基因享有共同的载体时；当共同资源无法分流，譬如分给姻亲或给其他人时。这些情形在某时被满足时，伟大的爱情和琴瑟和谐便会出现在一对男女之间。

欺骗、性要挟、跟踪、家暴、谋杀以及五花八门的不忠，揭露出性别之间的冲突是无处不在的。性冲突理论，一个现代进化遗传学的逻辑结论，为人类性活动的阴暗面，呈现了最美妙的理论诠释。

51

THE SEEDS OF
HISTORICAL DOMINANCE
历史统治的果实

戴维·皮萨罗（David Pizarro）

康奈尔大学心理学副教授。

在社会科学领域中，我所见识到的最优雅的理论之一，是贾雷德·戴蒙德（Jared Diamond）在其科普名著《枪炮、病菌和钢铁》（*Guns, Germs, and Steel*）所给出的解释。戴蒙德试图回答一个非常庞杂且颇具争议性的问题：为什么某些社群战胜了其他社群而获得了历史统治？他通过求助于物理环境中的一组基本差异来解答这个问题，这些差异通过社群展现在人们眼前，比如在适合植物和动物可驯化方面的差异。

戴蒙德指出，这些差异导致产生某些特定优势，譬如对疾病有更强的免疫力，这直接使得某些社群取得了历史上的成功。我并非该领域的专家，所以我意识到戴蒙德的结论或许是被误导了。但是，求助于这样的基本机制，来解释如此宽泛且繁杂的争议性问题，已让人由衷地心满意足了，这也让我由衷地期盼，戴蒙德的结论是正确的。

52

THE IMPORTANCE OF INDIVIDUALS
论个体的重要性

霍华德·加德纳（Howard Gardner）

哈佛大学教育研究生院认知和教育学教授，著有《智能的结构》《多元智能新视野》。

我自认是一名科学家，而进化理论是我思想的核心。作为一名社会科学家，我从门类众多的社会科学中获取了不同见解，这其中就包括经济学。但我不太赞同通过进化心理学，或通过理性抉择的经济学，或是这两个理论的任何组合方式，来任性又霸道地试图阐释一切人类的行为。

在一个有着近 70 亿人口居住的星球上，个体所产生的差异性让我惊诧不已。试想没有莫扎特或柴可夫斯基的古典音乐；没有卡拉瓦乔、毕加索或波洛克的画作；没有莎士比亚或贝克特的戏剧。再试想一下，米开朗基罗或达芬奇做出的举世无双的贡献，或是当代，人们对史蒂夫·乔布斯，或迈克尔·杰克逊或戴安娜王妃离世的深情流露。再试想一下如果没有摩西或基督，人类的价值何在。

但悲哀的是并不是所有非凡之士都会做出积极的差异化。若不是因为希特勒，20 世纪的历史将更为欢快。但作为对上述个体的反应，有时会涌现出更为值得称赞的人物：德国康拉德·阿登纳（Konrad Adenauer），苏联的米哈伊尔·戈尔巴乔夫（Mikhail Gorbachev）。这些继任者同样创造出了显著的差异。

在过去的一千年，圣雄甘地是我眼中最为重要的人物。他在印度的成就不言而喻。即使甘地没有对自己的国家贡献出生命力和领导力，但他对全球的和平抵抗者而言有着巨大的影响力：南非的纳尔逊·曼德拉（Nelson Mardela），美国的马丁·路德·金（Martin Luther King）……

科学家为人类行为找寻模式所做出的努力令人称赞，那些迎难而上的个人或小的团体，他们所带来的影响也会深深地打动我。作为学者，我们不能也不应该将这些实例摒除在研究之外。我们应该牢记人类学家玛格丽特·米德（Margaret Mead）那句著名的箴言："永远不要质疑一群有思想且坚定的公民，他们会改变这个世界。事实上，这种事一直都在发生。"

论个体的重要性

注：本文作者霍华德·加德纳的《智能的结构》《多元智能新视野》（纪念版）已由湛庐文化策划，浙江人民出版社出版。

53

SUBJECTIVE ENVIRONMENT
主观环境

安德里安·克雷耶（Andrian Kreye）

德国慕尼黑《南德意志日报》艺术散文专栏编辑。

当科学把哲学的精髓提炼成事实时，那些理论就已经趋于优雅了。我在偶然间发现了爱沙尼亚生物学家、生物符号学奠基之父雅各布·冯·于克斯屈尔（Jakob von Uexküll）的理论——世界与环境，我试图找到对它们的解释。根据他的定义，世界是指主观环境，由一个生物体感知并发生作用；而环境是指客观环境，环绕并影响着所有生物体。

我当时的观察仅限于在某一个概念上的主要差异性认知，涉及我的家乡欧洲，和一个我花了20多年才认可的大陆——美洲。在欧洲，"现在"被认为是历史的终点。在美洲，"现在"则被认为是未来的起点。我本人期盼哲学或历史可以对这个基本却又简单的区别作出解释。当然，哲学或历史也可以给出部分解释。毕竟哲学与历史在过去200年间所经历的发展路径是完全不同的。

于克斯屈尔在他的著作《环境和动物的内心世界》（*Umwelt und Innnenwelt der Tiere*）中，定义了主观环境，该定义同时从视角和内容两方面对哲学和历史进行了阐释。为了验证此理论，他希望思想能够坚守本真，即把其主观环境的概念置于印度洋、大西洋和地中海中予以测试。他对一些简单的生物进行了观察，譬如海葵、海胆和甲壳纲动物，但证明了他理论的著名案例则是蜱。在蜱身上，他发现了其感知和行动可以通过3个参数给出定义。蜱通过上下方位、冷和暖以及是否有丁酸来感知周围的环境。他们生存和繁衍的行动就是爬行、等待和蜷缩。

这个模式引导于克斯屈尔不再仅仅把环境定义为主观概念，也把时间列在其内。他发现，任何生物体对时间的感知与对空间的感知一样主观，并且定义了创建生物的认知和行为的主观环境。

如果主观时间是由有机体的经验和行动定义的，那么大陆这个有着无尽参数历史的环境，就会把哲学和历史转变为集体感知的复杂环境中的某些因素。如今，我们对这样一个如此简单的观察有着一个至雅的阐释。这个理论优雅的关键是包含这样一个概念：在一个大陆的进化环境中，诸如地理、气候、食物和文化这些因素，会在主观环境和主观时间的感知中显现，使其阐释无法被科学方式求证或反驳。将哲学归为众多参数之一降低了雅各布·冯·于克斯屈尔对主观环境的定义的影响。

54

MY FAVORITE ANNOYING ELEGANT EXPLANATION: QUANTUM THEORY
量子理论

拉斐尔·鲍索（Raphael Bousso）

加州大学伯克利分校理论物理教授。

我所挚爱的优雅理论，实际上早已被其他完成作业的人选走了。虽说身为一名理论物理学家，我所钟爱的仍然是达尔文的自然选择学说无疑。靠近我专业领域的有广义相对论：爱因斯坦意识到自由落体是时空自身的属性，因而轻而易举地解开了一个巨大的谜团：为什么重力以相同的方式作用于所有物体上。那么，出于多样性的考量，我将稍作修改，来讨论这个让我又爱又恨的优雅理论：量子理论。

随着理论的深入，20世纪的前25年就已成形的量子力学，其大变革般的架构所获得的广泛应用程度，迄今为止无与伦比。为什么原子是稳定的？为什么热的东西会发光？为什么我的手可以穿越空气却无法穿越一堵墙？太阳的能量来源是什么？量子力学的奇特功效，就是对如上这些现象进行相当精准和量化理解的核心。

量子理论的确让人感到匪夷所思。一个电子在可观测的两点中间可以任意穿行，但要是问它到底实际走的是哪条路径则毫无意义。我们必须承认，它的动量和位置不可能同时被度量。有那么一段时间，我们甚至期盼，时间进化会存在两种截然不同的法则：薛定谔方程式控制着未被观察到的系统，而神秘莫测的"波函数坍缩"则在观察过程中发挥作用。由于后者蕴含着"有意识的观测者或许在基础理论中发挥着作用"这层含义，因而陆续地被"退相干"（decoherence）这个概念所取代。一个房间里的空气和光线，在古典理论中，对度量仪器的影响微乎其微，但在量子力学的描述中，如果没有将仪器从环境中完全隔绝，空气和光线将会对这些仪器的测量产生根本性的改变。这种描述让人感到匪夷所思。但在计算之后，你会发现，我们过去常称为"波函数坍缩"的并不需要被假定为一种分离现象。一旦我们考虑到了环境的作用，"波函数坍缩"就会在薛定谔的方程式中得以呈现。

量子力学的匪夷所思并不意味着这门学科是谬论。仲裁者就是大自然，并且实验也证实了该理论的众多奇异属性。量子力学并不缺乏优雅特性：它的基本框架如此简单，却具备了非凡的阐释能力。让我甚为苦恼的是：我们无法确切求证量子力学为谬论。

物理学中的诸多伟大理论都携有颠覆自身与消亡的种子。这粒种子美妙又优雅。它表明深刻的发现和观念的变革即将到来。会有那么一天，颠覆我们世界观的优雅理论，迟早会被另一个更深邃的思想所取代。从数量上看，新的理论必须成功通过以往一切旧理论的实验。但从质量上看，它很可能止步于新奇的概念，这些新奇概念会引导人们提出迄今难以置信的问题，并会获得迄今无法想象的知识。

譬如说牛顿，其重力理论允许任意远距离的即时通信，这件事情一直困扰着牛顿。爱因斯坦的广义相对论解决了这个难题，并顺带着为我们呈现了动态时空、黑洞和可能有个起始点的膨胀宇宙。

反过来说，广义相对论仅仅归属于古典理论范畴。它止步于一个明显错误的前提：可以同时获知位置和动量。对苹果、行星、星系这些宏观对象而言，重力对这些物体的作用，远比作用于量子世界的微小粒子要重要得多，于是这个前提还是充分接近的。但究其原理的实质而言，该理论是错误的。令其颠覆与消亡的种子已经存在其中，广义相对论不是终极定论，它只能是一种更广义的重力量子理论的近似值。

量子力学的本质究竟是什么呢？令其颠覆与消亡的种子又藏于何处？这粒种子确实存在，但并不明显。理论物理学伟大探索的代名词——量子化广义相对论，泄露了一种期望，即我们所追寻的统一性无法撼动量子理论。依我愚见，或许弦理论还不够完善，但却是迄今为止最成功的探索成果，它在严格意义上归属于量子力学的范畴，但并没有对海森堡、薛定谔和迪拉克所构建的架构有任何改观。事实上，量子力学的数学严谨性使人们难以展开对它任何修改的设想，不管观察结果是否有这些修改的需求。

然而，还是存在着某些巧妙暗示，量子力学也会与其前辈理论殊途同归。这其中最耐人寻味的就是时间的作用。在量子力学中，时间是一个基本的演变参数。但在广义相对论里，时间不过是时空的一个方面，一个我们所知的会在黑洞深处某个奇点上崩塌的概念。在时间不再传递任何意义的地方，很难看到量子力学还能够支配与主宰。由于量子力学不出意料地会质疑广义相对论，奇点的存在也表明，广义相对论或许会对量子力学予以还击。坐看这场烽火四起的战役，不亦乐乎。

55

EINSTEIN'S REVENGE: THE NEW GEOMETRIC QUANTUM

爱因斯坦的复仇：新几何量子学

埃里克·温斯坦（Eric R.Weinstein）

数学家经济学家，泰尔资产管理公司（Thiel Capital）常务董事。

直到近期，当代量子理论才被世人理解为，是一门比爱因斯坦的广义相对论更为精巧的几何学。在过去的 40 年间，量子理论是怎样被发现的，这真是个让人为之着迷的故事。就我所知，这个故事从未被完整讲述过，这是因为创造出这个举世瞩目成就的人们，对其并不感兴趣。

故事发生在 1973—1974 年间，那时我们对基本粒子理论的共识已经止步不前了。我们就停在粒子物理学的标准模型面前，最初它看起来只不过是坚忍不拔地走在基本物理学前进道路中的一个短暂的驿站，理论学家们并没有想到会在此驻足许久，他们期盼很快就有新理论的出现，这些新理论由那些一直在寻找新颖现象的实验者们证实而来。但那份渴望进入到新物理学领域的期盼，最终在耗尽了 40 年的光景之后，就像游牧部落一样，在毫无生机、荒芜贫瘠的沙漠中四处游荡。

然而，当粒子理论在 20 世纪 70 年代中期停滞不前时，某些神奇的事情就这么悄悄发生在纽约州立大学斯托尼布鲁克分校的午餐时间。在那里，诺贝尔物理学奖得主杨振宁和几何学家，也是之后的亿万富翁吉姆·西蒙斯（Jims Simons）举行了一场非正式的研讨会，探讨和了解了当代几何学与量子场论之间究竟存在怎样的关系。奇怪的是，几何学家和量子理论学家已经在各自领域中挖掘出了一个共同结构，但他们对此的见解与认识各不相同。具有重要里程碑意义的"吴－杨字典"很快被物理学家编辑完成，麻省理工学院的伊萨多·辛格（Isadore Singer）把这些源自斯托尼布鲁克分校的成果交给了他的合作者——牛津大学的迈克尔·阿提耶（Michael Atiyah），在那里，他们和奈杰尔·希钦（Nigel Hitchin）一起开启了一场由物理学启发的几何文艺复兴，并一直持续至今。

虽说斯托尼布鲁克分校的故事现如今鲜有年轻一代的数学家和物理学家谈及，但这并不是学术界不同成员之间的争论焦点。这个故事备受争议的部分在于，一直期盼的理论物理学黄金时代并没有如期而至，也没有产生新的基本粒子共识理论。相反，这场互动强调了一个奇异的思想，就是量子理论本质上是纯几何学的天然优雅的本体，而这个本体却超越了数学的认知，坠入了深不可测的崩塌状态之中。根据这个推理，现代量子场论的数学"列车残骸"，在面对数学严格性时多次侥幸存活，主要是因为有一个自然无限维的几何学与之相依相伴，而这个几何学时至今日仍只能有部分被人们知晓与掌握。

简而言之，大多数物理学家一直尝试着对爱因斯坦的重力几何论量子化，但屡试屡败，这是因为他们一开始就误入了"几何化量子"的歧途。对物理学而言，不幸的是，数学家犯了错并且没有充分发展无限维度几何系统（如标准模型），就好比爱因斯坦从数学中挪用了四维黎曼几何一样。

这样的反转极有可能被视为是，在去世后的几十年被世人打进"冷宫"的爱因斯坦对量子必胜主义的复仇：有越多的研究人员幻想，通过量子化几何重力来赢取诺贝尔物理学奖，他们就越有可能会成为仅完成几何化量子的数学家，这只相当于一项补救的任务。他们越是声称，弦理论的"权力和荣耀"（20世纪70年代一个失败的亚原子物理学，其一直神神秘秘地进入到21世纪）是"唯一的游戏"，这理论就越发看起来是基于弦的统一理论，缺乏可测试的预见性，伴随的结果则只能是咕咚一下沉入海底。

我们从这个插曲中所获取的经验相当深刻。如果物理学家失败了，那也只是败在他们自己的术语之下。犹如在早期岁月中，有一些物理学家改头换面，转变为第一代的分子生物学家，在过去的40年中，物理学家逐渐掌控了现代几何学，并获得了众多的、经得住时间考验的成功。同样地，他们对量子化几何学穷尽浪漫与雅致的追求，可能结果事与愿违，但事后回顾，现在倒是需要几何化量子，来填补数学几何学家所遗留下来的缺口。这块空白，或早或晚，都会被数学家发现，因为时至今日其已经被视为是纯粹数学的一个自然组成部分了。量子场理论，不管怎么称呼它，最终都演变成了纯数学，其由一群有着独创性业余爱好者所开发，他们的目的是试图解开呈现真实物理内容的基本方程式。

然而，最重要的教训是，在最低限度上，爱因斯坦的小梦想已由一群人努力实现了。所有已知的物理现象，在当今都可被视为是源自几何学的这块"纯大理石"，借由万神殿新巨人们的努力所打造而成，尽管他们的名字不为人所知，比如奎林（Quillen）、辛格、西蒙斯、阿提耶、威滕（Witten）、彭罗斯、杨振宁、施瓦兹（Schwartz）、塞伯格（Seiberg）、西格尔（Segal）、希钦和贾基夫（Jackiw）。在统一之前，爱因斯坦的理论解释了，宇宙的源代码可能是一个纯粹的几何操作系统，该系统是由单一的编程语言编写而成的。虽然这使得物理的一体性无法完成，就如一块由五颜六色的杂物拼凑而成的大理石一般，但引领者们在"标准模型"盛行的年月，很好地利用了这段停滞不前的岁月，让我们这些希望追随的人们获益匪浅。

56
FRAMES OF REFERENCE
参照系

迪米特尔·萨塞洛夫（Dimitar D.Sasselov）

哈佛大学天文学教授，生命起源学会主任，著有《超级类地行星的生命》（*The Life of Super-Earths*）。

深邃与优雅的理论，总是与自然和社会现象息息相关，而其中的观察者总是不值一提。在我的学生时代，我痴迷于研究参照系的作用，即作为一个观察者的意义究竟是什么。

在物理学和天文学领域中，参照系的概念至关重要。举例说明，通常对流体的研究是基于两个基本的框架：一个是描写流体属性的空间变化，被称为欧拉坐标；另一个被称为拉格朗日坐标，它会随着流体运动，或拉伸或弯曲。欧拉坐标中的运动方程式，于我而言，一目了然，但当我知道相同的流体可以在拉格朗日坐标中以方程式的形式呈现时，我尤为振奋。

它是如此美妙。让我们想象一下水流，一条蜿蜒流淌的河流。你站在河边的山岗上，注视着水流，水面上满是漂浮着的树叶。河流的两岸，四周环境的诸多细节，呈现出一个自然坐标系，犹如一幅地理地图。你几乎可以在脑海中创建一幅固定的十字交叉画像，即你自己建立的参照系。河流流过这个固定的坐标系，你能够描述出蜿蜒曲折的水流和不断变化着的速度，这一切都归功于这个固定的欧拉参照系，该参照系是以莱昂哈德·欧拉，Leonhard Euler 的名字命名的。

事实证明，即便不是安全地站在山岗之上，而是一头扎进河水且顺流而下，来观察你身边那些旋转着的树叶，也同样能够描述水流。这个参照系就是拉格朗日参照系，是以约瑟夫·路易斯·拉格朗日（Joseph-Louis

Lagrange）的名字命名的，该参照系不再是固定不变的。相反，你描述的是相对于你或相对于其他物体的所有运动。你对水流的描述将与你从山岗上观察的结果完全一致，尽管在数学公式的表达上截然不同。

年轻时的自己觉得两个坐标系之间的转换看起来如魔术一般。它或许并不是深邃的，但它是优雅的，极有帮助的。然而，这不过是旅程的起点，这趟旅程让我摒弃了旧的参照系，这套旧的参照系始于亚里士多德的绝对坐标，即一个对静止地球的幼稚想象，但没过多久，就被伽利略的参照系所取代，即运动并非是绝对的。我非常热衷于与拉格朗日相伴，也很喜欢徜徉在欧拉的河流之中，但爱因斯坦的狭义相对论再一次颠覆了这些理论，让我开始试着理解同时性的损耗。那真的是一大损耗啊。

参照系的基本变化，尤其是定义我们在世界的位置，深深地影响了我们每一个人，包括我们的生活和学习。新一代的参照系将会诞生，与旧的参照系并无任何瓜葛。

在科学上，实现这点并非难事。但是人类的参照系超越了数学、物理和天文学的范畴。那么在人的参照系之间是否能够进行成功的转换呢？它们多半是拉格朗日和相对的参照系吗？或许我们可以在科学的启迪下找寻到优雅的解决方案，至少也会是一条优雅的阐释吧。

57

WHAT TIME IS IT?
请问，几点了？

戴夫·维纳（Dave Winer）

博客和RSS软件先驱，博客网站 *Scripting News* 编辑。

多年前，我曾听到这样的一句话：只有老气横秋的人才戴手表。但当时我心想，我可是会一直都戴着手表。时至今日，我的确不戴手表了。

那我该如何知晓时间呢？无论我是否用得上，我总是会让自己的视线落在屏幕的右上角，因为那儿显示着时间。可是，在现实中的右上角那里，总是没有时间可以显示，这让我无比不自在。

58

REALISM AND OTHER METAPHYSICAL HALF-TRUTHS

现实主义和其他形而上学的半个真理

塔尼亚·伦布罗佐（Tania Lombrozo）

加州大学伯克利分校心理学副教授。

最为深邃和优雅的理论，由于其让人极为叹服，以至于我们自身无法意识到其存在。只有经过多年的哲学训练我们才能辨识出它们的存在、评估它们的是非曲直。下面请考虑以下三个事例：

现实主义

我们对科学理论成功的阐释，是通过求助于哲学家所定义的现实主义，即它们或多或少都是真理的理念。换句话说，化学上的"结构"二字，是因为原子是真实存在的；洗手可以预防疾病，是因为四周都充斥着病原体。

他人心智

通过假定他人有着与我们自身类似的想法，我们对他人的行为举止作出推测。我们设想他人有情感、信仰和欲望，打个比方，他们并不是仿佛颇有心计的僵尸机器人。感知他人心智需要的是一个直觉上的飞跃。

因果关系

通过求助于一种称为因与果的神秘力量，我们对所谓的"原因"和"结果"之间可预测的关系作出阐释和解答。然而，正如18世纪哲学家大卫·休谟（David Hume）所驳斥的，我们从未"发现过什么，只不过是事物接踵而至罢了"，我们从未直接看到"由因操纵的任何力量，或者是由因与果之间的联系产生的任何影响。"

这些阐释与解答均为人类认知世界的核心，这个世界即是我们直观的形而上学的世界。这些阐释也呈现了一个令人信服的阐释所具备的特征：它们通过求助于少数的核心原理，将千奇百怪的现象统一起来。换句话说，它们涵盖范围广泛却又一目了然。现实主义不仅可以阐释化学理论的成功，还可以覆盖到物理学、动物学和深海生态学。比如，他人心智中的信念是能够帮助人们理解政治理论、他人的家庭和《米德尔马契》(*Middlemarch*) 这本小说的。假设一个被因果关系井然有序地治理的世界，这将有助于我们对月球与潮汐、喝咖啡与失眠之间可预测的关联性作出解答。

但是，每个阐释与解答都会在其中的一个点或几个方面上备受抨击。我们拿现实主义为例，尽管若干现有的科学理论固然令人印象深刻，但它们最终还是避免不了一连串的失败：每个旧理论都有着瑕疵。托勒密的天文学理论曾经广为流行，但随后哥白尼革命的到来，终结了它的时代。牛顿力学理论让人过目不忘，但最终也被现代物理学所替代。谦逊和常识告诫我们，如前面提及的理论没那么特别，那么那些理论最终也会被取而代之。如果这些理论不是真理，为什么会如此行之有效？直观的现实主义即便相当无害，但最多也是形而上的片面真理。

从这些事例中我得出两个重要的经验教训：首先，直观形而上学的理论所具备的深邃与优雅理应是一个趋势。这些理论如此广博却又如此简单，使得我们让它们在幕后发挥作用，我们不断利用这些理论，但又浑然不知。随之而来的结果是，我们大多数人无法捍卫也无法修正这些理论。原因在于形而上学的片面真理在多数人的脑海中，找寻到了一个安全、幸福的避风港。

其次，直观形而上学的理论所具备的深邃与优雅的特性，使得我们很少会予以关注和欣赏。就如一个持续不断的嗡嗡声，会让我们充耳不闻。接下来就是那些因其发光点而被人们时常赞颂的理论，比如自然选择理论和相对论，这些理论与那些形成直观信仰的基本原理之间，有着天壤之别。那些被赞颂的理论通常都具有犹如破解谋杀案那般的特点。直观的形而上学理论虽易于形成，但很难求证，像进化论这样的"科学巨星"则截然不同：其难于形成，但易于求证。在第一种情形下，我们需要像休谟这样的哲学家，将我们从自鸣得意中唤醒；在第二种情形下，我们需要像达尔文这样的科学家，使科技不断进步。

现实主义和其他形而上学的半个真理

GENES ARE NOT DESTINY; BUT NEITHER IS THE ENVIRONMENT—EVEN IN PEOPLE.

基因既不是命运，也不是环境，
甚至对人而言，也是如此。

——海伦·费雪（Helen Fisher）

59

EPIGENETICS—THE MISSING LINK

表观遗传学：进化缺失的一环

Helen Fisher
海伦·费雪

美国罗格斯大学教授，人类学家。

著有《谁会爱上你，你会爱上谁》（*Why Him? Why Her? How to Find and Keep Lasting Love*）。

于我而言，自达尔文提出的自然选择和性选择说理论以来，在社会和生物科学领域中，最为不朽的理论当属表观遗传学。有多达2 500多篇的研究论文，众多的学术会议，圣迭戈表观基因组中心和其他研究机构，由美国国家卫生研究院于2008年发起的为期5年的表观基因组项目，以及众多其他研究机构、学术论坛和科研人员都致力于这个全新的领域。尽管表观遗传学有若干种定义方式，不管是打开或关闭基因，但都基于一个概念，即环境的力量能够影响基因行为。作为一名未曾得到高级遗传学培训的人类学家，我不打算尝试去解释涉及其中的相关过程，虽说两个基本机制是已知的：一个是涉及DNA分子的甲基原子团，主要作用是抑制和禁止基因的表现；另一个涉及乙烯基分子，主要作用是激活和提高基因的表现。

表观遗传机制的后果很可能意义重大。科学家预测，表观遗传因素在诸多疾病、健康状况和人类变异的病因学方面，从癌症到临床抑郁症和精神类疾病，以及到人类行为和文化差异方面，都发挥着作用。

拿摩洛哥巴巴里人或柏柏尔人为例，他们具有高度相似的基因图谱，如今居住在三个截然不同的环境当中：有的是在沙漠中生活的牧民，有的是在大山中耕作的农民，还有一些则居住在摩洛哥海岸沿线的城镇中。研究人员优素福·爱德戈多（Youssef Idaghdour）的报告称，因为他们的居住地点不同，这些人有超过 1/3 的基因有着显著的差异性。

比如说，城镇居民中，有些人呼吸道系统的基因呈现活跃性，爱德戈多认为，这或许可以中和因为居住在雾气缭绕环境中出现的哮喘和支气管炎的易损性。爱德戈多和他的同事们提出，表观遗传机制已经改变了这三组柏柏尔人的众多基因表现，并由此形成了他们的人口差异性。

精神病学家、心理学家和治疗专家全神贯注于研究我们童年的经历，尤其是这些经历是如何塑造了我们成人后的态度与行为。然而，他们却聚焦在大脑是如何整合并记忆这些经历上。表观遗传学的研究则提供了另一种阐释。例如，母鼠若是在小老鼠出生第一周内用了较多时间舔舐它和给它理毛，小鼠将来会发育为适应性较好的成年鼠。研究人员摩西·史济夫（Moshe Szyf）认为，该现象是因为表观遗传机制在关键时刻被触发，并产生了一种更为活跃的基因版本，这种基因版本可编码为一组特定的蛋白质。这种蛋白质通过复杂的路径，在大脑的海马中形成一个反馈回路，从而使得这些老鼠能够更为有效地应对压力。

这些适应能力的改变会一直保持稳定并直到成年。可是，史济夫指出，当特定的化学物质被注入到成年老鼠的大脑中，以改变这些表观遗传的过程，并抑制该基因的表现时，这些适应性良好的老鼠会变得焦虑和恐慌。如果注射了不同的化学物质，以此激发表观遗传学过程，从而可以增强该基因的表现，那些成年的易恐慌的老鼠（幼鼠期间较少得到母鼠关爱与呵护）则会变

表观遗传学：进化缺失的一环

得放松下来。

基因发出指令，表观遗传因子引导这些指令如何去运行。科学家指出，随着年龄的增长，这些表观遗传过程会持续改善并塑造我们。举个例子，50 岁的双胞胎，与 3 岁的双胞胎相比，表观遗传的改善作用要多出 3 倍；分开抚养的双胞胎，与在一起成长的双胞胎相比，表观遗传改善作用也多了不少。表观遗传调查证实，基因既不是命运，也不是环境，甚至对人而言，也是如此。

谢利·泰勒（Shelley Tyler）也印证了这个观点。她和同事通过研究一种血清素系统的等位基因（基因变体）发现，只有当该等位基因与特定环境条件结合时，生物体才会显现出抑郁症的症状。除此之外，泰勒坚持认为，在不稳定家庭中成长的个体，有可能终身会患有抑郁、焦虑、某种癌症、心脏病、糖尿病或肥胖等疾病。这也极有可能是表观遗传学在起作用。

更为引人注目的是，一些表观遗传指令会代代相传。现在，跨代表观遗传作用在植物和真菌上已有例证，也有人提到，老鼠也存在这样的跨代表观遗传作用。基因像是钢琴上的琴键，表观遗传过程引导着如何弹奏这些琴键，曲调因此会被修改，甚至于这些修改会传给未来的后代。事实上，在 2010 年，科学家在《科学》期刊上发表论文指出，表观遗传系统在当今被视为可遗传、可自我延续且可逆转的。

如果表观遗传机制不仅能调整我们的智力和体能，同时也能把这些改变传给我们的后代子孙，那么表观遗传学在对地球生命的起源、进化和未来方面，有着极为广大且意义深远的影响。在未来的数十年里，研究表观遗传的科学家们也许可以知晓，纷繁复杂的环境因素，如何以特定的方式，影响着我们人类的健康与寿命，并帮助我们找寻到治愈诸多人类疾病和病症的有效疗法，并对人类个性的复杂差异予以阐释和解答。

17 世纪的哲学家约翰·洛克（John Locke）曾坚信，人类的心智是一块白板，而环境在上面铭刻个性。基因编写着我们的发展、疾病和生活方式，众人对此坚信不疑。但是，几十年来，社会科学家都无法成功解释双胞胎之间、家庭成员之间以及文化群体之间的行为差异性。生物科学家也无法查明许多精神疾病和复杂疾病的遗传基础。时至今日，解释这些复制问题的核心机制已经被找到了。

这个被誉为具有革命性的生物学新领域，绝不是由我创建的。之所以说它具有革命性，是因为它发现了由于先天和后天相互作用而形成的基础过程。但于我而言，作为一名人类学家，我长久以来一直试图保持中立，而不愿深陷先天与后天交战的学科当中，我认为，表观遗传学是进化环节上的缺失的一环。

表观遗传学：进化缺失的一环

60

ALL WE NEED IS HELP
我们真正需要的是帮助

塞利安·萨姆纳（Seirian Sumner）

英国布里斯托大学生物科学学院高级讲师。

我经常会和孩子们玩一个游戏，游戏的名字是"猜猜我是谁"：想出一种动物或一个人，或一件物体，然后试着将它描述给另一个人，但不能直接告诉对方。对方需要猜测你描述的是谁或是什么。要玩好这个游戏，你不得不融入其中、绘声绘色地讲故事：它是做什么的，你对它有什么感觉，你认为它怎么样和对它有什么期盼。

现在我们也来玩玩这个游戏。读读下面的人物场景，看看你是否能猜得出来他们是谁、从事什么样的工作。

这不公平！妈妈总是说我碍手碍脚、游手好闲，她再也没法忍受与我生活在一起了。但是，我喜欢与家人同处一室，我压根儿不想离开。为什么要冒着离开家的风险呢？谁知道外面会有什么不测风云呢！妈妈说如果我非要赖着不走，我们需要某种'胶水'来保证我们不被分开。现在的情况是，胶水昂贵，妈妈没有时间和精力来生产这样的胶水，因为她忙于生产后代。但我有个想法：让我负责生产这胶水，用一点点细胞壁（妈妈应该不会介意），再加上一些糖蛋白（这些糖蛋白有点黏，所以我答应妈妈完事后会洗手），就大功告成了！这样我们就有了一个完美的、舒适的细胞外基质！只要妈妈源源不断地给我带来更多的兄弟姐妹，我就会欣然地去做大部分的工作。昨天晚上我把这个想法告诉了妈妈，你猜怎么着？她说好的！但她还说，如果我食言的话，她还是会把我轰出家门。

果然天下没有免费的午餐啊。

"我"是谁？我是由一个单细胞渐变成的多细胞。如果"我"想要和自己的家人聚在一起，那么就有人会因此而付出代价，那就是细胞外基质。如果通过自己家人来复制自身的基因，我也能从中受益的话，我并不介意付出劳动。

可能这个故事确实挺难理解的，那就换一个：

> 我或许就是你说的那种喜欢做妈妈类型的人。我喜欢生一堆孩子，我今年可能已经生了不少，至少我的孩子们都这么说。但看起来我乐在其中。当然，我会给予每个孩子同样的爱。但真的是非常辛苦，尤其是他们的爸爸不在家的时候。如果我得不到身边人的帮助，我最小的孩子就无法保住。我的身边都是嗷嗷待哺的孩子，我压根儿没有时间打扫房间。所以我会在某天跟老大说："怎么样啊，孩子？可不可以帮一下妈妈？在我帮你多生出几个弟弟妹妹的时候，你出去找些吃的。记住，孩子，我这么做是为了你好，你的这些弟弟妹妹会在将来报答你的。有一天他们中的一个会像你老妈一样也成为母亲。想想看，即便以后你我都不在人世了，我们仍然可以从她那里获得好处。如此一来，你就不用再担心性生活、男人或精子这些杂七杂八的事情了。妈妈这里有你想要的一切。你现在需要做的事情就是把我们喂饱了，然后把家里打扫干净。好孩子，你赶紧出发吧，记住别跟陌生人说话，尤其是男人！"

"我"是谁？"我"是搭建社群的一只昆虫。如果"我"独自筑巢，在"我"不得不外出觅食时，"我"只能留下幼小的、无还手之力的孩子在家中。如果一些大的孩子能够帮"我"，他们可以外出寻找食物，而我就能够留在家里保护幼小的孩子。这样的话，"我"就可以有更多的孩子，孩子们也会喜欢，因为这意味着他们更多的基因可以通过自己的弟弟妹妹们传递。不管怎么说，对现如今的年轻人而言，在外面的世界生活相当艰难，宅在家里则没有那么危险。

在上面的描述中对细节略做调整，"我"也同样能成为一个基因组的基因，或是成为真核细胞的原核生物。

在进化的游乐场里，我是同类基本物体中的一份子，我是通过互助与合作的进化而来，我是主要的变体，以此形成各种生物复杂性。我之所以出现，是因为我要帮助那些与我类似的物质，我们统一分工协作，我们之间也会有争执，但我们会通过合作平衡彼此间的冲突，偶尔使用强硬的态度来让反对者遵从自己也并不会出差错。我会出手相助的原因并非是因为我感觉良好，而是因为我能从帮助他人中受益。我的小秘诀是什么呢？我愿意出手帮助自己的亲人，因为通过我们共同分享的基因，他们最终也会拉我一把。我乐于接受从独来独往到分工协作这样的改变，这让我感觉甚好！

合作与互助行为的进化，是一种简洁而优雅的理论，它解答了大自然为何如此繁复多样与精彩奇妙。它不仅限于妖媚的猫鼬或是毛茸茸的大黄蜂。它是一个普遍现象，涵盖了大自然中的一切好坏与美丑，并生成生物的各个类别，从而形成了这个无奇不有的大自然。独立进行复制个体的群体，比如基因、原核细胞、单体细胞和多细胞生物，会基于它们自身的需求，重新聚合在一起，形成崭新的、更为繁复的个体。这种新的个体集合只能作为一个整体进行复制。如果分开每个部件，它们将无法正常运行或是将基因传递给下一代。

大千世界中简洁而又优雅的法则，阐释了这种复杂性演变的原因：威廉·汉密尔顿于 1964 年提出的"内含适应性理论"（includire theory），涵盖了自然选择理论的精髓。个体之间会协助合作的原因在于，这提升了他们彼此的适应性，即提高了将自己的基因传递给下一代的机率。接受帮助的个体受益于自身繁殖机会的增加，此为直接适应性；提供帮助的个体则因自身基因通过自己所帮助的亲人，提高了传递共有基因的机率而受益，此为间接适应性。但依然存在孤军奋战的昆虫、单体细胞生物和原核生物，这是因为分工进化需要恰当的条件：产出必须大于投入，保持独立复制的个体所拥有的选择将影响最终的结果。生态和环境也同样发挥着作用。劳动分工是社会生活的重要基石，基因合并成为基因组，线粒体和原核生物的合并成为真核生物，单细胞体生物合并为多细胞生物，独居动物成为群居动物。如果没有帮助和分工的进化，那么世界上的真核细胞、多细胞生物和动物社群就不复存在了，最后，我们这个星球就会变得贫瘠荒芜、毫无生机。

半个世纪以来，人类已经深知这个简单的概念。然而，只是在近期，我们才意识到，帮助的进化不仅可以解释昆虫转化为真社会性的原因（汉密尔顿最初提出该理论就源于此），还能解释生物复杂性发生的转变。在这其中，安德鲁·伯克（Andrew Bourke）就生物复杂性起源的统一框架，在其所著的《社会进化的原则》（*Principles of Social Evolution*）一书中，提出了富有洞察力的综述。这个令人信服的简洁理论，使得世界的复杂性不再那么神秘莫测，但却依然精彩纷呈。

如果成年人经常与孩子们在一起嬉戏，或许我们也会偶得对于生命复杂性简单的阐释。

我们真正需要的是帮助

61

IN THE BEGINNING IS THE THEORY
开端即理

海伦娜·克罗宁（Helena Cronin）

伦敦政治经济学院自然心理学与社会科学中心联席主任，著有《蚂蚁和孔雀：耀眼羽毛背后的性选择之争》（*The Ant and the Peacock: Altruism and Sexual Selection from Darwin to Today*）。

让我们窃听一下达尔文与卡尔·波普尔（Karl Popper）之间的交流吧。达尔文被他的批判者所散播的愚钝的科学哲学所激怒，大声叫嚷着："真是荒谬至极啊，如果一项观察活动想要发挥作用，那么它就理应支持或反对某些观点，这么简单的道理居然没人知道？！"随着对话转到进化的主题，波普尔观察到"一切生命都在解决问题"，并指出"从单细胞的变形虫到爱因斯坦，知识增长的方式永远都如出一辙"。

他们探究的过程殊途同归，他们的思想有一个融合点，在理论的获知和发展方面，都与见地、假设、角度、观点、倾向等方面的理论首要性和基础性作用息息相关。达尔文正确地强调了，首要性的不可或缺——"如果想要一项观察活动发挥作用。"但是"观点"的作用更为深远。正如达尔文所知，如果没有某些观点，那么绝无可能去观察万物。如果你心存疑虑的话，试试这个方法，就是波普尔在讲座上常用的一个方法："你掌握了观察吗？"没有。因为你需要了解"观察什么？"所有的观察都要并且必须基于某些理论。正因为如此，一切的观察才有理论可依循，不是有时候，也不是偶尔，而是理论要始终贯穿于观察过程。

这么说并非要贬低观察、数据和事实。相反，这赋予了它们应有的价值。只有基于一条理论、一道难题、一个对解决方案的探索，观察、数据和事实才会掀开神秘的面纱告诉我们答案。

这样的洞察力其实极为简单。但它有着广泛的关联性和巨大潜力。由此，它美妙而又优雅。

以下是两个案例，第一个来自达尔文的研究领域，第二个来自波普尔。

想一想一个枯燥乏味但又顽固不化的争论——基因与环境。我拿蓝鸫每年都要进行远距离的迁徙来举例，这是曾经被充分研究过的现象。为了解决航向的难题，自然选择在蓝鸫出生后的前几个月，就赋予它们通过夜空中的星星而形成的内在罗盘能力。这个惊人的适应力来自一个丰富的信息源头，即自然选择在经过进化后，在蓝鸫的基因中，输入了关于方位的信息，特别是关于星座旋转的。于是，今日迁徙的蓝鸫可以使用相同的本能和环境法则，来搭建它们早已故去的祖先所形成过的精准仪器。

所有的适应过程都按照这个方式在进行：通过为生物体提供的外在世界的先天信息，自然选择为生物体开发资源，以此来满足其自身的适应需求。这样一来，自然选择促使生物体为自己量身打造物种专属环境。不同的适应性问题会产生不同的环境，于是不同的物种也就各自有着不同的生存环境。

所以说，构成环境的组成部分取决于生物体的适应能力。如果没有基因携带的、指定构建环境成分的先天信息，环境也就不复存在了。所以说，环境并非与生物学遥遥相望、各自独立，而是在某种程度上，环境是由生物学塑造而成的。由此看来环境属于生物学的范畴，并且是一个在生物范畴里必须从生物储存信息起源的问题。

如今我们都是互动论者——我们不再单独讨论基因与环境，而是将基因与环境放在一起，探讨它们的交互作用。这个交互作用就是自然选择交给基因要做的事情。蓝鸫的基因承载着如何从星星获取信息，因为星星对蓝鸫而言，犹如与孵化鸟蛋和饮用的水一样不可或缺。没有星星指引的蓝鸫注定会灭绝，但是基因与环境的交互作用并不平等，首先就是获取信息这一过程。

我们先来做一个平等测试。尝试指定一个环境，但如果在一开始不指定这个环境是蓝鸫的还是人类的、是男性还是女性、是适应鸟类导航的还是适应人类语言的，这是项不可能实现的任务，这个前提说明必须源自适应性储

开端即理

存的信息。此外，还有另一个有关平等性的问题。基因启用环境的目的就是自我复制。然而，环境却没有任何目的性，所以环境不会启用基因。这样的话，就可以把蓝鸲的基因看作是把星星转化到更多蓝鸲基因中的机器，但星星则不是把蓝鸲基因转为更多星星的机器。

第二个例子则不得不涉及科学客观性这个概念了。让我们再来听听达尔文对误解科学观察的抱怨吧："过分地关注观察活动本身是多么愚昧无知啊！大约 30 年前，很多人都说地质学家理应只做观察，而不要建立任何理论。我清晰地记得某人说过，在这样的情形下，人类干脆到采石场里，数清楚石子，说清楚颜色就好了。"

150 年后，上述思想的各种变体依然存在于科学研究当中。"建立一个基于证据的决策机制"是个值得赞赏却在当今失去光环的提议。到底是什么地方出现了差错呢？时常发生的状况是，客观证据是还未被先前理论的偏见所沾染的数据。但如果没有理论的"灵魂"来引领，证据将从何而来呢？客观性绝不是剥离掉所有的预先假设。事实上，越是反复斟酌可能性或可取性，未被觉察或未被批判的假设就越多，于是客观性就越少。最为糟糕的是，一个被期待许久但未言表的目标，却不能在最早就提出来。结果会怎样呢？很多人都美其名曰"基于策略的证据决策"。

我最近亲身体验了一个异乎寻常的例子，它动摇了我的观点，并让我感到很失望：有一个对"性别多样性"进行研究的人员，其关注点是职场上对女性的歧视。他声称，他的这项研究事先完全不带任何男性或女性差异性的假设，因此是绝对中立、毫无偏见的。如果数据呈现出存在任何的差异模式，他的中立、无偏见的假设就是不成立的。所以，他会接受进化带来的性别差异吗？如果这种性别差异确实存在的话，那证据看上去会是怎样的呢？说到此，他陷入了沉默，这并不让人意外，因为从一开始，所谓"中立"的假设就是全面排除这样的差异性。具有讽刺意味的是，传说中科学客观性的益处，让他冠冕堂皇地抹杀了当前科学发现的所有财富。

达尔文 - 波普尔的思想，尽管美妙而又优雅，却尚未吸引到应有的崇拜者。

62

THOMPSON ON DEVELOPMENT
汤普森的发展论

保罗·布卢姆（Paul Bloom）

耶鲁大学心理学与认知科学教授，著有《善恶之源》。

"万物如此，皆因其本。"这句格言出自生物学家与古典学家达西·汤普森（D'Arcy Thompson），它优雅地总结了，汤普森力图阐释事物形状的方法。我第一次见到这句格言，是丹尼尔·丹尼特在"Edge 网站"讨论时的引用，丹尼尔·丹尼特提出了一个观点，指出这句话适用于更为宽广的范围，即所有的科学，至少在一定程度上，是归属于历史范畴的科学。

我认为该格言是我自己的研究领域发展心理学的最佳座右铭。每个成年人心中都有两段历史。一个是进化，很少有人会对此抱有质疑，心理方面一些最为优雅且具有说服力的理论，都是求助于自然选择的构建过程才得出的。第二个是发展，我们的心智是如何在时间的长河中逐渐成熟和学习的。

对进化阐释的最好部分是关于人类共享的，通过对人类发展过程进行观察，我们能看到形成结果的原因。这或许是非常自然的现象，人们不会觉得诧异：能够说着一口流利韩语的成年人，在其童年时代就时常接触韩语了；或是信奉犹太教的成年人，通常是被以犹太人的方式抚养成人。但其他有关发展的理论则相当有意思。

有证据表明，一个成年人立体感差，是因为在其童年时期，视力不良引起的。有些人会认为，成年男性的自信，与他们进入青春期的年龄有很大关系，并且与同龄人相比有着更大体格，即使是暂时性的，也会帮助其提高地位。

据说，较为聪明的成年人更有可能是家中的老大，因为相对而言，后面的孩子会发现自己处于一个智力不太复杂的环境。富有创造力的成年人，很有可能是后出生的孩子（因为他们不得不被逼着去发现自己的独到之处）。人类成年后的情感关系会受到孩提时与父母关系的影响。一个男性的疼痛敏感程度，会受他婴儿时是否做过包皮手术所影响。

除了立体视觉的例子之外，我不清楚这些理论是否是真理。但它们确实是优雅、美妙、深藏不露的。

注：本文作者保罗·布卢姆的《善恶之源》已由湛庐文化策划，浙江人民出版社出版。

63

HOW DO YOU GET FROM A LOBSTER TO A CAT?

龙虾如何进化成了猫?

约翰·麦克沃特（John Mcwhorter）

哥伦比亚大学语言学教授，著有《语言恶作剧》（*The Language Hoax*）。

你是否曾留意过，在吃虾之前，有人告诉你要先扯掉虾背上的"筋"，但却没有血流出来呢？这些粘稠滑腻的东西看上去是否更像是某种消化排泄物？因为那本来就是。你可以直接通过虾的背部直达它的消化系统，还有它的心脏也在那里，凡是节肢类动物都是如此，包括甲壳类动物和昆虫类。与此同时，如果你对寻找虾的主神经感兴趣，你会发现它就位于虾的身体底部。

这与我们人类恰好截然相反，因为我们是脊索动物，属于另一个类型动物。脊索动物的脊髓神经顺背脊而下，正面是心脏和肠道。我们的身体犹如节肢动物的镜像，并且是更大层级分类的一个缩影。节肢动物属于原肢类，肠道在背部，与此相反，我们脊索动物的肠道在正面。

生物学家很早就注意到了这个现象，博物学家艾蒂安·若弗鲁瓦·圣伊莱尔（Étienne Geoffroy Saint-Hilaire）把一只解剖的龙虾翻转过来，这样龙虾的内脏结构与人类的结构就很接近了。问题是，这是如何形成的呢？尤其是达尔文的自然选择理论已经被广泛接受之后。自然选择是如何将位于背部的内脏和位于前面的脊髓一步一步地掉转过来的呢？更重要的一点是，为什么这种进化是有益的呢？毕竟进化都是朝对生物体有益的方向发展的。

一个缺乏想象力的解释是，神经索向上延展，替换了原有的内脏，而新

173

的内脏则因为"被需要"而自发地在下方生长。这个由某位颇具冒险精神的思想家提出的观点，着实在一段时期内娱乐了大家。在很长一段时间里，生物学家所能达到的最佳境界，就是假设节肢动物和脊索动物是某些原始生物的可选择的进化路径而已，他们认为，这与掷骰子如出一辙。

这样的阐释与解答很是无趣，而且分子生物学已经清晰地指出，节肢动物和脊索动物在诸多细节上都可追根溯源至相同的基本形体；生成虾那一小节部分的基因，也生成了我们人类的脊柱，等等。这又回到了老问题上：龙虾如何进化成了猫？生物学家对这个问题，给出了集优雅、略带神秘还有一丝谦逊为一体的答案。

人们逐渐接受的观点是，一些早期的、蠕虫类的水中生物，它们有着节肢动物的形态，在身体结构方面上下颠倒。生物确实能做到这点，打个比方，现在的丰年虾就是这样的。通常是因为生物顶部和底部的颜色不同，让顶部的颜色向下，就不会让捕食者轻易发现。于是这种脊髓在上、内脏在下的生物就具备了进化的优势。就其本身而言，这个故事挺有意思的，但可能也会有些不尽如人意，但也只能这样了。如果设想一下，这个小小的蠕虫最终能进化成今天的脊索动物呢？这可不是夸夸其谈，最原始的脊索动物实际上就是蠕虫类，而那些依稀有些鱼模样的生物就被称为文昌鱼。如果你剖开文昌鱼的身体，你会发现它的神经索是在背面的而不是在身体的正面。

分子生物学很快就发现了，发展中的有机体能够对身体发出信号，身体会沿着这些信号所指定的进化线路，要么长成虾状，要么长成猫状。这其中好像漏掉了一种情况：有一种极其肮脏、臭气熏天、靠着海底残渣为食，被称为囊舌虫的动物，其背面、正面都有看起来要继续向下延展的神经索。

我们人类之所以有脊椎，不是因为有脊柱可以避免我们向后倒下，或类似此类的功能。设想一下，我们可能成为脊柱像拉链一样长在前面，内脏长在背面的两条腿的动物，听起来好像也不是那么糟糕。我们将这种情况称为背腹侧翻转，它阐明了生命无法改变的形式，是如何在自然选择的作用下产生如此精彩的多样性的。最后，这样一个让若弗鲁瓦·圣伊莱尔这些早期拥护者备受嘲笑的科学解释，很难不让人们振奋。

许多时候，在我准备一顿大虾宴，或是劈开一条龙虾，或是注视一只将被解剖的囊舌虫，或是拍拍我家猫咪的肚子，或是拥抱朋友时，我都会想到，所有这些生物体的身形都源于同一个进化计划，除了猫和人类之外，它们都是 5 亿 5 千万年前，在前寒武纪海洋中上下颠倒着游泳的蠕虫的遗赠。这样的理论与解答，如此绚丽，撼人心弦。

龙虾如何进化成了猫？

64

GERMS CAUSE DISEASE
病从细菌来

格雷戈里·科克伦（Gregory Cochran）

美国犹他大学人类学副教授，合著有《千年大爆发》（*The 10 000-Year Explosion, How Civilization Accelerated Human Evolution*）。

关于疾病的微生物理论已经非常成功了，尤其是如果你非常关注生物体的存活状况之类的，更是如此。它阐释了病情为什么会以指数增长的速度蔓延开来，为什么有这么多千变万化的不同疾病（不同的病原体），以及为什么某种接触（有时还是间接的接触）是疾病传播的必要条件。用时髦的话讲，大部分疾病的综合征都是由微小的自我复制机器所引起的，与我们的基因利益并不紧密相关。

事实上，微生物理论一直都是自然而然的，这使得众人对它根本提不起兴趣。一旦了解了霍乱、肺炎和梅毒的病因，至少在较为富裕的国家，我们就可以完全根除这些传染病。现在人类对那些抵御疾病的手段，譬如接种疫苗，都有抵触想法，这是因为人类早已忘却当初这些疾病的威胁。

虽然微生物理论已经非常成功了，但依然值得我们持续研究，不仅是为了要与下一场瘟疫做斗争，还因为这是人类历史和人类进化的主要动因。没有天花，你就不能真正理解科尔特斯①；没有肺结核，你就无法理解济慈（济慈因患肺结核去世）。

---

① 西班牙探险家科尔特斯在入侵墨西哥时，曾向城内送进沾有天花病毒的毛毯，使城内瘟疫蔓延，这促成了他胜利入侵。——译者注

微生物理论可以很好地解释那些我们压根儿不会看见，更不用说会理解的模式。举例来说，正如威廉·麦克尼尔（William McNeill）在《瘟疫与人类》（*Plagues and Peoples*）一书中指出："到目前为止，人类的智慧，都对寄生性微生物所引起的问题束手无策。那些隐形的敌人，在决定人类生物适应性方面，起着举足轻重的作用，尤其是在某些地方尤其如此。仔细斟酌一下这其中的内涵吧。

最后，在你浏览完一本关于热带疾病而且还图文并茂的书后，当你看到到象皮病末期或疥疮结痂的病例时，你会意识到，对如此丑陋的病情作出的阐释与解答，无一例外全是真理。

65

DIRT IS MATTER OUT OF PLACE
污秽与肮脏

克里斯蒂娜·芬恩（Christine Finn）

考古学家，记者，著有《考古文物：一个考古学家在硅谷的一年》（*Artifacts, An Archaeologist's Year in Silicon Valley*）。

我对人类学家玛丽·道格拉斯（Mary Douglas）提出的文化相对论这个理论推崇备至，究其原因，是由于该理论清晰的架构和条理性。它那迷人的简洁性，照亮了使人误入迷途的黑暗角落，凸显了对因袭陈旧的抗争，这一切都让我爱不忍释。他对"污秽与肮脏"的探究，一方面令人振奋，另一方面也大为不敬。它对一切越界的事物都做了归纳，并使之相互关联起来。道格拉斯对"污秽与肮脏"的阐释，让我们对之前所划分的界限有了质疑。

66

INFORMATION IS THE RESOLUTION OF UNCERTAINTY

信息是不确定性的分辨率

郦安治（Andrew Lih）

美国南加州大学新闻学副教授，著有《维基百科的革命》（*The Wikipedia Revolution: How a Bunch of Nobodies Created the World's Greatest Encyclopedia*）。

我们在数字时代所享受的万物，都取决于这个思想，但鲜有人知晓这个至简、至雅信息理论的基础及其创始人。有多少人明白，如今的信息时代并非出自比尔·盖茨或史蒂夫·乔布斯之手，而是由克劳德·香农（Claude Shannon）于 1948 年创建而成。香农为人谦逊低调却又智力超群，不喜抛头露面发表演讲或接受采访。这位伟大的数学家、遗传学家和密码专家，在战争中充斥的不仅仅是子弹与铁炮的第二次世界大战后，创建了信息理论。

如果第一次世界大战是第一场机械化战争，那么第二次世界大战就是第一场基于通信技术的角力。与以往的冲突纷争不同，各方军事力量均高度利用了无线电通信方式。这种快速的远程协作将战争推向了世界的各个角落。密码学领域在其中得以迅猛发展，以此确保信息的隐秘性不被对手发现。与此同时，在战争史上，雷达第一次被运用在侦查和追踪飞机上，从而超越了以往在地平线尽头就结束的视觉能力。

那时克劳德·香农正着手处理防空目标的定位，并设计直接与雷达相连的火控系统。如何可以确定敌人飞机当前和未来的位置，并以此校准开火时间将敌机击落呢？获取关于飞机位置的雷达信息是一大突破，但相当麻烦，因为它只能提供近似的位置，无法精确到能立即使用。战争结束后，这激发了香农和许多其他人思考滤波的本质和信息传播的动力，包括雷达信号、声音（电话）、视频（电视）。噪音是通信的大敌，所以任何去除杂音进行存储和传递信息的方法，对香农当时的雇主——贝尔实验室，20 世纪中期美国电话行业垄断的研究机构而言，都有着特殊的意义。

香农视通信为工程科学最具数学特性的学科，于是他转而开始进行这方面的研究。在麻省理工学院学习的早期，香农研究了万尼瓦尔·布什（Vannevar Bush）那繁复难懂的微分分析类比计算机，并发表了一篇有着大量数学运算的博士论文《理论遗传学的代数》(*An Algebra for Theoretical Genetics*)，香农综合了各种学科的知识，在理解信息处理的基本原则方面，香农游刃有余。在 1948 年，香农发布了最重要的核心论点，该论点短小而精悍：信息学是不确定性的分辨率。

只要能解决不确定性并将其传递，这就是信息的本质。尽管这听起来平淡无奇，但至关重要的一点是，其让人察觉到一个问题：由于人类的语言五花八门，一种说话方式可能对一些人有意义，而对其他人而言则不知所云。直到香农的理论形成之后，人们才知道该如何恰如其分地补偿这种"心理因素"。基于同事拉尔夫·哈特利（Ralph Hartley）和哈里·尼奎斯特（Harry Nyquist）的成果，香农指出，编码和符号是解决两个沟通者是否对不确定性有相同理解的关键所在。

香农提问道："什么是最为简洁的不确定性分辨率？"对他而言，这如同掷硬币，结果就是正面或反面，是或不是，只可能有两个结果。香农的结论是，任何类型的信息都可被编码为一系列"是或否"的答案。今天我们所知道的这些问题的答案，就是数字信息的比特 1 和 0，其组成了电子邮件、数码相片、音乐光盘或是高清视频的一切信息。所有的信息都可以被表示及编码为离散的比特，不只是近似而是完全相同，没有任何的杂音或误差，这个突破让香农在学术界和贝尔实验室的同行们惊诧万分，之前他们已经深陷绝望，毫无信心去创建信息学那简单而普遍的理论。

CD 光盘，对广大消费者而言，是第一个普及的数位编码系统，也借此在 1982 年将香农理论的遗产带给了普罗大众。通过把每秒钟的音乐乐波分为 44 100 段（取样），使声音完美再现，并将每段乐波的高度记录成数位数字（量化）。更高的取样率和更精细的量化度，提升了声音的品质。利用现代电路将这些数位转化成类比的声音，就能够保证高保真度。类似的数位方法已经用于图像和视频上，于是今天我们可以尽情享受 MP3、DVD 和高画质电视，并且可以进行存储、传播并复制高画质光碟压缩（AVCHD）多媒体档案，而不会有任何的品质损失。

香农作为麻省理工学院的教授，他的学生们在信息时代也做出了若干重大突破，包括数据调制解调器、计算机成像、数据压缩、人工智能和数位无线通信等。信息理论作为一种崭新的并且在过去无法想象的发现，几乎影响了我们日常生活的每个角落，包括我们的工作、生活和社交，都成了数字化。信息理论是美妙而优雅的，并且威力十足！

67

EVERYTHING IS THE WAY IT IS BECAUSE IT GOT THAT WAY

万物如此，皆因其本

保罗·迈尔斯（P.Z.Myers）

明尼苏达大学莫里斯分校生物学副教授，著有《明尼苏达无神论者的声音》（*Atheist Voices of Minnesota, an Anthology of Personal Stories*）。

不可否认的是，现代生物学的核心概念是进化，但我是美国公立学校教育体系的受害者，在长达 12 年的读书期间，我就压根儿没听过有"进"开头的字眼。我们解剖猫，记一堆分类法，考试则考一些极为基本的生物化学的分散的知识点，学校从未要我们把这些框架由点及面展开去理解。我现在尤为关注科学教育的一个原因就是，我当年学到的科学教育内容实在是太贫乏了。

这样的状况即使到了大学也没好到哪去。进化论在大学得以普遍接受，但并没有对这一主题进行补充介绍，只是任由其自生自灭。我下定决心不能随波逐流，于是试图寻根溯源，找到能够帮助我理解导师所希望我掌握的所有事实。在一家二手书店，我找到一本书，这本书不是什么大部头，也不晦涩难懂，我浏览一番后发现，这本书言简意赅，与那些课堂上长篇累牍的参考书不同。这本书就是约翰·泰勒·邦纳（John Tyler Bonner）的《论发展：形态生物学》（*On Development:The Biology of Form*），这本书让我为之惊叹也永久改变了我，这本书让我透过发展的镜头来看生物学。

这本书教给我的第一件事不是其中的理论，理论只是某种意义上的安慰；课堂上已经充斥各种理论了。邦纳的书聚焦在好的问题上，其中一些问题有相应的答案，而有些问题则悬而未决。比如，生物的形态是如何被遗传学定义的？邦纳将其作为一个题目，但概述的目的是为了解答问题，于是这里精练了我们需要回答的问题。也许这就是不同层级的阐释：科学不仅是档案化的事实，也是引领我们获取新知识的路径。

同时邦纳也让我关注到达西·温特沃斯·汤普森和他的经典著作《论生长发育和形态》（*On Growth and Form*），这本书里有我最心仪的、关于宇宙科学观的一句格言："万物如此，皆因其本。""万物如此"这句话以一种微不足道的方式，强调了过程和历史的重要性。如果你的研究方法只是以一种静态概述的方式剖析现有事物状态的细节的话，那你根本无法获取科学的概念。唯一的方法是，了解产生这种状态的背后机制，以及它是如何发展至此的。这种理解的必要性隐含在发展生物学中，在其中我们要做的是，对发育中胚胎的变化过程进行研究，但我觉得，在遗传学、比较生理学、解剖学和生物化学中也同样必不可少。当然，对进化生物学更是至关重要。

因此，我认为最为根本的阐释是这样一种思维模式：要了解某件事物是如何发挥作用的，你必须首先要知晓这件事物是如何发展至此的。

万物如此，皆因其本

68

THE IDEA OF EMERGENCE
涌现的想法

大卫·克里斯蒂安（David Christian）

澳大利亚悉尼麦考瑞大学历史教授，著有《时间地图》（*Maps of Time*）。

我所知晓的兼具美妙与优雅并意义深远，且威力并不为普罗大众所充分获知的思想之一，是关于涌现和涌现属性的思想。

地球在被创建之初，其结构和组成非常简单。在漫长的数亿年间，既无恒星，也几乎没有比氢更复杂的原子，自然也无行星，无任何有生命的生物体，这个星球，杳无人迹，毫无诗情与画意。

在随后的137亿年中，世界万物一个接一个地出现了。每一个物种都是崭新的。创造力以其最基本、最神秘的形式呈现出来。银河系和恒星是最初出现的大型复杂物体，它们具有奇异的、崭新的特性。恒星熔解氢原子形成氦原子，产生了巨大能量并形成了若干核热点，它们星罗棋布于整个地球上。在这些核热点快要消逝时，最大的恒星生成了元素周期表上的所有元素，这个过程中产生的能量注入到了环绕这个元素四周的寒冷空间中，从而促使这些元素聚集起来并最终形成了全新物质，也呈现出崭新的特性。于是才有可能形成行星、细菌、恐龙，还有我们人类。

一切独特且崭新之物源自何处？这些新事物、新特性又是如何"涌现"出来的？最简单的还原论假设，这些问题的答案一定藏于其组成成分当中，即便找到这些特性非常困难。你能够在形成水分子的氢原子和氧原子中找寻到"水性"吗？这便是"涌现"看上去如此神奇与神秘的原因所在。

事实上，并非如此。有关涌现的一个最为美妙与优雅的理论，出自一本可能存在超过 1 万年的佛经《弥兰陀王问经》(*The Questions of Milinda*)当中。①

弥兰陀王是在历史上真实存在的一个伟大的帝王。他是希腊–巴克特里亚皇帝米南德，统治着一个中亚王国，该王国由亚历山大大帝的将领建立而成。据文中记载，弥兰陀王，在可能是现在的阿富汗平原上，会见了一位伟大的佛门高僧那先比丘（Nagasena）。弥兰陀王对佛教有浓厚的兴趣，但却困惑于释迦牟尼似乎否认了自我的存在，于是召见了那先比丘。对于绝大多数的大众而言，自我的感觉是现实唯一的根本。就如当笛卡尔说到"我思，故我在"时，毫无疑问，他指的就是类似于"自我是我们唯一所知的真实存在"。

因此我们能够想象得这样一幅场景，弥兰陀王坐在皇家战车里，身后紧随着诸多大臣和士兵，和那先比丘及其随从的僧侣会面，他们就自我、现实和创造力的本质展开了激烈的讨论，那场面真是壮观。

弥兰陀王请那先比丘先对释迦牟尼关于"自我"的思想作了一番解释。那先比丘问道："陛下，您是怎么来到这里的？"弥兰陀王回答道："当然是坐着车来的，尊敬的大师。"

"陛下，如果您卸掉车轮，它还是一辆车吗？"

"它当然还是一辆车。"弥兰陀王略微不高兴地回答，但他开始琢磨接下来的对话该如何进行下去。

"如果您卸掉车架，或是旗杆，或是轭，抑或是卸掉缰绳，或是车杖，它还是一辆马车吗？"

弥兰陀王终于开悟了。他承认，从某个意义上来看，他的马车将不复存在，因为车将失去马车的特性，再也不能做马车该做的事情。

那先比丘不禁露出微笑，因为弥兰陀王无法确切定义其马车在何种情形

---

① 基于网上查阅的翻译结果。——作者注

下才是真实存在的。接下来,那先比丘说道:"尊敬的陛下,关于马车的问题,您说得已经很好了。换成我回答,也不过如此。'那先比丘'这个称呼,也仅仅是个名字而已。即使是上天也无法解答这个问题。"

或者通俗来讲,我和我身边所有复杂的事物之所以存在,只是因为诸多事物都被恰如其分地组装在了一起。"涌现"的属性并非如魔法般神奇。涌现是真实存在的,并最终可能会重新生成一个促成这些事物形成的环境。涌现并不藏在所构建事物的零碎点滴当中。它们源自这些组成成分的那极为精准的排列组合当中。即便是对冠有"你"和"我"之名的涌现实体,也同样是真实的。

69

FLOCKING BEHAVIOR IN BIRDS
鸟类群聚行为

约翰·诺顿（John Naughton）

学者，记者，英国剑桥大学沃尔夫森学院副主席，著有《从古腾堡到扎克伯格》（*From Gutenberg to Zuckerberg: What You Really Need to Know About the Internet*）。

我最为心仪的理论是克雷格·雷诺（Craig Reynold）于 1987 年首次提出的理论，他指出，鸟类群聚行为，可以通过每只鸟所遵循的 3 个简单规则来作阐释：分离（不与邻里簇拥一团）、列队看齐（向其邻近个体的平均方向移动）和集合（向其邻近个体的平均位置移动）。如此繁复的一个行为，以如此惊人的简单方法予以阐释，所以它堪称美妙而又优雅。

70

LEMONS ARE FAST
"飞快柠檬"

巴里·史密斯（Barry C.Smith）

伦敦大学高级研究学院哲学学院教授兼主任，著有《品位之问：葡萄酒的哲学》（*Questions of Taste: The Philosophy of Wine*）。

当被问道，要用快和慢来形容柠檬时，你会选择哪个？几乎所有的人都会说"快"。我们也不知道为什么会有这样的答案。或许这与人类大脑的构建方式有关吧。但这样的回答有什么帮助呢？它或许算是众多解释中的一种，但当我们想知道更多时，好像已经得到答案了。于是这引领我们思索，我们究竟想从解释中得到什么：一个正确的回答，或是一个让我们心满意足的答案？曾经一个不证自明的事情，现在却变成了一个谬论。两点之间，显而易见直线距离最短，直到我们想到了弯曲的空间。满足我们思考的方式并不需要反映现实。为什么期盼一个复杂世界有一条简单的理论呢？

对于我们期望从解释当中获取些什么，维特根斯坦持有一些有趣的想法，他是个懂得仁者见仁、智者见智，大家各取所需的哲学家。有些时候，我们只是需要更多信息，而有些时候，我们则是需要检验一种机制，比如一个阀门或是一个滑轮，以此来了解它们是如何运作的；还有些时候，我们需要的是一种用全新视角观察熟悉的事物本质的方法。维特根斯坦也明白，在某些时候，理论也无法发挥作用："当你因爱而生烦恼时，解释性的假设于事无补。"①

---

① 出自拉什·里斯（Rush Rhees）译著《论弗雷泽的＜金枝＞》（*Remarks on Frazer's Golden Bough*）。——译者注

于是，关于这个看似毫无意义的问题——柠檬究竟是快还是慢，那个几乎一致的回答，究竟有何意义呢？我们被告知，我们的大脑只是简单地进行回应的结构，这样的解释并不能让我们释然。也正因为这样的解释让我们不甚满意，才激发我们付出更多的努力。这仅是故事的开头，而非结尾。显而易见，接下来被问及的问题就是，为什么人类的大脑会以这样的方式进行构建？其目的是什么？我们会自动联想到一个明显的线索，即我们心智的作用。在我们的大脑中存在一种交叉知觉模式回应：一种感官模式特质与另一种感官模式特质之间的非随机性关联。

味觉和形状，声音和视觉，听觉和嗅觉之间，存在着交叉知觉模式，实验心理学家查尔斯·斯彭斯（Charles Spence）和哲学家奥费利亚·德鲁瓦（Ophelia Deroy）正在研究这些交叉知觉模式。与大家一致的直觉不同，这些出乎意料的关联是值得信赖并且相互依存的，并且不同个体各有特质。我们在大脑中生成这些关联的原因，是为了在环境中对物体予以多重固定，以使我们能够听见和看见这些物体。

我们时常说味道很难描述，但是当我们意识到可以更换词汇，用圆润或尖锐来谈论味道时，新的可能性就扩展开来。音符有高有低，气味也能够用低和高来形容，比如酸味高、苦味低。你能够感觉情绪不高或兴致盎然。词汇的转换使我们能够利用易于理解的知觉模式描绘出不同的体验。

广告商们深谙其道，他们利用抽象形状和特定产品之间，或是声音与视觉之间的交叉知觉模式对应来作宣传。有棱有角而非四平八稳，让人联想到碳酸饮料；而冰激凌被叫作"Frisch"，感觉会比"Frosch"更有浓浓的奶味。我们也留意到，为什么众多成功公司的名字是以"K"音开头，而鲜有以"S"开头。这些关联在脑海中形成一种机制，它不仅帮助我们感知万事万物，同时也塑造我们的经验。

这种关联能力不仅仅局限于我们使用的词汇方面。19世纪的海因里克·沃尔夫林（Heinrich Wolfflin），在其所著的一本关于建筑心理学的书中告诉我们，由于我们的身体受到重力、弯曲度和平衡的影响，我们对建筑物形状和立柱形状的欣赏，是一种对建筑物重量和张力的共鸣。物理形式之所以有着所谓的某种特性，只因我们拥有这一副躯体。

对于英国伦敦大学学院克里斯·麦克马纳斯（Chris McManus）而言，这个观点于近期引领了他对审美鉴赏的洞察。如世间一切美妙的理论一样，它展现出更多的阐释与更深远的见解。它也是我们利用知觉信息交互作用，来理解与回应身边世界的另一个案例。因此，我们所有人都会认为柠檬是飞快的确确有其事，或许这正是解释了我们为何会如此聪慧的一大半成因。

FALLING INTO PLACE: ENTROPY AND THE DESPERATE INGENUITY OF LIFE
水到渠成：熵与博大精深、同心致远

约翰·托比（John Tooby）

进化生理学奠基人，加州大学圣巴巴拉分校进化心理学主任。

在我早期的科研生涯当中，最为两难的选择便是，是否要放弃研究量子力学、非定域性和宇宙学那些美妙的谜题，转而选择同样吸引人的学科：通过逆向工程，解开自然选择在我们物种的电路架构上所编写的程序。在 1970 年，席卷全球的文化热潮和地缘政治，让我们迈出了第一步，以面向非意识形态和计算性方式，来理解我们进化的设计，"人性"，这种趋势似乎尤为迫切。近期，计算机科学和控制论的兴起，使其看上去大有可能。由行为和社会学家们所把控的进化生物学会对其持几乎完全回避，甚至是旗帜鲜明地反对态度，势必会成为一种必然。

最终引领我的是自然选择理论，它是一台超级优雅的"推理发动机"。戴上它的理论透镜，犹如获得一条永恒的启迪，大脑里就会涌现出很多的推理，这些推理争先恐后地出现，就像过饱和溶液中析出的晶体一般。更胜一筹的是，其由第一原理，譬如集合论和物理学开始演绎推导，自然选择理论的大部分内容是不可选择的。

即便这样，从物理学的角度来看，自然选择理论仍然留有一个需要解释的深刻问题：物理学为我们的宇宙所构建的世界从来都是荒凉的。当这个宇宙不再燃烧我们，或于无形之中研磨我们的细胞和大分子直至我们消亡时，这个宇宙便会爆炸。它会彻底摧毁行星、我们的栖息地、我们的劳动成果、我们所爱的一切还有我们自己，γ 射线爆发会彻底摧毁整个银河系区域；

超新星、小行星撞击、超级火山与冰河时代会摧毁生态系统并灭绝一切物种。流行病、中风、钝力外伤、氧化性损伤、蛋白质交叉耦合、热噪声扰频DNA，所有这些随机的运动，都将从我们评估的严密组织状态转为日益增长的无序状态。热力学第二定律认为，物理系统倾向于转换到概率更大的状态，这样做会远离概率较小的状态或组织，就如坐上失去方向的雪橇，冲向最大的无序状态一样。

接下来，熵提出了一道难题：生物如何能够完全融入由熵所支配的物理世界，而这个熵，在长期的自然选择过程中，是如何引领万物实现其功能组织的？世间万物呈现出完全偏离物理法则的常态，比如地球的金属地核、月球表面的陨石坑，或太阳风。所有生物体都有其特别之处，尽管看起来它们都是盘根错节地交织在一起的，并且它们的生命的设计过程也是跌跌撞撞，彼此之间也不像有那种得到过精细校准的各种相互关系，但其实这是一种具有高功能性的高度有序现象。然而，就如高度有序的物理系统一般，生物体应该倾向于快速回到最大无序状态或最大概率状态。物理学家薛定谔曾说过："正是因为避开了快速衰减到'平衡'的惰性状态，生物体的出现才会如此神秘莫测"。

通常如此三言两语就可以将神灵论者打发了，迄今为止，这个答案算是正确但还远远不够全面：地球不是一个与世隔绝的系统；生物体也并非封闭系统，所以熵依然在全面增长，这与热力学第二定律一致，但有时在生物体中熵会有局部的降低。这种情况会在高层次生命的组织形态中出现，但原因还未知。然而，自然选择理论能够正确无误地阐释生物体的有序状态，包括熵的延迟适应性，这能够避免我们被氧化而化为灰烬。

相对于倾向失去而非增长功能组织的物理系统而言，自然选择是唯一已知的平衡力量，也是唯一能够推动生物体上升进入更高功能秩序的自发物理过程。但它是如何精确地做到的呢？

伴随着熵和自然选择学说的发展，真正优雅的科学思想三重奏中的第三个概念可以用于回答伽利略那才华洋溢的、用来阐明运动物理学的参照系概念。

最初，熵的概念是用来研究热和能量的，如果唯一一种真正的熵是热力学能量扩散的熵，那我们的生命将没有存在的可能。但因为有了伽利略的贡献，我们可以考虑多种秩序（不大可能是物理安排），每一种秩序都是遵照截然不同的参照系而被定义的。

一般来说，有多少种有意义的参照系，就会有多少种熵。生物体被定义为自我复制的物理系统。这为定义促进系统因果关系的秩序创建了一个参照标准，这并非是复制热力学中的秩序。事实上，生物体必须经过物理设计来捕捉集中的能量，就如利用水力发电的水库，利用瀑布来驱动涡轮机，生物体是利用热力学的熵流来驱动自身的复制的，以此来广泛散播自己的多个副本。

某些时候，熵会引入错误复制到复制品当中，但在复制系统中引入错误，则是一种自我修正行为。通过定义，组织结构较差的生物体不擅长复制自己，所以会被群体淘汰。与此相反，增加功能秩序的错误复制会越来越常见。在复制品中像这样不可避免的齿轮效应，便是自然选择。

生物体以多种多样和妙不可言的方式，来配置不同的熵参照系，但以下的重点是，在一个物理范围里，为一个参照系自然地增加无序（朝向最大可能的状态），可以减少另一个相对参照系的无序。自然选择精选并连接不同的熵领域，比如细胞、器官、薄膜，每个都会局部增加自己的专有熵参照系。当正确的熵相互连接起来时，它们会利用各种增加熵的方式来减少其他种类的熵，以此来进行复制工作，从而对生物体大有益处。举例来说，氧由肺部扩散到血液中，再从血液中进入到细胞中，这就是一种化学混合的熵，趋向于可能性更高的高熵状态，而从复制的角度上看，则是增加了秩序。

熵让万物凋零，但生命灵巧地扭转着战局，于是在那一刻，万物同心致远、水到渠成。

72

WHY THINGS HAPPEN
天地何以生万物

彼得·阿特金斯（Peter Atkins）

牛津大学化学荣誉教授，著有《反应：原子的私生活》（*Reactions: The Private Life of Atoms*）。

有这样一个观念：之所以会出问题，是因为事情变得越发糟糕了。这实在是言简意赅、妙不可言。由此我想到了热力学第二定律，以及所有的自然变化伴随着熵的增加这一事实。虽然这只是我突然想到的，但我明白这些只言片语意味着，物质和能量倾向于向失序的方向扩展。气体分子总保持着一刻不停的随机运动，扩散到充满整个空间。炙热金属块中的原子，其混沌的热运动，推推搡搡地挤向邻近的原子并带动其运动，当能量扩散到整个环境时，金属块就会逐渐冷却下来。所有自然变化就是这个简单的过程，即向着失序的方向扩散。

这样一种对自然变化的认知，具有一个让人瞠目结舌的特点，那就是，扩散可以产生秩序：通过向失序的方向扩展，使结构得以浮现。它需要的是一个可以与扩散相联结的装置，如可以利用湍急的水流来推动建设。总而言之，随着社会的进步，失序也将随之增加，但局部结构，包括大教堂和大脑、恐龙和狗、罪恶、诗歌和谩骂，都能够在局部混乱衰减之时打造而成。

我们举个例子，一台内燃机，火花导致碳氢燃料燃烧，生成较小的水和二氧化碳分子，这些分子扩散开来，从而推下活塞。同时，燃烧释放的能量扩散到四周。发动机的机械设计利用了这些扩散，带动一连串的齿轮，甚至还能将砖瓦盖成大教堂。所以说，扩散导致局部结构的形成，尽管从总体上看，整个世界又向失序迈进了一小步。

燃料可以是我们的晚餐，当燃料发生代谢时，会释放分子和能量，并扩散开来。可以把我们内在生化反应的网络比拟为车辆齿轮，身体与氨基酸连接在一起，构成复杂的蛋白质结构。因为我们在进食，所以我们在长大。我们，也是混沌的局部降低，依靠在其他地方的失序，最终成了人类。

这样的理论是否太异想天开，所有的智慧创造力，或是无关紧要的幻想都是这样被驱动而成的？在某种概念上，大脑只是一个集合电子和突触间活动的蜂房。由消化食物所驱动的代谢过程，能够引领秩序的形成，而不是将砖建成大教堂，也不是将氨基酸变为蛋白质，而是将电流转换为概念、艺术品、愚不可及的决策或是科学理解。

即使如自然选择理论这样一个伟大的纲领，伴随着生物圈的变化，进化也最终会下降进入到失序状态。那么把第二定律视为一个伟大的启蒙，它还是那么妙不可言吗？于我而言，从一个如此简洁的原理中显现出的了不起之处在于，它是衡量科学原理伟大与否的一项标准。依我看来，没有任何一个原理比"事情变得越发糟糕"更为简洁；没有结果比"天地万物万法"更为伟大，所以，这条定律是法中之法。

天地何以生万物

73

WHY WE FEEL PRESSED FOR TIME
缘何感受时间紧迫

伊丽莎白·邓恩（Elizabeth Dunn）

不列颠哥伦比亚大学社会心理学家。

前两天，我在马路边，一边掸去膝盖上的小石子，一边琢磨着我怎么会摔跤。当时我从工作地出发，骑着自行车去见在健身房的一个朋友，因为比原定时间晚了些，我狂蹬着脚踏板。我知道自己骑得飞快，在转弯时，碰到一堆碎石，于是我从自行车上摔了出去。我怎么会让自己出这个状况？为什么我会这么着急？

我想我知道这个答案。现在，人们的生活节奏不断加快，与50年前相比，人们工作更多、休息更少，至少这是大众媒体给我们的印象。但作为一名社会心理学家，我需要看到数据。数据表明，并无证据可以说明，与几十年前相比，人们现在工作更多、休息更少。事实上，一些最好的研究甚至表明，情况恰恰相反。那么，为什么人们会感受到时间紧迫呢？

最近，多伦多大学的桑福德·德沃（Sanford DeVoe）和斯坦福大学的杰弗瑞·菲佛（Jeffrey Pfeffer），对这个令人困惑不已的现象，给出了完美的阐释。他们认为，由于时间变得越来越值钱，时间被视为稀缺资源。稀缺性和价值被视为连体双胞胎，当一种资源具有稀缺性时，它往往更有价值，反之亦然。所以当我们的时间变得越发有价值时，就会觉得好像更缺少时间。来自世界各地的调查结果显示，具有较高收入的人，会感到更多的时间压力，尽管对此结论，有其他貌似可信的原因，包括富裕者会经常延长工作时间，使得员工可自由支配的时间变少的事实。

然而，德沃和菲佛提出，就算只是感觉自己富裕，也会产生时间紧迫感。

超越过去的相关性分析，他们使用核对实验来测试这个因果性解释。在另外一个实验中，德沃和菲佛要求 128 位大学生告知他们在银行的存款总额。所有学生均使用 11 积点量表来回答这个问题，但有一半的学生使用的积点量表间隔是 50 美元，范围从 0~50 美元，一直到 500 美元以上；另一半学生的积点量表间隔则大很多，从 0~500 美元开始，到超过 40 万元。大部分使用50 美元间隔的大学生，圈选的是接近积点量表顶部的数字，这让他们自我感觉相当富裕。这看似微不足道的操作，会让他们觉得时间紧迫、压力骤升。仅是感觉上的富裕，就会让学生体验到如同真正有钱人的时间压力。使用其他的方法，研究人员也确认，感知到时间经济价值在增加，就可以感知到时间的稀缺性在增加。

如果时间稀缺的感觉，部分是来自于感受到时间的高价值，那么我们在减轻这样的压力方面，能做到的最好一件事情，就是放下时间。实际上，新的研究也倡议，放下时间来帮助其他人，这样确实可以缓解时间的压力感。比如，美国家具连锁店家得宝（Home Depot），会提供员工自愿花时间帮助别人的机会，这有助于减少时间压力和倦怠感。而谷歌允许员工用 80% 的工作时间花在主要的项目上，剩下的 20% 可以去研究自己喜欢的项目，无论这个项目是否有潜在的成功性。虽然有些公司制造出了有经济价值的产品，比如"Gmail"，但这项计划最大的价值可能在于，降低了员工对时间稀缺性的感受。

德沃和菲佛的工作有助于理解重要的文化发展趋势。过去的 50 年里，在北美地区，时间的压力感骤然上升，尽管实际上每周的工作时间都与以前持平，并且每周的闲暇时间也在不断增多。这种明显的矛盾或许因为，收入在同一时期显著提高。这种因果效应也有助于解释，为什么在东京和多伦多这样的富裕城市，人们行走的速度要比在内罗毕和雅加达更快。依我之见，该条理论表明，随着收入在个体生命过程中的增长，时间看似也越发稀缺起来。这意味着，随着我的职业生涯的展开，我或许应该逼迫自己，在转弯的时候，放慢自己的速度。

KEEP IN MIND THAT THE STANDARD MODEL OF PARTICLE PHYSICS HAS WORKED EXTREMELY WELL, EVEN THOUGH WE DO NOT YET KNOW WHETHER THE HIGGS MECHANISM IS CORRECT.

请牢记，虽然我还不清楚希格斯机制正确与否，但粒子物理的标准模型运动得极为出色。

——丽莎·兰道尔（Lisa Randall）

74

THE HIGGS MECHANISM

希格斯机制

Lisa Randall
丽莎·兰道尔
哈佛大学物理学家，著有《弯曲的旅行》《叩响天堂之门》《暗物质与恐龙》。

从长远来看，科学中的美妙与优雅，在于其主观性的缺失。因此回答"什么是你最为心仪的深邃、美妙而优雅的理论"这个问题，可能会让科学家感到厌烦。因为在问题当中，客观性的字眼只有"什么"、"是"，以及在一个理想的科学世界当中的"理论"。美雅共存的确是科学当中的一个评判标准，但却不是真理的仲裁者。然而我必须承认，简单性，这个通常与优雅相混淆的特性，确实能够成为一把将理论力量最大化的利器。

关于本书 Edge 年度问题，我想到一个理论，即我视为上佳，但又相对简单，甚至可能在一年之内就能被证实的解答的希格斯机制。它以发展这一机制的物理学家彼得·希格斯（Peter Higgs）命名。希格斯机制可能和基本粒子的质量有关，比如说电子。如果电子的质量为零（如光子），电子将不会局限在原子中，那样的话，我们的宇宙结构也就不会出现。

不管怎么样，实验检测到了基本粒子的质量，而且它们不会消失，我们知道了它们的存在。问题在于，这些质量违反了我们目前所知的、粒子在物理描述中应该具有的对称性结构。更具体地来说，如果基本粒子从一开始就具有质量，该理论对极高能粒子的预测就相当荒谬，比如说，它将预测基本粒子之间存在相互作用的概率大于1。

于是，难题出现了。粒子怎么能又具有物理特性的质量，在低能量时被度量到，又在高能量时仿佛没有质量地运动呢？这让预测变得毫无意义。这就是希格斯机制想要告诉我们的一切。我们不确定这是否是基本粒子质量的起源，但现在，没有人可以找到一个可以被替代的满意的解释。

理解希格斯机制的一种方法是，利用所谓的"自发对称性破坏"，我想说这是一个相当漂亮的好主意。一个自我破坏的对称是指，在自然的实际状态中被破坏，而非被物理定律破坏。打个比方，当你坐在一张餐桌边，你用了放在你右边的玻璃杯，其他人也会照做。饭桌是对称的，你右边有玻璃杯，左边也有。然而每个人都自然地选择了右边的玻璃杯，从而自发性地破坏了原本存在的对称性。

大自然也有相似的情况发生。用来描述希格斯场的物理定律，遵守着自然的对称性，然而希格斯场的实际状态打破了对称性。在低能量时，希格斯场具有特定的数值，这个非零的希格斯场有点类似于散布在真空中的电荷（没有实际粒子的宇宙状态），粒子通过和这些"电荷"作用产生质量。因为希格斯场的特定数值只出现在低能量状态下，粒子只有在此时才具有质量。于是，基本粒子在质量上遇到的矛盾就能得以解决了。

请牢记，虽然我们还不清楚希格斯机制正确与否，但粒子物理的标准模型🔍运作得极为出色。我们并不一定要知道希格斯机制，才能知道粒子具有质量，才能让许多预测通过标准模型获得成功。但是，要解释这些质量如何在一个合理的理论中得以生成，希格斯机制不可或缺。标准模型的成功，说明"有效论"这个概念对所有物理学而言都是另一种美秒的思想。思想并不复杂，你可以在做预测时聚焦在可度量的数量上，至于这些数量的起源，我们可以留待在将来的研究中解决，或许那时你会有更良好的精准度。

幸运的是，对希格斯机制而言，那个"将来"已经来临，或至少在最简单的实施情况下，这个情况涉及一种称为希格斯玻色子的粒子。位于日内瓦附近的欧洲核子研究中心（CERN）建造的大型强子对撞机应该在一年内就会有一个明确的结果，确认该粒子是否存在。如果得到证实，这将证明希格斯机制的正确性，同时还将进一步告诉我们，自发对称性破缺以及"电荷"散布整个真空的背后结构。②希格斯玻色子也将成为一种新型粒子，而对于那些精通物理学术语的人们来说，它是一种基本玻色子，并在某种意义上成为一种新的力量形态。虽然所有的这些都非常精细微妙和深奥难懂，我和许多理论物理学界同行们依然认为它是美妙的、深邃的和优雅的。

对称相当伟大，颠覆对称也很伟大。长久以来，粒子物理学的众多方面起初都被视为丑不堪言，但之后又被视为是优雅至极。科学的主观性超越了群体，进入到个别科学家当中。即便是这些科学家，随着时间的流逝，也会改变想法。这就是为什么实验室至关重要。虽然实验困难重重，但实验的结果却比美丽的本质更易于确定与理解。

① 在粒子物理学中，标准模型是一套描述强力、弱力及电磁力这三种基本粒子的理论。它隶属于量子场理论的范畴，并与量子力学及狭义相对论相容。——译者注

② 本文写于2012年年底，而在2013年3月，欧洲核子研究中心宣布，已经确定了希格斯玻色子的存在。——译者注

75

WHY THE SUN STILL SHINES
为何金色太阳永不落

巴特·卡斯科（Bart Kosko）

南加州大学信息科学家、教授，著有《噪声》（*Noise*）。

为何金色太阳永不落，为何太阳不会像如日常生活中的火焰那般会熄灭，对于这样的问题，有一个最为深邃的理论。古时的人们，见过篝火和森林大火从燃烧到熄灭的整个过程之后，他们不由得担忧太阳也会如此。这也让 19 世纪的科学家们忧心忡忡，他们只单单了解重力，却无法解释太阳为何会万古不灭。

我小的时候，第一次想到这件事的时候，的确也让我心生忧患。

氢原子熔合成氦的解释并没有打消我的担忧。在 20 世纪 60 年代早期，在那个随时随地就地卧倒、寻求掩护的冷战偏执高峰期，我的父亲把新房子地下室的一部分改装成了核弹避难所。这个避难所有一个房间大小，四周是加固的钢筋混凝土和金属窗，冰箱里塞满了自家做的快餐食品。太阳能够一直长久燃烧、一直耀眼夺目，是因为太阳内部有很多可以产生蘑菇云状的高热原子核氢弹在爆炸，还有着许多可以制造氢弹的材料。这些如氢弹炸弹一般，其爆炸的威力足以摧毁地球，如果靠得足够近，甚至可以把小小的核弹避难所化为灰烬。

这条理论的逻辑已经超越了在全球范围内，对核竞赛的战略均衡的阐释。好消息是，太阳不会马上燃烧殆尽，但坏消息是，太阳在今后的数十亿年内肯定会陨落。但在这一切发生之前，太阳会在红巨星阶段吞噬掉被熔化的地球。

同样的理论进一步解释道，在适当的宇宙时间内，宇宙中所有星星都会燃烧殆尽或炸为碎片。当简单的原子熔合成较为复杂的原子，当质量转变为能量生成光和热时，天下其实并无免费的光与热的午餐。星星不会永远高挂天空，宇宙将走向黑暗，并冷到接近绝对的零度。最终，只剩下稀疏的能量和物质所产生的微弱背景噪音。即便是存在了万古万世的黑洞，最终也会烧尽，或落入到几近虚无的空间中，唯有那微弱的背景噪音相伴。稳定状态的背景噪音，不存在任何信息。宇宙进化的过程是漫长曲折的、不可逆的、非线性的。当宇宙真的接近终点时，无人知晓还会存在怎样的生命和世界。

为何金色太阳永不落，对此的阐释如此深邃的原因是，它阐释了世界末日。

76

BOSCOVICH'S EXPLANATION OF ATOMIC FORCES
博斯科维克的原子力理论

查尔斯·希莫尼（Charles Simonyi）

"所见即所得"编辑器发明者，前微软公司应用开发和软件首席架构师。

震惊世界的深刻见解起源于简单的思考，这个案例便是 18 世纪耶稣教通才，罗杰·博斯科维克对原子力的阐释。

当时在笛卡尔的拥趸（同时也是亚里士多德的追随者），和牛顿的信徒们之间，发生了一场伟大的哲学辩论。前者认为，力只能是直接接触的结果；而后者坚信牛顿提出的，力是超越距离的。在当时，牛顿的观点是革命性的，但他的对手们认为"超距作用"把物理学带回了"神秘学"领域，这与笛卡尔提出的清晰理解原则相违背。作为牛顿观点的坚定拥护者，博斯科维克对此予以了反驳："我们来准确理解一下，在所谓直接接触的交互作用下，究竟发生了什么。"

博斯科维克的观点易于理解，也极具说服力。设想有两个物体，一个以 6 个单位的速率运动，另一个以 12 个单位的速率运动，速率较快的物体沿同一直线可以追上较慢的物体。由于动量守恒，当两个物体发生非弹性碰撞后，二者应该都会沿着同一路径，以 9 个单位的速率继续前进；或者，在发生弹性碰撞的情况下，在碰撞后的短时间内，也会如此前进。

但是，较快的物体的速率是如何由 12 个单位降到 9 个单位，而较慢的物体速率又是如何由 6 个单位增到 9 个单位的呢？博斯科维克认为，速率变化的时间不可能为 0，否则瞬间的速率变化就会违反速率连续性的定律。

而且，在相撞的那一刻，一个物体的速率同时是 12 和 9，这明显是荒谬的。

因而速率有必要在一段短而有限的时间内发生变化。但这一假设又让我们面临了另一个矛盾。举个例子，假设在一小段时间间隔后，较快的物体速率降到了 11 个单位，而较慢物体的速率增加到了 7 个单位。但这表明，两个物体的运动速度并不相同，较快物体的前端将穿越过较慢物体的后端，但物体是无法穿透的，这样的状况根本不可能发生。因而，交互作用必须在两个物体碰撞前迅速发生，而且作用力只能是互为排斥的，只有这样，才能让一个物体减速，而让另一个物体加速。

而且，该论证适用于任意速率，所以人们不能再说去度量粒子（即原子）的尺寸人小了，因为粒子到现在都被认为是尢法被穿透的。一个原子应该被视为是力的起点，该力源于某种复杂方式的运动，而该运动取决于距离。

根据博斯科维克的观点，当物体相距甚远时，它们通过与重力一致的力来相互作用，这种力与距离的平方成反比。但随着距离缩小，该作用力必须得以修正，因为根据前面提及的条件，力的方向会产生正负变化而成为排斥力。博斯科维克甚至绘制了，力如何随距离的变化而变化的示意图，在该变化距离中，力数次变更符号，这暗示着，粒子或原子间存在着极小值电势和稳定的连接。

伴随着该观点，博斯科维克不仅对交互作用做出了新的阐释，以此取代了亚里士多德和笛卡尔基于直接接触的理论，同时也预示着我们对物质结构的理解，尤其是对固体结构的理解。

77

FEYNMAN'S LIFEGUARD
费曼的救生员

蒂莫・汉内（Timo Hannay）

麦克米伦出版社数字科学总经理，"自然"网站前负责人，科学富营（*SciFoo*）合作创办者。

我想到的这个理论，它不仅独树一帜，而且在表达与说明上，也让人耳目一新。它就是理查德・费曼于 1979 年在奥克兰大学所做的量子动力学演讲。在科学史上，费曼的这个演讲无疑名列最佳。

首先，该理论是真正深奥的，它与那些最基本的粒子（光子和电子）的行为与作用相关。同时，它对广大范围中的现象作了阐释：从光的反射、折射和衍射，到电子在原子中的结构和行为，以及所产生的化学生成物。费曼宣称，量子的动力学阐释了世界上除了放射性和重力以外的万象，这或许有些夸张，但也只是略微有一些而已。

让我举个简单的例子。大家都知道，光是以直线传播的，除了在不是以直角射向玻璃或水面的时候。为什么呢？费曼解释道，光始终会采取由点到点的最短路径，他打了个比方，救生员沿着海滩奔跑去救溺水之人（救生员是费曼，被救的当然是位美丽的女郎），救生员可以直接跑到水边，然后以对角线游离岸边，但这样会把大部分的时间花在游泳上，比在海滩上奔跑要慢得多。二者选一的话，他可以直接跑到离溺水者最近的水边，在那里入水去救人。但这会让总的距离比实际需要的距离长。如果目标是尽快到达落水女郎的地点，最佳状况是在这两种极端之间找到一个某个地方入水。光，也是从点到点之间选择最短时间的路径，这就是光在传播过程中遇到传播介质的改变时会呈现弯折现象的原因。

费曼继续指出，这依然是个不完整的观点。他解释道，使用这个所谓的路径积分公式，实际上，光从一点传播到另一点会采用所有能想到的路径，但大多数路径会彼此抵消掉，最终，光似乎只依循花费最少时间的单一路径。这也说明了，连续的光和其他物体会以直线的方式运动的原因。如此基本的一个现象，鲜有人会认为这需要有一个阐释或解答。尽管粗看之下，这样的理论貌似荒谬与随性，但其达成了人们喜闻乐见的结果：将科学上最令人不满意的属性，也就是随意性，降到了最低。

作为外行的我，力图言简意赅地传达费曼的理论，但最终结果很有可能让它变得晦涩难懂。但与此相反，让我惊叹的第二个原因是它那难以置信的简单与直观。即便是我，一个不懂数学的前生物学家，有的远不止是一些敷衍的赞美，就像惊叹于某些专家在某些方面发现了某些新颖的东西那样，而是确信，我能够直接共享这个关于现实的新理念。

通常，这样的体验在科学领域实属难得，但理论上，深奥的量子物理学世界，一切皆为未知。它之所以成为真知灼见，在于其采用了视觉语法，就是著名的费曼图，而且完全摒弃了生硬的数学，但其理论核心的自旋矢量，实际上代表着貌似偶然出现的复杂数字。虽然我们并不熟知量子动力学所呈现的世界，但其却用匪夷所思的术语将这个世界阐释得全面而彻底。

78

THE TRUE ROTATIONAL SYMMETRY OF SPACE

真实的空间旋转对称

塞思·劳埃德（Seth Lloyd）

麻省理工学院量子力学工程教授，著有《为宇宙编程》（*Programming the Universe*）。

以下具有深邃与美雅特点的有关空间的真实旋转对称的理论，来自于已故的悉尼·科尔曼（Sidney Coleman），在哈佛大学的研究生物理课上所言。这条理论采取的是物理实践的方式，你也可以亲身体验一番。尽管该理论具有优雅性，却不容易阐述，也很难亲力亲为去体验。它或许需要反复实践，所以请先做好准备活动：你将以一种深邃且颇具个人特色的方式，来体验空间的真实旋转对称！

实际上，物理定律是基于对称性的，而空间旋转对称是其中最为深奥的对称性之一。最具旋转对称的物体是球体。比如说拿一个足球或是篮球，这上面刻有标签或某处写着字。然后随便找个轴心，让球旋转。空间的旋转对称意味着，球体的形状在旋转时，不会发生变化。此外，如果球体上有标志，当你将球旋转360度时，标志会回到原来的位置。去试试吧，用双手抱着球，然后将它旋转360度，直到标志转回到原处。

你或许会说，这没什么难的啊。但这是因为你尚未证实空间的真实旋转对称。如果要证明这个对称性，还需要用上更为花里胡哨的动作。现在，请你一只手捧着球，掌心向上。你的目标是旋转这个球并保持掌心朝上。这就有些难度了吧，但如果迈克尔·乔丹能做到的话，那你也能做到。

步骤如下：

保持掌心向上，朝着身体向内旋转球。在旋转 90 度时，球会平稳地被你移动到手臂下方。

继续以相同的方向旋转，并保持掌心朝上，在旋转了 180 度时，你的手臂会伸到背后，并保持球依然捧在你的手上。

在你旋转到 270 度时，为了保证你的手掌向上，你的手臂会很笨拙地朝向一边，球则看上去摇摇欲坠。

这时，你会觉得不太可能能够旋转完最后的 90 度来完成一个整圈。然而只要你尝试，你就发现，通过提高上臂保持手掌向上，在你弯曲胳膊肘时，使前臂向前，球就可以继续得以旋转。这个时候，球就已经旋转了 360 度，也就是整整一圈了。如果你所做的一切都与上述步骤毫厘不差的话，你的胳膊会感到扭曲不平，痛到极处，极为不舒服。

为了减轻疼痛，只能继续旋转一个额外的 90 度，变成一又四分之一圈，并继续保持掌心一直向上。这颗球现在应该在你头上某个地方，现在你肩膀上的痛感应该有所减轻了。

最后，像一名服务生手上举着放有主菜的托盘一样，继续旋转最后 3/4 圈，让球和自己的手臂回到原来的位置（终于解脱了！）。

如果你努力正确地完成了这些步骤，而且毫发未损，你会发现，球运行过的轨计类似一个扭曲的 8，或是一个无穷大的符号（∞），所以球在空间中并不是旋转了一次，而是两次。空间的真实旋转对称性不是旋转 360 度，而是 720 度。

尽管这个练习看起来不过是个花里花哨但又让人痛苦的篮球特技，但说明了空间的真实旋转对称性不是旋转一次，而是两次的这个事实，对物理世界最微观层面的本质来说，却有着意义深远的影响。它蕴含着，当"球体"（如电子）连接到远处某一个易弯曲和可变形的"线体"时（如磁场线），必须要旋转两次才能回到它们原始的配置。进行更深入的研究之后，球面对称的双重旋转性质意味着，两个有着相同旋转方向的电子，不能同一时间放置在同一个地方。这个不相容原理构成了物质的稳定性。如果验证空间的真实对称只需要旋转一次，那么你体内所有的原子会瞬间化为虚无。但幸运的是，空间的真实对称性由旋转两次组成，而你体内的原子是稳定的，当你冰敷因做上述实验而受伤的肩膀时，这一事实应该可以安慰到你。

真
实
的
空
间
旋
转
对
称

79

BIRDS ARE THE DIRECT DESCENDANTS OF DINOSAURS

鸟类是恐龙的直接后裔

格雷戈里·保罗（Gregory S.Paul）

独立研究员，著有《普林斯顿恐龙大图鉴》（*The Princeton Field Guide to Dinosaurs*）。

在我的专业领域中，关于优雅科学思想最美妙的事例就是，定义恐龙为快速力能的动物，而且恐龙是恒温动物，其身体内部可以产生高能量，而且具有典型鸟类和哺乳动物的高有氧运动的能力，即能够承受长时间的剧烈运动。即使不依赖这点，恐龙是高能动物的想法，与鸟类是恐龙直接后裔的假设已经融为一体：鸟类是会飞翔的恐龙，就像蝙蝠是会飞翔的哺乳动物一样。

"快速力能"概念的作用，再怎么强调都不为过，而且，对于我们理解从 19 世纪 50 年代到 20 世纪 60 年代之间，有关进化和两亿三千万年地球历史的众多思考，都有着颠覆性的革新。在那时，普遍的认知是，恐龙是慢速力能爬行动物的群体，它们只有通过短暂的几次爆发，才可以达到高阶行动能力。即便是以每小时 8 公里的速度行走，也需要很强的呼吸能力，这一点超出了爬行动物的能力范围，爬行动物长距离的行动速度是每小时 1.5 公里。鸟类被视为是一种独特的、带有羽毛的群体，为了保证其飞行的动力，它们对能量效率进行了低效进化。尽管后一种假设从本质上来说没有不合逻辑之处，但与蝙蝠的进化存在巨大差异，因为在蝙蝠那同样拥有一身羽毛的祖先体内，早就存在着高有氧能力了。

我第一次听说"恒温恐龙"是在我高三那一年，1972 年的夏天，我在《史密森尼杂志》（*Smithsonian Magazine*）上读到关于罗伯特·巴克（Robert

Bakker）所写的一篇题为《自然》(*Nature*) 的文章。读到它，让我醍醐灌顶。我一直都把恐龙归为爬行类动物，但这应该是不准确的，因为恐龙的构造很显然更为接近鸟类和哺乳动物，与鳄鱼和蜥蜴等爬行动物的构造截然不同。大概是在同一时期，一直致力于发现恐龙恒温状态的约翰·奥斯特罗姆（John Ostrom），公布了鸟类是空中版兽脚恐龙的证据，如此显而易见的概念，早在 19 世纪，就理应成为压倒性的论点。

在长达 25 年里，人们对这个假设一直争论不断，尤其是那些关注恐龙新陈代谢的人士更是如此，并且早期的一些论证也存在着瑕疵。但证据层出不穷：恐龙骨骼中的生长轮显示，恐龙的发育速度极快，而爬行动物是无法达到的；恐龙的足迹化石表明，恐龙以稳定的速率行进，但对慢速需氧动物而言则太快；许多小恐龙都生有羽毛，极地恐龙、鸟类和哺乳动物都经受过寒冷刺骨的中生代冬季，这一点就排除了它是变温动物。

因为这场恐龙革命，我们对于这种曾称霸大陆的动物进化，有了比以往更为接近真相的理解。节能型的两栖动物和爬行动物，在古生代后半期，统治大陆的时间仅为 7 000 万年，这个地质年代始于三叶虫，陆地上别无其他物种。在最后的 2.77 亿年，从古生代末期的原生哺乳动物兽孔目开始，高功耗却不节能的快速力能动物开始统治陆地。中生代早期，在兽孔目绝迹后的 1.5 亿年里，取代兽孔目的并不是低功耗的恐龙，而是能够快速将高需氧运动能力提升到更高层级的恐龙。

这非同一般的鸟类呼吸综合系统非常奏效，让一些鸟类可以飞得与飞机一样高，但这套系统当初并不是为了飞行才进化而成的，而是为了进化出让肺部进行气囊换气的骨骼结构，最初是为了让不会飞的兽脚类恐龙能在地面上生存，部分研究人员提出，地球含氧量低可作为其不能在地面上生存的一个因素。所以，鸟类动力学的基础，首先出现在食肉恐龙中，之后才被用于动力飞行上。就如内燃机也是在不经意间，使得人类动力飞行得以成真，而非一开始是为了飞行而开发。

80
COMPLEXITY OUT OF SIMPLICITY
因简单，而复杂

布鲁斯·胡德（Bruce Hood）

英国布里斯托大学认知发展中心主任，著有《自我幻觉：社交活动如何影响大脑的发育》（*The Self Illusion: How the Social Brain Creates Identity*）。

作为一名处理复杂行为和认知过程的科学家，我最为心仪的深邃、优雅的理论，并非来自通常不与优雅沾边的心理学，而是来自于物理学方面的数学。我认为，傅立叶定律具备所有简单性，却比我们所熟知的任何科学解释都更具威力。简而言之，任何复杂的模式，无论是在时间或是空间上，都可以被描述为一系列有着多种频率和振幅的正弦波重叠。

第一次接触傅立叶定律时，我还是一名剑桥大学研究视觉发展的博士生。在那里，我见到了费格斯·坎贝尔（Fergus Campbell），他在 20 世纪 60 年代就指出，傅立叶定律不仅是分析复杂视觉模式的一个优雅的方法，而且在研究生物学方面，也存在着合理性。这个发现后来成了各种视觉计算模型的基石。但是，为什么把它限制在视觉分析方面呢？

事实上，任何复杂的物理事件都能够被简化到数学正弦波的简单性上。这无关乎它是否是梵高的《星空》、莫扎特的《安魂曲》、香奈儿的"No. 5"香水、罗丹的《思想者》，或是华尔道夫酒店的沙拉。环境中的任何复杂模式，都可以被转化为神经系统的模式，并被分解为众多神经元输出的正弦波活动。

或许我是有些嫉妒物理学的心理，但我还是要引用开尔文勋爵所言："傅立叶定律不仅是现代分析中最为美妙的定律，甚至可以说，它为现代物理学领域里几乎每一个深奥难解的问题，都提供了一个必不可少的工具。"再没有比这更高的赞誉了。

81

RUSSELL'S THEORY OF DESCRIPTIONS
罗素的摹状词理论

A. C. 格雷林 （A.C.Grayling）

哲学家，伦敦人文科学新学院创办人，牛津大学圣安妮学院特约研究员。

在哲学领域中，我最为心仪的兼具优雅与鼓舞人心的理论，就是伯特兰·罗素（Bertrand Russell）的摹状词理论。这个理论尽管没有得到确定的证明，但其为语言与思维的结构，提供了源源不断的、富有洞察力的探究方法。

究其本质，罗素的摹状词理论指出，在语言的表面形式之下存在着逻辑结构。当这种逻辑结构显现出来时，我们就能够真正明白，我们的所言、所信以及所言与所信要满足何种条件时，才能辨别真假。

罗素用来阐释这个观点的一个事例是，他断言"当今的法国国王是个秃子"，但在他说出这句话的时候，法国并没有国王。那么这个断言究竟是真还是假呢？有人可能会说没有真也没有假，因为现在法国没有国王。但罗素希望能够为这个断言的不真实性找到一个解释，即逻辑上不能舍弃的二值原理——一个命题只能有一个真值：真或假问题只能基于真假。

罗素假定，这句断言的底层形式是由 3 个更为基本的逻辑陈述相联结而成：

1.有某个东西是成为法国国王的特性；

2.只有唯——个这样的东西；

3.更进一步的特性是"秃顶"。

罗素采用一阶谓词演算的符号，来呈现这个断言正确的逻辑形式，现在省略掉括号，以免出错：

（Ex）Kx &〔（y）Ky→y = x〕& Bx

这个公式的意思是：有一个 x，使得 x 为 K；任意一个 y，如果 y 为 K，则 y 和 x 是相同的。这个公式逻辑性地表达了唯一性——"x 是 B"，其中 K 代表"有成为法国国王的特性"，而 B 代表"有作为秃头的特性"。"E"是存在量词"有……"或"至少有一个……"，而"y"则是全称数量词"对所有"或"任何"。

现在，我们可以得知，在两种情况下，上述的断言都是假的。一种情况是，如果不存在满足 x 为 K 的那个 x；另一种情况是，如果有一个 x，但 x 不是秃头。罗素保留了二值原理，直入断言的逻辑核心，这就是让弗兰克·拉姆齐（Frank Ramsey）连连惊叹的"哲学典范"。

关于哲学上那些不可救药的怀疑论者，这一切看起来就像黎巴嫩人的那句谚语"在两英寸的水中溺水"。但实质上，罗素的摹状词理论本身是哲学分析的典型实例，并在广泛的领域中，作为研究工作的先驱而硕果累累，从维特根斯坦和奎因，到对语言哲学、语言学、心理学、认知科学、计算机和人工智能的研究，摹状词理论都作出了贡献。

82

THE PIGEONHOLE PRINCIPLE
鸽巢原理

乔恩·克莱因伯格（Jon Kleinberg）

康奈尔大学计算机科学系教授，合著有《网络、群体与市场》（*Networks, Crowds, and Markets*）。

数学中的某些事实，让人们觉得它内部蕴含着一种被抑制的力量，一开始，会觉得它们温良和顺，但一旦发挥作用，它们会让人眼花缭乱。其中最引人瞩目的例子就是鸽巢原理。

以下就是鸽巢原理的内容。假设一群鸽子栖息在一片树林中，鸽子的数目超过树木。当所有的鸽子落下来时，至少有一棵树上落了一只以上的鸽子。

这个故事听起来平淡无奇，因为鸽子数目众多，所以每只鸽子不可能都独占一棵树。如果这就是故事的结尾，它就不会如此有名了。要领会鸽巢原理，必须要看它能帮助我们解决什么问题。

接下来，让我们看看一个事例，该事例有些曲折。这句话本身就耐人寻味，但更耐人寻味的是它其中蕴含的鸽巢原理。该事例的内容是：在过去4 000年的某个时间段，在你的家谱中有过两个人，我们就叫他们 A 和 B 吧。A 是 B 的父母的祖先。你的家谱图里有个回路，从 B 向上有两个分支，之后一起回到了 A 的身上。换而言之，因为有这个相对较近的共享祖先 A，所以在你的祖先中会有一组父母，他们之间是有着血缘关系的亲属。

这里值得提及几件事。第一，在前面段落中的"你"就是真正的你，亲爱的读者。实际上，这件事有趣的特点之一就是，我能断言你和你的祖先，尽管你自己也未必清楚。第二，该论述不依赖任何关于人类进化或人类历史与地理范围的假设。以下是需要的几个假设：

1.每人都有自己的亲生父母。

2.百岁以后没有孩子。

3.人类至少存在了4 000年。

4.在过去4 000年里，至多有过10 000亿人生存过。（科学家的实际最佳估算是，有史以来大约有1 000亿人口，而我提高到10 000万亿只是为了安全起见。）

我们尽可能地使这4个假设不会引起争议，但即便是这样，第1个和第2个假设中仍然存有例外的情况，而且第4个假设有些过高估计，我们只要在论证过程中做些许调整就可以了。

现在，回到你和你祖先这个话题上。我们先来建立一个可以追溯到40代以前的家谱图：你、你的父母、你父母的父母，以次类推，倒推40个层级。由于每一代最多活100年，家谱图里所有的40代人都会在过去4 000年里出现。事实上，我们几乎可以肯定只需要往回追溯1 000年或1 200年就可以包含所有40代人的存在了，但为了保险起见，将时间增加为4 000年。

我们完全可以把你的家谱图视为一种组织机构图，上面列出了一堆需要人们填满的工作或角色。这就是说，依据这张家谱图，追根溯源，需要有人是你的母亲，有人是你的父亲，有人是你母亲的父亲，以此类推。我们把每一个这样的角色称为"祖先角色"，这个"工作"存在于你的祖先辈上，我们可以先谈论一下这份"工作"，先不着急把这个空缺填补上。在你的家谱图上，第一代包括两位祖先的角色，就是你的父亲与母亲。第二代包含4位祖先角色，即你的祖父祖母与外祖父外祖母；第三代则包含8位祖先角色，即你的曾祖父母那一辈。每回溯一代，祖先角色需要填补的数量就会翻倍，当你追溯到过去40代时，你会发现有超过10 000亿位祖先角色需要填补。

说到这时，就轮到鸽巢原理出场了。你的家谱图里最近的40代都发生在过去的4 000年里，我们认为最多有10 000亿人在此期间存在过。所以，比起曾经存在过的人（最多10 000亿），有更多的祖先角色（超过10 000亿）需要填补。因为我们在前面假设过，在这过去的4 000年里，至多只有一万亿人生存过，这带来关键的一点就是，在你的祖先中至少有两个角色，必须由相同的人来担任。我们把这个人叫作 A。

我们已经识别了 A，现在大体上就已经完工了。从将 A 填入到你祖先里的两个角色开始，我们顺着家谱图而下进行追溯。这两个祖先角色由 A 出发，在家谱图较低的地方与另一人产生一个后代，这个位置由 B 来填补。由于这两者在 B 这个地方首次会合，一个便是由 B 的母亲到此，另一个是从 B 的父亲到此。换而言之，A 是 B 母亲的祖先，也是 B 父亲的祖先，就如同我们之前推出的结论一样。

一旦你退回一步，理解一下这些逻辑论证的作用，你会领会到如下几点：

第一，在某种意义上，这更多是关于简单数学结构而不是关于人。我们正在画一幅关于你的超大家谱图，并试图将过去 4 000 年人类的历史填满。但由于数量过于庞大，我们无法完成这一填满的工作，所以部分特定人必须占一个以上的位置。

第二，这就是被数学家称为非建设性方式的论证方法。它并不是真的有办法让你在家谱图中找到 A 和 B，但它会让你笃信，一定存在 A 和 B，事实上这种的可能性也是微乎其微的。

最后，我想我所写的就算是一个典型的小插曲吧，它存在于鸽巢原理之中，存在于散布在数学王国里无声却有力的陈述之中。它是朴素的、微不足道的事实，看似无足轻重，但时常在恰当时挺身而出，使原本凌乱的状况变得清楚明了。

83

THE PIGEONHOLE PRINCIPLE REVISITED

重返鸽巢原理

查尔斯·塞费（Charles Seife）

纽约大学新闻系教授，曾任《科学》撰稿人，著有《数字是靠不住的》（*Proofiness, The Dark Arts of Mathematical Deception*）。

有时候，即使是计数这样简单的事情都能让我们体会到，事物所具有的深奥。回到 20 世纪 90 年代末期的一天，当时我还是《新科学家》（*New Magazine*）杂志社的记者，我收到一封广告电子邮件，邮件中吹嘘有一款超级无敌的软件。说这款软件革命性的、高效能的数据压缩软件，足以将每一个数字档案压缩到95%以上，而且不会丢失任何一个比特的数据。如果真的存在这样的软件，难道我的杂志不会抓住机会，向全世界宣称，这个计算机软件将会使硬盘比过去多存储 20 倍以上的信息吗？

不，我的杂志不会这么做。

因为这样的压缩演算法压根不存在。这是与永动机画上等号的演算法。这样的软件压根就是骗人的把戏。原因就在于鸽巢原理。

鸽巢原理是个简单的计算论证。如果你有 n 只鸽子，要将鸽子放进少于 n 的盒子中，至少有一个盒子必须有一只以上的鸽子。显而易见地，这个论证是个强大的工具。举个例子，假设压缩软件真如广告所言，能将每个档案缩小 20 倍还不会失真的话，那么每个含有 2 000 比特的档案，会被压缩到只有 100 比特，然后当演算法反推时，就扩大回其原来的样子，并完好无损。

在对文件进行压缩时，这其中就蕴含了鸽巢原理。假设有许多含有

2000 比特的鸽子（确切地说是 2^{2000}），其数量远远超过了含有 100 比特（2^{100}）的盒子的数量。如果演算法将前者塞进后者之中，起码有 1 个盒子里必须有多只鸽子才能完成。用那个含有 100 比特数据的盒子进行反向演算，把该档案扩大到原来的 2000 比特。这是根本做不到的。因为有多重的 2000 比特的数据被挤进同一个含有 100 比特的盒子中，演算法无法得知哪一个才是真正的原型，因为它无法进行反向的压缩过程。

鸽巢原理针对压缩演算法的作用有着绝对的限制作用。它确实可以压缩一些档案，通常效果惊人，但它无法进行全部的压缩，至少，如果你坚持十全十美的话，它无法做到。

与鸽巢原理相类似的计数论证，为我们开启了探索整个新领域的大门。德国数学家格奥尔格·康托（Gerog Cantor）采用一种逆向鸽巢原理的方法证明了，即使有无限多个整数，将实数放进由整数标记的盒子也是行不通的。即无穷有不同的层级这几乎是无法想象的推论。整数的无限被实数的无限矮化，而实数又被另一种无限矮化，而另一种无限又被无限多的无限矮化，在我们学会对它们进行计数之前，一切都是未知的。

当鸽巢原理迈入如此深邃的空间时，我们会得到一个更为奇异的结果。物理学中有个原理叫作全息界线，即在任何有限体积的空间中，物质和能量的可能组合数量是有限的。如果真像宇宙学家认为的那样，宇宙是无限的，那么就会有无限多个可见的、如宇宙大小的空间，这些空间都是宇宙大小的巨型泡泡，其中包含物质和能量。如果空间或多或少是均匀的，则我们所在的这个宇宙与大大小小的泡泡相比，并无任何特别之处。把这些假设归纳在一起，将得到一个令人瞠目结舌的结论。

在无限多个宇宙大小的泡泡中，每个泡泡仅配置有一定数量的物质和能量，这意味着我们的宇宙和我们的地球并非仅有一个复制品；鸽巢原理的超限理论表明，每一个可能存在的宇宙，都有着无限数目的复制品。在无限可替换的地球上，不仅有无限个你的复制品，而且，在同一地球复制品上，还有千变万化的无数版本的你：一个版本中的你，有着一条卷尾；另一个版本的你则有着很多脑袋；还有个版本中的你，是靠着装扮成食肉的兔形动物，来换取廉价珠宝而成为人生赢家的你。甚至像数着1，2，3这样简单的事情，也可以引领你步入千奇百怪而又出乎意料的领域。

84

THE LIMITS OF INTUITION
直觉的局限性

布莱恩·伊诺（Brian Eno）

艺术家、作曲家、音乐家，U2乐队、酷玩乐团、传声头像乐队和保罗·西蒙的音乐制作人。

我们常常认为，由直觉产生的念头和情感，本质上高于那些因理智和逻辑而来的想法。直觉，也就是"第六感"，它无所畏惧地直接穿越迂腐的理智，是一个被神圣化的具有高贵心灵的野蛮人。大多数凭借直觉来工作的艺术家，特别容易出现这种信念。但许多经历让我对此持有怀疑态度。

第一个问题是，维特根斯坦惯于抛给他学生的问题：拿一条丝带，绕着地球的赤道围一圈（让我们姑且认为地球就是个完美的球体吧）。不幸的是，你围得太松了，大约长了一半。问题如下：如果把长出来的那一半，加在地球的周长上，形成的新的球面会高出地球表面多少？

绝大多数人的直觉会让他们得到的答案是：高度不到 1 毫米。但实际的答案是高出了大约 16 厘米。在我的经验里，只有两种人会有接近正确答案的直觉：数学家和裁缝。其实在我听到答案的时候，我还是个学艺术的学生，我花了整整一个晚上，不停地计算再计算，因为我的直觉在叫嚣着这不对。

没过几年，在旧金山的探索博物馆里，我的直觉让我再次目瞪口呆。那是我第一次看到约翰·康韦（John Conway）的《生命》（Life）这款电脑游戏。对不太熟悉这款游戏的人们而言，它只是个简单的网格点，根据同样简单、完全确定的规则开始游戏。规则决定哪些点会在下一步活着、死亡或出生。没什么技巧可言，也没什么新颖之处，只有规则。整个系统相当透明，

223

按理说也应该没有什么惊喜，但事实上，这款游戏有太多的惊喜了：圆点模式进化的复杂性和"有机性"让预测完全失灵。只要改变开始位置的一个点位，整个情境的发展就会大相径庭。只要调整一点点规则，就会有爆炸性的增长或瞬间的世界末日。你就是没有（直觉的）方法来揣摩接下来会怎样。

对我来说，这两个例子优雅地呈现出以下特性：

1. "确定性"并不意味着"可预测"；

2. 我们并不善于以直觉的方式，去了解简单规则与初始条件的相互作用。此处的重点是：本质上人脑凭直觉能力去感知某些特定事物是有限，譬如量子物理和或然率；

3. 直觉不是一种来自我们身体之外的、能够与我们对话的神秘之音，而是利用我们积累的经验来进行一种快速混乱的处理方式。这就是为什么裁缝能猜到正确的答案，而其他人则做不到的原因。

有些时候，这样的处理工具，会以令人瞠目结舌的速度，生成让人印象深刻的结果，但这个结果现在会让我们反复提醒自己，直觉会让我们大错特错。

85

THE MIND THINKS IN EMBODIED METAPHORS

心智通过具象化隐喻进行思考

西蒙娜·舒纳尔（Simone Schnall）

英国剑桥大学体验认知与情感实验室主任，剑桥大学社会和发展心理学系讲师。

哲学家和心理学家一直以来都在与一个基本问题做着斗争：大脑是如何产生有意义的认知的？如果思考包括处理抽象符号的话，就如电脑处理 0 和 1 一样，那么这些抽象符号又是如何转换成有意义的认知表征的？这所谓的符号问题大部分已经被解决了，因为众多的认知科学研究结果表明，大脑不会从最开始就将输入的信息转化为抽象符号。相反，从日常体验中获取的感官和知觉输入，大脑会以特定的模式加以吸收，而这些都是构建思想的基石。

像洛克和伯克利（Berkeley）这样的英国实验主义者，很早以前就意识到，认知是一种天生的知觉。但随着 20 世纪 50 年代认知革命的发展，心理学将计算机视为研究心智最为合适的模型。如今我们知道，大脑并非如一台计算机那样运作，它的工作并不是存储或处理信息；与之相反的是，它的任务是驾驭并控制大脑的巨大复述器官，也就是人的身体。一些试图终结认知主义的人，一方面认为新的革命正在形成，另一方面又在引导认知科学的转型，换而言之，就是转型为具象化的认知科学。

其根本主张为，大脑是利用具象化来进行思考的。这种思想的早期拥护者是一些语言学家，比如乔治·莱考夫（George Lakoff），并且在近年以来，社会心理学家们也一直在进行着相关的实验，并提供了令人信服的证据。但研究的步伐并未终止，有许多人还在通过其他截然不同的路径寻找着证据。因为思想是因行动而存在，许多身体的行为反映了性格，性格也影响着行动。

　　思考一下下面这个近期的发现，即关于垂直基本空间的概念。因为在空间中，移动是个常见的体验，"上"或"下"的概念，对于自己的身体有着直观的意义。垂直度的具体体验是理解抽象概念的完美架构，犹如道德：美德是向上，而堕落是向下。善良之人是"高尚的"和"正直的"的公民，而邪恶之人则是社会里"下流的"和"卑鄙的"。近期由布莱恩·迈耶（Brain Meier）、马丁·塞尔鹏（Martin Sellbom）和达斯廷·威甘特（Dustin Wygant）进行的一项研究表明，当研究对象位居高位时，能更快区别出道德的字眼；而身处低位时，对邪恶的词语会更敏感。因而，人们就自然而然地将道德领域与垂直性进行关联。但是，迈耶和他的研究伙伴也发现，在不承认道德规范的人，也就是精神病患者身上，无法得到这个研究效果。

　　人类不仅视一切美好和道德的万物为上，他们也认为上帝在上而魔鬼为下。更进一步说，如托马斯·舒伯特（Thomas Schubert）提到的，手握权力之人，相对于被他们威慑和控制的人们，也会被概念化为"高"和"上"。所有的实验性证据表明，在文字和隐喻方面，确实存在着一个能引领出"上"这个概念维度。这种垂直维度将提升至心智更高阶层，去思考位高权重究竟是何境界，这样的想法已经深深扎根于实际经验当中了。

　　垂直性不仅影响人们判断什么是善良、道德和神圣，还影响人们沿着垂直维度的空间运动，改变他们的道德行为。劳伦斯·桑娜（Lawrence Sanna）、爱德华·张（Edward Chang）、保罗·米塞力（Paul Miceli）和克里斯汀·伦德伯格（Kristjen Lundberg）最近指出，人们在垂直维度的位置，可以将人们变成更"高尚"和"正直"的公民。他们发现，商场里扶着自动扶梯上来的人，比起扶着电梯下来的人，更愿意到慈善捐款箱捐款。同样地，体验过从高视角俯瞰，比如从飞机舷窗向外看到跨越层层云海，这类场景的研究对象，和较少看到这类场景的研究对象相比，前者会表现得更愿意与他人合作。因此，保持这种"上升"状态会让人们具有"更高"的道德价值。

具象化隐喻为心智提供了共同语言逐渐被人们所知，从而引导出诸多基本的不同的方式，来研究人们是如何进行思考的。比方说，在假设大脑功能与计算机类似的前提下，心理学家通过观察人们如何下棋和记忆一长串随机单词的过程，来理解人们如何思考。从具象化隐喻的角度来看，这类科学研究注定会失败。日渐清晰的是，包括人类在内，任何生物的认知操作都是为了解决物理环境的某些适应性挑战。在这个过程当中，具象化隐喻成为感知、认知和行动的基石。唯有它，堪称兼具简洁与优雅。

心智通过具象化隐喻进行思考

86

METAPHORS ARE IN THE MIND
隐喻在我心

本杰明·伯根（Benjamin K.Bergen）

加州大学圣迭戈分校认知科学副教授。

我一直致力于语言的研究，在我的研究领域中已有几个世纪以来的三两个改变规则的理论了。其中一个是，解释语言如何随着时间的流逝而发生变化。其他的则解释了为何所有的语言都有一些共同的特征。而且其中我最为心仪的就是，对起初让我为之着迷的语言和心智的隐喻的解释。

当你仔细观察我们是如何使用语言时，你就会发现我们所说的大部分内容都是隐喻，我们会把形容另一件事的词语用来描述当前谈论的事。比如，我们把政治运动描述为如赛马一般："参议院的琼斯先生一马当先。"对道德的描述则使用形容洁净度的词语："这是一个肮脏的诡计。"对于理解则是采用了视觉的概念："新发现照亮了宇宙的结构。"

人们从很早以前就知道了隐喻。直到 20 世纪末期，人人几乎都同意这个由亚里士多德作出的解释：隐喻被视为是一种严格的语言装置，一种朗朗上口的字语转换方式，使用这个装置，你可以用另外一件类似的事物来形容你想说的事物，这可能是你在高中上语文课时，学到的对隐喻的定义。根据这个观点，你可以以采用隐喻的方法表达"朱丽叶像太阳"，但也只是在朱丽叶和太阳有着类似性质时，才可以这么表达，比如，朱丽叶和太阳这两者都极其熠熠生辉。

但在 1980 年出版的《我们赖以生存的隐喻》（ *Metaphors We Live By* ）一

书中，乔治·莱考夫和马克·约翰逊（Mark Johnson）提出一种对隐喻语言的理论：这种隐喻语言是对公认智慧的一种嘲讽。他们的理由是，如果隐喻只是一种基于相似性而独立的语言装置，那么你应该能用任何相似的东西去隐喻万物。然而，莱考夫和约翰逊观察到，实际运用的真实隐喻性语言绝非偶然。事实上，它们自成体系、一气呵成。

所谓自成体系，是因为你不能任意使用其他东西来隐喻万物。相反地，通常情况下，你只是用具体事物对抽象事物进行描述。道德远比洁净更为抽象。理解远比看见更为抽象。你不能仅仅是使用了隐喻而将其对调。虽然你可以说"他一尘不染"，但这不意味他没有犯罪记录，你不能用"他品行端正"来表达他刚刚洗过澡。隐喻是单向性的。

隐喻的表达也是互为一致的。以理解和看见为例，有很多相关的隐喻表达，比如："我明白你的意思"和"让我们把事情弄清楚"以及"把他的想法放在显微镜下，看看是否有意义"，等等。虽然这些是截然不同的隐喻表达，使用了截然不同的词汇，但理解与看见二者之间仍然保持了一致性。你总是把理解者描述为预言家，把已理解的概念描述为已知物，把理解的行为描述为观看，把理解概念的能力描述为成物体的可见性，等等。换而言之，你用来描述理解方面的语言与你看见的事物，二者之间应该存在着固定的映射关系。

根据以上观察，莱考夫和约翰逊指出，隐喻中发生的某些现象比表面上的字眼更为深邃。他们认为，语言中的隐喻表达实际上只是描述了表面现象，它们是通过大脑中的映射关系进行组织和生成语言的。他们认为，因为人们有着隐喻性的思考，隐喻语言才会如此自成一体与一气呵成。你不单单把理解说成看见，你也把理解考虑为看见；你不单单把道德说成洁净，而且还把道德考虑为洁净。这全是因为我们具有隐喻性思考，你在心中会系统性地将某些概念映射在其他概念上，所以你可以作隐喻性表达。这些还仅仅是隐喻性表达的冰山一角。

随着阐释的深入，这条理论覆盖了所有的基础。它的优雅之处在于，用更简单的事物，即大脑中两个概念域之间的映射关系，对杂乱无序和复杂难懂的现象予以阐释。它的强大之处在于，它阐释的不仅是隐喻的语言。近期认知心理学的研究表明，即使不作隐喻性表达，人们还是会进行隐喻性思考。这种对概念进行隐喻表达的理论建议，我们可以通过隐喻性将情感或道德这样的抽象概念，映射到更为具象的概念上，以此来更好地理解抽象概念。在实用性方面，概念性隐喻的理论已经在各个领域得到广泛地研究：语言学家印证了隐喻性语言的丰富性，并探索了其在全球范围的多样性；心理学家测试了它对人类行为的预测；神经科学家在大脑中寻找它的物理基础。最终，概念性隐喻的理论具有变更性，它摒弃了已有的想法，即认为隐喻只是一种基于相似性的语言工具。同时，也让我们重新思考已有 2 000 多年历史的公认智慧的正确性。这并非意味着，概念性隐喻的理论完美无缺，或是说它对隐喻的研究是最终结论。打个比方，这是一个投下巨大阴影的理论。

WHY PROGRAMS HAVE BUGS
程序为什么会出错

马蒂·赫斯特（Marti Hearst）

加州大学伯克利分校信息学院计算机科学家，著有《搜索用户界面》（*Search User Interfaces*）。

从最初计算机编程出现到现在，我们一直面临的不幸的事实是，在这门学科里，我们找不到可以设计出零差错程序的方法。

为什么我们不能模仿其他工程领域的成功，克服计算机编程中的困难呢？或许能诗意地解决这个问题的思想家，就是弗雷德里克·布鲁克斯（Frederick Brooks）了，他是《人月神话》（*The Mythical Man-Month*）一书的作者。如果有人留意到的话，这本书有着一个让人有些怜惜的书名，它于1975 年首次出版，虽然书中充斥着性别歧视的字眼，但鉴于它的伟大影响，我们也就将其忽略了。并且布鲁克斯在 37 年前提出来的观点，时至今日，除了假定所有的程序员都是"他"之外，其他几乎毫厘不差。

布鲁克斯妙笔生花，把编程的乐趣夸到了一个新高度：

程序员，像诗人一般，他们的工作无非就是对纯理论取其精华去其糟粕。在空中搭建楼阁，凭借想象进行创作。鲜有创作的介质如此灵活多变、如此轻轻松松对其做到润色和修订、如此轻而易举就实现了恢宏的概念架构。然而，不同于诗人的诗句，编程的搭建是真实不虚的，它能够启动和运行，与架构本身分离，并生成可视化的输出。它可以打印结果、绘制图片、发出声音、令模型挥动手臂。在我们的时代里，它就好像是神话和传奇的魔力。

但这种魔力被随之而来的另一面所反噬：

> 在形形色色的诸多创造性活动中，执行的介质最令人感到棘手。木材会开裂，油漆会涂花，电路会短路。这些介质的物理局限性，束缚了我们的创作，并在实现想法的过程中造成了意料之外的障碍。然而，计算机编程创造了一种极易被驾驭的介质。程序员从纯粹的思考开始着手搭建，这些思考包括概念和极其灵活的表征。由于介质易于驾驭，我们在实现方面很少遇到困难和障碍。由此我们普遍持有乐观态度。但因为我们的想法有可能是错误的，在实现过程也可能会出现差错，由此，我们的乐观也是要被求证的。

犹如在一篇散文中，有无数种方式来表达同一种意思一样，程序员也可以写出各种不同程序来实现同一种功能。宇宙存在的可能性是如此广泛与开放，如此无拘无束，以至于无法容忍误差的存在。

还有很多其他值得关注的导致编程错误的原因，但最重要的原因是，自主独立的交互系统与不可预测的输入所生成的复杂性，通常由更加不可预测的人类活动，和全球互联网络所驱动。于我而言，所谓优雅的理论，就是那些天马行空、任由驰骋的奇思妙想。

CAGEPATTERNS
牢笼模式

汉斯·乌尔里希·奥布里斯特（Hans Ulrich Obrist）

伦敦蛇形画廊馆长，《策展简史》（*A Brief History of Curating*）编辑，合著有《日本项目：新陈代谢派访谈》（*Project Japan: Metabolism Talks*）。

对艺术而言，一件作品的名字往往是对作品的第一个阐释。说到这个方面，我不由得想起格哈德·里希特（Gerhard Richter）的那些作品。2006 年，我在科隆的工作室拜访了他，那时他刚刚完成了 6 幅抽象画，他把这组作品命名为《牢笼》（*Cage*）。

里希特的画作和约翰·凯奇（John Cage）的乐曲之间存在很多关联性。在一本出自"牢笼"系列的书中，罗伯特·斯托尔（Robert Storr）从里希特于 1963 年出席凯奇在杜塞尔多夫激浪派艺术节的演出时，就一直研究他们二人在彼此艺术创作过程中的相似性。凯奇时常在作曲中采用随机出现的曲调，其中以使用《易经》最为特别。而里希特在创作抽象画时，也会有意地保留随机出现的效果。在这些作品中，里希特会使用刮墨刀，在画布上涂抹油彩。他在刮墨刀上抹上精心挑选的各种颜色，但油彩在画布上所留下的痕迹，很大程度上却是随机的结果。这些结果就成了里希特如何继续下一层创作的决定性基础。在这种"受控机会"的包裹之下，我们发现了一种存在于凯奇和里希特之间的艺术相似性。除了参考约翰·凯奇之外，里希特那幅名为《牢笼》的作品，也具有一种视觉关联性，6 幅画作呈现出一种与世隔绝的、几乎无法穿透的外观。并且这样的命名也蕴含着不同层次的意境。

除去里希特的抽象画作品，在他的其他作品中，也同样能够发现与凯奇的类似之处。他的那本名为《模式》（*Patterns*）的书，是我在 2011 年最喜欢的一本书。这本书展示了里希特所做的实验：他将自己的抽象画印本垂直切割成条状。先分割成 2 条，然后分割成 4、8、16、32、64、128、256、512、1 024、2 048 条，按照这个方法，一直切割了 8190 条。在这个过程中，被切割的条变得越来越细。接下来，如法炮制这些条状物，形成了多种多样的模式共有 221 种。结果是这 221 种模式，被印成了 246 张双页图像。在《模式》这本书里，里希特设置了精准的规则，但他并没有限制生成什么结果，所以这样生成的图像就再一次成为一个由已定义的系统和随机偶然性相互作用而产生的结果。

《模式》是里希特近些年来最不同凡响的一部艺术书籍，他的其他作品，诸如 2008 年出版的《瓦尔德》（*Wald*），抑或是 2009 年出版的《冰山》（*Ice*），这些书中都包含了艺术家为他的南极之行所拍摄的精美照片而做的特殊排版。这些书的排版，不仅将照片位置做了特殊的规划，从而形成间隔，而且还留出很多空白的空间，达到犹如按下了暂停键一般的效果。里希特告诉我，他作品中的排版必须体现音乐、凯奇和无声这 3 个因素。

在 2007 年，里希特设计了一个 20 米高的拱形彩绘玻璃窗户，来填补科隆大教堂南侧的十字形翼部空缺。科隆大教堂的彩绘窗是由 11 000 块手工吹制的方形玻璃组成，它的 72 种颜色取自最早毁于第二次世界大战的中世纪玻璃窗的颜色。它一半的玻璃片是由随机发生器配置而成，另一半则是利用镜像翻转得到的。在某种程度上来说，控制就是再一次的屈服，这表明里希特对于凯奇"应运而生"的理念有着浓厚的兴趣，个人意愿远非个人的控制力量所能及。"巧合是唯一有用的，"里希特告诉我，"因为它们已经出现了，这意味着你或者将它们清除，或者保留它们，或者着力强调它们。"

《哈尔贝施塔特》（*Halberstadt*）的演出将在我写这篇文章时之后的不久上演，这个作品出自凯奇于 1987 年创作的"管风琴 2/ 越慢越好"（*ORGAN²/ ASLSP*）。"ASLSP"（as slow as possible）即"越慢越好"的意思。每次演奏这部作品的配乐都不尽相同，但凯奇并没有做对比和进一步的说明。实际上，要完成这部作品的演出要花上 639 年的时间。凯奇作品的缓慢性，已经是我们这个时代的一个必不可少的形势。随着全球化和互联网的发展，所有的进程都在加速，导致我们没有时间进行批评性的反思。当今的"慢活运动"（Slow movement）建议我们，用一段时间，以一种面向本地化的方法做出适当的决策。慢下来的理念，是众多思潮的一个方面，是能够让凯奇继续在 21 世纪拥有意义非凡的地位的支撑。

里希特简单明了的作品名称《牢笼》，可以被视为一个对这些抽象画作品（以及其他作品）的广泛诠释，但也可以说，这个名字短小精悍而包罗万象。这个名字，就如同解释一个现象一般，开启了作品，描述了与约翰·凯奇，这位 20 世纪重量级的文化人物之间的关系。里希特与凯奇，他们二人共享着机遇与不确定性这两个伟大的主题。

牢笼模式

THE MOST ELEGANT EXPLANATION FOR WHAT MAKES MOORE'S LAW POSSIBLE IS THAT DIGITAL LOGIC IS ALL ABOUT AN ABSTRACTION.

是什么成就了摩尔定律的可行性？对此最为优雅的阐释，是
关于抽象的数字逻辑。

——罗德尼·布鲁克斯（Rodney A. Brooks）

89

MOORE'S LAW

摩尔定律

Rodney A.Brooks

罗德尼·布鲁克斯

机器人专家，曾任麻省理工学院人工智能实验室主任。

著有《我们都是机器人：人机合一的大时代》（*Flesh and Machines: How Robots Will Change Us*）。

摩尔定律起源于 1965 年戈登·摩尔（Gordon Moore）发表在杂志上的一篇仅有 4 页的文章。那时,摩尔还在仙童半导体公司(Fairchild Semiconductor）工作,后来他成了英特尔公司的创始人之一。在那篇文章中,摩尔预测在未来 10 年，单一集成电路上的元件数目将从当时的约 26 个上升到 216 个，即元件的数量每年都将翻倍。他基于 4 个实验数据点和一个空数据点，在曲线图上植入一条直线，标记单一集成电路上的元件数，对应历年线性标度的对数。后来，英特尔公司修正了摩尔定律，表述为："晶片的电晶体数量大致为每两年翻一倍。"

在过去的 50 年里，摩尔定律被视为世界信息技术革命的基本驱动力。

快速翻倍的电晶体数量，使电脑在同样的价格下，性能提高、可储存或显示的资料数量和运行速度翻倍、外形更小、价格也更便宜。总体而言，在规律的时间表上，"2"这个因素在每一种可能性上都在推动着电脑性能的提升。

但为什么会发生这样的事情？汽车、电池、服装、食品生产都没有遵循摩尔定律，政治演讲更没有遵循摩尔定律。虽然除了最后一项没有取得进步之外，其他受到摩尔定律影响的万物，的确都得到了实实在在的改进，但没有一种能像摩尔定律那般，呈现出不间断的指数型的进步。

是什么成就了摩尔定律的可行性？对此最为优雅的阐释，是关于抽象的数字逻辑。因为其所含的比特与"真值"和"假值"都是抽象的，而这样的抽象是独立于物理实体而存在的。

在一个完全由一堆红沙和一堆绿沙构建的世界里，沙堆的规模大小并不重要。不管是一堆红沙还是绿沙，你拿走一半，剩下的还是一堆红沙或是一堆绿沙。即使你再拿走剩下的一半，再从剩下的沙堆中又再拿走一半，诸如此类，抽象依旧恒久存在。以恒定的速度持续减半，就会生成为指数形式。

这便是为什么摩尔定律适用于数字化技术，而不适用于需要物理力量，或物理实体，或必须提供含有一定能量的科技的原因。数字化科技需要运用物理原理来维持抽象，除此之外，别无其他。

以下为一些注意事项：

1. 在摩尔发表的短文中，他表示，对于其预测是否会保持线性而非数字的集成电路，他表示一定的怀疑。他指出，根据数字和集成电路的本质，"这些元素都要在一个体积里储存能量"，那么这个体积肯定是极为庞大的。

2. 当你把一堆沙拿走，最后只剩下一粒砂砾时，确实有着本质的区别，到那时技术就必须变革，而你则需要使用一些新的物理属性来定义抽象。正因这样的技术变革一次次地发生，从而保证了摩尔定律运行了将近50年。

3. 这个理念并没有阐释摩尔定律的社会学是如何实施的，也没有解释是什么决定了翻倍所需的时间，但它阐释了指数函数在这个领域的可能性。

90

COSMIC COMPLEXITY
纷繁复杂的宇宙

约翰·马瑟（John C.Mather）

NASA戈达德航天中心高级天体物理学家，合著有《第一缕光》（*The Very First Light*）。

基于从夸克到加速膨胀宇宙的全部尺度，对已被观测到的宇宙所具有的无以伦比的复杂性，我们能给出怎样的理论呢？我所心仪的理论（当然肯定不是我发明的）是，生成自然不稳定性的物理学基本定律，即能量流和混沌。一些人把这样的结果称为生命力，另一些人认为，地球本身就是一个生命系统，还有些人则认为，可观察到的复杂性需要一种超自然的解释（我们已经有诸多事例）。我的爸爸是一位在乳制品领域工作的统计学家，在我很小的时候，他就教我关于细胞、基因、进化和概率的知识。从那时起我就明白，一个科学家必须要去寻找，大自然的定律和统计规则是如何将我们带进有意识存在的世界的。而且，看似不可能发生的事件一直都在发生，原因是什么呢？

关于自然的不稳定性，物理学家握有数不胜数的案例，如果我们能解开其中的奥秘，那么世间那些复杂的事物就都能得到简化了。最常见的就是，在冰点以下的温度下冷却水蒸气，其可以生成雪花，这些雪花各不相同，纷繁而美丽。这些现象都是我们日常所见，所以我们不以为奇。但物理学家却观察到这其中的变化，从一种结果变为另一种结果的诸多变化类型，我们称之为相变，该发现对理解共同特性的数学运算大有裨益，因而此项发现赢得了1992年的诺贝尔奖。

下面我们列举一些事例，来阐释自然定律生成的不稳定性是如何导致我们自身的存在的。首先，宇宙大爆炸（一个多么缺乏想象力的名字啊！）显然是来自于不稳定性的，宇宙从"假真空"最终衰减为我们今天所具有的普通真空，还有我们已经获知的最基本粒子：夸克和轻子。所以，宇宙作为一个整体，起源于不稳定性。接踵而至的是大爆炸和冷却的发生，自由夸克发现自己过于不稳定，于是自行集聚捆绑在一起，形成了今天的次基本粒子：质子和中子，这些次基本粒子释放了一些能量并具有了复杂性。

接下来，不断膨胀的宇宙略微冷却了一些，从而中子和质子，不再因为极高的温度而分离，但由于它们自身的不稳定性，最终形成了氦核。然后再继续冷却，原子核和电子也不再分离，宇宙变得透明。等到又冷却了一些时，下一个不稳定性又显现了：重力将横跨整个宇宙的物质牵拉在一起，形成了恒星和星系。这种不稳定性被称为一种"负热容"（negative heat capacity），从重力系统提取出的能量使得它更热，显而易见，热力学第二定律在这里并不适用。这就是美国诗人卡明斯（Cummings）"让星辰分离的奇迹"这句话的物理学版本。

再接下来出现的不稳定性是，氢和氦原子核熔合后释放出能量，这导致恒星燃烧数十亿年。当燃尽燃料之后，恒星变得不稳定，从而发生爆炸并释放化学元素进入太空。鉴于此，诸如地球这般的行星，持续的能量流恰好支持了不稳定性的增加，并发展出各种复杂的模式。重力的不稳定性牵引着密度最高的物质进入到地核，并在内部不断翻腾搅动，向外部释放热流，只留下一层薄薄的水和空气。来自太阳的热量，绝大部分在靠近赤道的地方被吸收，再流向南北两极，于是造成了复杂的大气和海洋环流。

由于上述原因，地球上遍布天然的化学实验室，元素在此集中混合，升高或降低温度，通过产生无数不稳定的事件，永不停息地进行着各项实验。其中就有一种被称为"生命"的新实验。现在我们了解了，宇宙中存在像恒星一样多的行星，很难想象，在大自然不停歇的实验之下，会无法在某处制造出生命，但这点我们时至今日还没有找到原因。

伴随着在环境中广泛生存的生物、地球环境的变化、繁荣与萧条的循环往复、食物链上的环环相扣、每种罪行的罪犯、防止犯罪的政府以及政府自身的不稳定性，生命在不断地制造新的不稳定性和进行着永无止息的进化。

纷繁复杂的宇宙

其中一个不稳定性就是，人类需要新型武器和各种新产品，从而吸引对科学技术的投资，因而构建了自然与人类竞争和斗争的世界，从而制造了先进的武器和手机。到了 2012 年，人们竞相撰文和思考，他们的后代子孙是否会以人工生命的形式回到太空去旅行一番。让我们仔细沉思一番，万物生长的自然之力，究竟起源于何处。荷兰理论物理学家埃里克·韦尔兰德（Erik Verlinde）曾提出，万有引力，是迄今为止，唯一仍抗拒我们在量子理论方面的研究成果的力量。它的本质就是一种基本力，如渗透作用一样，是一种统计的力量。

这是多么惊人的大颠覆啊！但我已经说了，我对这样的颠覆毫不诧异。

THE GAIA HYPOTHESIS
盖亚假说

斯科特·桑普森（Scott Sampson）

研究恐龙的古生物学家，犹他州自然历史博物馆研究馆长，著有《恐龙奥德赛：生命网上的化石线》（*Dinosaur Odyssey*）。

我所心仪的，最为深邃、美妙而优雅的科学理论是盖亚假说，该假说的内容是：地球上的物理与生物过程相互密切交织，从而形成了一个自我调节系统。1965 年，化学家詹姆斯·洛夫洛克（James Lovelock）提出了这个概念，这是他的呕心沥血之作。其后，又得到了微生物学家林恩·马古利斯（Lynn Margulis）的进一步推动，他指出：空气（大气层）、水（水圈）、地球（岩石圈）和生命（生物圈）相互作用，形成了一个单一的进化系统，该系统能够维持环境条件与生命保持一致。洛夫洛克最初提出的盖亚假说，其目的是为了阐释地球上的生命何以存续近 40 亿年，尽管在此区间内，太阳的强度增加了 30%。

盖亚假说是如何做到的呢？洛夫洛克和马古利斯证实，在缺乏有意识命令的控制系统的条件下，盖亚假说使用反馈回路来追踪和调整关键的环境参数。比如说氧气，这是高活性生命的副产品，它通过光合作用的藻类和植物生成，并源源不断地予以补充。目前大气的氧气浓度约为 21%，如果低几个百分点，依靠空气呼吸的生命形式将不复存在；如果氧气浓度再高几个百分点，陆地生态系统将变得过于易燃，就会极易发生火灾。根据盖亚假说，是生成氧的有机体使用了反馈回路，从而使数亿年的大气氧含量维持在狭小的限度内。

基于研究的不断增加与深入，类似的结论也适用于其他的大气成分，以及全球地表温度、海洋盐度和其他关键的环境指标上。盖亚假说强调生物圈规模的合作，研究人员也记录了若干实例，表明在某个层级的合作，是如何通过较低层级的竞争和自然选择完成进化的。最初洛夫洛克激进的观点，被严苛的科学家批判为"新纪元"天书，但目前已渐渐汇入到科学正统当中，而且其中的关键原理还时常作为"地球系统科学"的授课内容。我们对涵盖更高物种多样性的食物链复杂度的经验，至少有一部分是来自于盖亚研究，这于我们来说犹如一场及时雨一般，该复杂度提升了生态和气候的稳定性。

因此，尽管地球可能栖息于一个宜居区内，而且恰好距离太阳不远不近，但是生命在这个"淡蓝之点" ①（Pale Blue Dot）上的成功蔓延，不能仅仅归功于运气。生命有自己直接的方式来确保自己延续下去。

但在科学领域还未完全接受盖亚假说。我们必须承认的是，作为一种阐释与解答，盖亚假说还存在着片面性。源自盖亚的见解，毫无疑问，兼具深邃、美妙的特点，它将整个生物圈和地球的表层变化过程纳入到一个单一的、新兴的、自我调节系统中。但该理论还未达到本书 Edge 年度问题所定义的第三个特点：优雅。盖亚假说缺乏如爱因斯坦的 $E = mc^2$ 的数学精准性。目前还没有一个关于地球和生命的统一理论，并以此来解答为什么生命的稳定性强于它的动摇性。

进化生物学家威廉·汉密尔顿曾把洛夫洛克的理论与哥白尼的理论进行过对比，他补充道："我们仍然在等待像牛顿这样的人出现，对这个宏大且看似不太可能的关系给出定律。"汉密尔顿自己对于寻求这个问题的答案极为痴迷，他所开发出的电脑模型似乎也可以说明，稳定性和生产率是如何相辅相成的。如果不是因为早逝，汉密尔顿或许可以成为当代的牛顿。

盖亚假说的文化内涵也不断引发人们的争论。洛夫洛克思想最为深刻的含义是，作为一个整体考量时，地球具有生物体的诸多特征。但盖亚是否如同一个单一生命形式存活着，或是更为准确地把她视为一个如行星大小的生

---

① "淡蓝之点"是指"旅行者1号"太空探测器于 1990 年 2 月 14 日拍摄的地球的照片，此处意指地球。——译者注

态系统呢？林恩·马古利斯极力推崇后一个观念，我也由此比较信服后一个观念。于 2011 年离开人世的马古利斯，其研究工作革命性地颠覆了进化生物学的方方面面。作为一名精明务实的科学家，马古利斯曾经这样说道："盖亚很强悍，它是一个在并无人类参与的情况下，已经运行了超过 30 亿年的系统。这个行星的表面和大气以及环境，在人类和偏见都消逝许久之后，仍然会持续进行着进化。"

虽然我并不排斥这样生硬直白的评价，但我也从盖亚假说上得到了相当大的灵感。事实上，据我所知，这个想法可以帮助转移人类对大自然的感知。从以现代主义者的角度来看，自然世界仅仅是一个有着无限资源的、可供人类开发利用的集合体。盖亚的观点鼓励着我们，把地球上的这个自然视为一种相互交织的有限整体，我们在其中上演着生与死。所以，将盖亚假说这个深邃且美妙的观点广而告之已然迫在眉睫。

92

THE CONTINUITY EQUATIONS
连续性方程式

劳伦斯·史密斯（Laurence C.Smith）

加州大学洛杉矶分校地球与空间科学教授、地理学教授，著有《2050 人类大迁徙》。

我将要说的这些内容对你而言，都是耳熟能详的，最起码，也是你听说过的。几乎无人不知质量守恒定律，也几乎无人不晓它的搭档——能量守恒定律。这些定律告诉我们，对于真实世界中的现象，即非量子、非广义相对论的现象而言，物质与能量从来不曾被创造或被摧毁。它们只能是被拖过来拽过去。该概念至少可以追溯到古希腊时期，它在 18 世纪得以正式公布，是现代化学的一大进步，并且时至今日，于无形中支撑着物理学、生命科学和自然科学的方方面面。质量守恒定律最终捣碎了炼金术士把铅炼成金子的追求；能量守恒定律则是把巫师那令人畏惧的力量转变为《魔戒》粉丝军团的想象。

通过提出明确的数学公式，即追踪质量连续性和能量连续性，实现从一个区域或状态到另一个区域或状态的存储和（或）转移，连续性方程式促使这些定律向前迈出了重要的一步。鉴于此，连续性方程式并非是一对真的方程式，而是被写成各种形式，范围覆盖从极易到极难，以此来最佳呈现所要描述的物理现象。备受数学家和物理学家所推崇的最为优雅的形式，则是拥有精致细腻的细节与由此而生的繁复。一个经典的案例便是纳维 - 斯托克斯（Navier Stokes）方程式，某些时候也称为圣维南（Saint-Venant）方程式，该方程式可用来理解液体的流动和加速度。纳维 - 斯托克斯方程式的美，在于其可以通过显式分区，以及通过空间和时间，来追踪质量、能量和动量。然而，在实际运用当中，这样繁复的细节也让这组方程式变得极为难解，要么需要强大的计算能力，要么就需要简化方程式本身的假设条件。

但是连续性方程式的威力远非局限于复杂的形式，或者只有数学家和物理学家方可领会。举个例子，一位森林管理员可以使用一种简单的、被誉为质量连续方程式的质量平衡表来全面了解他所管理的森林，具体方法是：把树木的数量、大小和密度的数据相加，以确定幼苗的生长速度，然后减去树木的死亡率以及装运木材的货车承载量，从而了解总的树木数量（生物量）是增加、减少还是保持稳定。

汽车工程师通常会运用简单的能量平衡方程式，比如，设计一款混合动力汽车，从其刹车系统回收动能。能量并非是真正的被创造或被毁坏了，只是被再次回收了而已。在这个例子里，从汽车发动机开始，能量来自于远古化学键的分裂，而这些化学键的能量则源于光合作用，太阳是这些光合作用的能量来源。当然，刹车系统中无法回收的能量也并非是丢失了，而是成为低热量排放到了大气中。

隐藏于这些定律和方程式背后最基本的假设是，在一个封闭系统中，质量和能量是守恒的。在原则上来说，只有从开始（太阳）到结束（排放到大气的热量）的过程中，能量的消耗量都能够得以追踪，混合动力车才能满足能量的连续性。这是一项繁琐冗长的计算，因而该过程通常被看作是一个开放的系统。只有从源头（矿石）到垃圾填埋都被追溯时，汽车生产所使用到的金属才满足质量的连续性。这种追溯更具可行性，对这种从摇篮到墓地的资源进行计算，对诸多环保人士而言是首要原则，比起我们当前的经济模型，即把上述的资源流动视为开放系统，该模型与自然定律更为兼容和匹配。

我们的地球，就好比是一辆汽车，从实践角度看，在能量方面它是一个开放系统，质量上则是一个封闭系统。尽管地球还是会被陨石所撞击，但现在陨石输入的能量大可忽略不计。能量让生命成为可能：如果没有太阳源源不断地注入新的外部能量，我们所知的生命就会快速凋零。外部资源不可或缺，这是因为依照热力学第二定律，尽管能量不能被摧毁，但会不断衰减，作用下降。看看混合动力汽车的刹车片吧，它们所散发的热量没有更大的价值。能量系统的开放性是双向的，这是因为地球会同时将红外线热能发射回太空中，我们看不见这种辐射，但对位于电磁频谱范围内、具有"视力"的卫星而言，地球是一颗犹如太阳那般熠熠生辉的天体。

有意思的是，这个针对封闭／开放的二分法，是解释为什么气候变化必然会发生另一个原因。通过燃烧石化燃料，我们将碳（质量）由地表下带到大气层，地表与地球能量的平衡并无任何实质上的相互作用。这就不难理解，碳在大气中改变了地球的能量平衡，这个物理过程在1893年就已经被世人所理解。这一切要归功于瑞典的化学家斯万特·阿雷纽斯（Svante Arrhenius）。如果没有碳和其他温室气体，我们的地球将是一个濒死的且被冰雪覆盖的岩石。是温室气体阻止了这一切，它们选择性地改变了对流层中，也就是离地球表面最近的几英里的大气层中的能量平衡，那里也是大气层中绝大部分气体所在之处，这样不仅防止了冰冻的状况发生，也从而增加了地球向外发射红外线辐射的热量。因为这部分能量排放到太空中还会再流回到地球，从而使对流层的低层变暖，以此达到能量平衡。能量的连续性就是这样一个过程。

但是，我们地球的碳原子和我们是永远被困在这里的，这是质量连续性的要求。问题就出现了，我们要以怎样的广阔程度、怎样的速度，把碳带到地球表面上？我们又该如何做出取舍？自然资源、气候变化和物理学的其他问题，通常能够被精简到一组简单而又优雅的方程式中，只要我们有足够高深精湛的能力，就可求得一解。

注：本文作者劳伦斯·史密斯的《2050人类大迁徙》已由湛庐文化策划，浙江人民出版社出版。

PASCAL'S WAGER
帕斯卡的赌注

蒂姆·奥莱利（Tim O'Reilly）

技术图书出版商，奥莱利出版公司（*O'Reilly Media*）的创始人和首席执行官。

哲学家兼数学家布莱兹·帕斯卡（Blaise Pascal）于 1661 年或 1662 年，在他的《思想录》（Pensées）一书中提出被后人誉为"帕斯卡赌注"的理念，即在面临理性和科学都无法给出明确答案时，我们是否还要相信上帝：

> 你必须赌上一把。这别无选择。你已经上了贼船了。你还能选哪一个呢？……你会失去两样东西：真与善；拿这两样东西去下注：你的理性和你的意志，你的知识和你的幸福；你在本性上想回避两件事：错误和痛苦。你的理智不会因为顾此失彼而受到冲击，因为你别无选择。这一点是确定无误的。但你的幸福呢？让我们赌一把，如果上帝存在的话，我们的得失会是怎样的情况。如果你赢了，你将获得一切；如果你输了，你也毫发无损。所以，别再犹豫了，就赌上帝存在吧。

尽管帕斯卡命题的外表是隐晦的宗教语言和宗教话题，但它具有非同凡响的意义，这代表了早期决策论的表述。让我们抛开具体细节来看，它提供了一个简单而有效的方法，对诸如气候变化的当代问题作出了推论。

我们没有必要为了气候学家所忧心忡忡的事情而纠结做与不做。我们需要思考的是犯错误的后果。

让我们设想一下由非人为因素所引起的气候变化，其后果并不可怕，因为我们已有巨大的投入来规避后果。那最坏的情况是什么呢?

先说说我们为了应对气候变化都做了哪些投入:

1. 我们对再生能源进行了大量的投资。国际能源机构已把"石油峰值"日期修改到了2020年,距今还有3年的时间,即使全球变暖不存在,这也是迫在眉睫的问题。

2. 我们已对一种强有力的新资源进行了投资。

3. 我们已减少了对敌对国或不稳定地区的石油进口依赖,从而提高我们国家的安全性。

4. 我们已降低因污染而造成的巨大经济损失,最近估计中国在这方面的损失占GDP的10%。目前我们有数十种方式来补贴矿物燃料,比如允许电力公司、汽车公司和其他公司的环保成本不纳入统计数字中,或是以公共支出对汽车等基础设施的建设予以赞助,但同时要求铁路部门建设好基础设施,等等。

5. 我们已经更新了我们的产业基础,也就是投资新兴产业而非维持旧有产业。譬如气候怀疑论者比约恩·隆伯格(Bjorn Lomberg),时常会提到解决全球变暖要付出的代价。但这些代价类似于唱片公司转型成为数字音乐发行商,或是纸质媒体因为互联网的崛起而要付出的那种"成本"。这就是说,它们是现有产业的成本,但我们却忽略了利用新技术挖掘新产业的机会。迄今为止,我还未曾看见一个令人信服的,在应对气候变化所付出的成本不是保护旧产业的成本的案例。

与之相比,如果我们假设气候怀疑论者是错误的。我们要面临的最坏的情况就是,数百万大众颠沛流离、干旱、洪水和其他的极端天气、物种灭绝以及经济损失,这些将使我们无比留恋当前金融危机下的好时光。

气候变化的确是一个现代版的帕斯卡赌注。一方面,最坏的结局是,我们已经构建了一个更为生机勃勃的经济体系;另一方面,最坏的结果就是地狱。总之,如果我们采信气候变化以及随之采取的各项举措,就算最后的结果是错误的,我们人类依然会做得更好。

但我跑题了。如上的阐述已经成为一个完整的争辩。帕斯卡赌注不仅仅是数学家和有宗教倾向的人所要思考的。对任何一个有思想的人而言，帕斯卡赌注都是一个有益的工具。

帕斯卡的赌注

94

EVOLUTIONARILY STABLE STRATEGIES
坚如磐石的进化策略

阿巴斯·拉扎（S.Abbas Raza）

3quarksdaily.com网站创始编辑。

说到科学中深邃、美妙而优雅的理论，我以约翰·梅纳德·史密斯（John Maynard Smith）提出的概念进化稳定策略（ESS）为例。这个简单明了的思想，令人感到惊叹。它不仅阐释了很多生物现象，而且还提供了一个有用的启发工具，测试各类进化生物学主张的可信性。比如，它可以帮助我们迅速反击群体选择论者的谬论，比如，个体的利他行为可以解释为会给物种整体带来利益。这个说法确实非常具有说服力，以至于我一直认为这就是绝对正确的，直到我得到真正正确的解释之后才恍然大悟。

现在，我将对进化稳定策略的威力进行说明。我要指出的是，史密斯是使用了数学的博弈论才与其合作者开发了进化稳定策略，下面我将尝试使用非数学的方式来对其主要思想予以阐释。

让我们思考一下普通的动物物种，比如猫、狗、人类或金雕。为什么这些物种雄性与雌性数目几乎相等？为什么在一个物种里，不会偶尔出现30%的雄性和70%的雌性呢？或是出现其他的比例？或是各种比例同时存在呢？为什么性别比例几乎恰好是1∶1？至少我在获取这个至雅答案之前，从未思考过这个问题。

我们看看海象，它们的性别比例是正常的1∶1，但多数雄海象还未交配就会死去，可是大多数的雌海象都交配过。只有一小部分占优势的雄海象会垄断大部分的雌海象。那是什么原因让这些额外的雄海象存在呢？它们占用食物和资源，从唯一重要的进化角度看，它们的存在是没有价值的，因为它们并没有进行繁殖。从物种角度看，如果海象只有一小部分为雄性，而剩下的皆为雌性，应该会更好且更有效率。这样的海象物种比例将可以更有效地使用资源，并且根据群体选择论者的逻辑，现有的低效 1∶1 性别比例的海象物种将被彻底消灭。可是，为什么这一切并没有发生呢？

答案就是，因为如果海象群的比例是 9∶1，或其他任何非 1∶1 的性别比的话，就无法稳定持续地繁衍许多后代了。因为在这个雌雄比例为 9∶1 的例子里，每个雄性的后代大约是雌性的 9 倍，因为平均而言，1 只雄性能够与 9 只雌性成功交配。想象一下，如果你是这个种群的一只雄海象，你的进化优势可以让你有更多的儿子，因为你的每个儿子比起每个女儿，都会有将近 9 倍的后代。让我通过数字来解释清楚：假设平均一只雄海象是 90 只小海象的父亲，按照比例来看，其中有 9 只雄性和 81 只雌性，而平均 1 只雌海象照顾 10 个小海象，这其中只有 1 只雄性小海象，其中 9 只雌性小海象。在这个例子里，也可以把海象替换为包括人类在内的其他动物物种。

问题的关键是，假设其中 1 只雄海象出现突变，并且可能会传递很多代，如果那只变异的雄海象会产生比 X（生下雌性）精子更多的 Y（生下雄性）的精子。这种基因就会犹如野火一般席卷整个种群。经过数代传递，越来越多的雄海象会拥有这样的基因，使得它们繁衍出比雌海象更多的雄性后代。于是为了避免类似这种情况发生，我们在真实世界里看到了它们 1∶1 的性别比。

对雌性而言同样如此：雌性的任何突变，使得它能繁衍出比雌性更多的雄性后代。虽然性别是由精子而非卵子决定，但也许能有让雌性采用的其他机制，从而影响性别比，这样的情况也会在种群里迅速蔓延，最终使得每一代的性别比都接近 1∶1。事实上，任何显著偏离 1∶1 性别比的种群，基于该原因，都会在进化方面呈现不稳定性，并且通过随机突变，快速恢复到平衡的性别比。坚如磐石的进化稳定策略，便是体现深邃、美妙而优雅的绝佳实例。

95

THE COLLINGRIDGE DILEMMA
科林格里奇困境

叶夫根尼·莫罗佐夫（Evgeny Morozov）

《新共和》（*The New Republic*）特约编辑，多家报刊的专栏作家，著有《技术至死：数字化的阴暗面》（*To Save Everything Click Here: The Folly of Technological Solutionism*）。

19 80 年，英国阿斯顿大学一位默默无闻的学者戴维·科林格里奇（David Collingridge），出版了一本名为《科技的社会控制》（*The Social Control Technology*）的重要著作。该书为科技评估奠定了基调。在书中，科林格里奇阐述了后来以他名字命名的科林格里奇困境，即在了解某个特定科技带来的冲击后，其对社会、政治和创新轨迹所造成的影响之间，总是会有某种折中。

科林格里奇的基本理念是，当一项科技刚刚出现且并未普及开来时，可能会隐藏着意料之外或令人不悦的后果，要么我们一直作壁上观，静等后果出现，但可能会有失控的风险。要么如科林格里奇的那番慷慨陈词："当改变轻而易举之时，我们无法预见对改变的需求；当改变的需求显而易见之时，改变已然变得昂贵、困难、耗时。"在面对侵扰我们全球化世界的难题时，科林格里奇困境是阐释诸多复杂的伦理与技术困境的最美妙和优雅的方式之一，譬如无人机或脸部自动识别。

TRUSTING TRUST

信则有

恩斯特·波佩尔（Ernst Pöppel）

神经学家，德国慕尼黑大学人类科学中心主任，著有《大脑的运作》（*Mindworks*）。

几番年岁，
呈薄礼与 Edge，
自第一文化。

用三行俳句，
遵五七五音，
表心中所想。

寻觅美，
解未解之事与物，
为何而为？

何为吾之问？
吾无须一解！
无即是乐！

新晨已至。
舍梦而醒，
却未知因。

不明其因，
为何信吾之躯，
尽在昼与夜。

遥望高月，
容颜依旧，
却不知为何！

惑必解乎？
必有其人，
答之解之。
非我能及！

窥一树。
实为一树否？
信吾眼之见。

为何而信？
不解吾心，
深幽曲折。

遍寻所答，
遍寻所解，
生而不得。

信吾之知，
信吾之忆。
信吾之感。

从何而来，
确之凿凿，
信于今世？

信于明日兮，
行明日之计，
为何而信？

未有其解！

知无止境。
惟询可循。

疑为何物？
实为路之虎！
另辟蹊径。

信为真，
新解为真，
真于暗中求。

深之理。
勿需冗言，
隐于所信。

不归路兮？
逃之夭夭兮？
否为其答！

万重压境：
安然当下，
无解是解！

信
则
有

97

IT JUST IS?
本来如此?

布鲁斯·帕克（Bruce Parker）

史蒂文斯理工学院海事系统中心客座教授，著有《海洋的力量》（*The Power of the Sea*）。

物质不可分割的概念，已经出现了至少 2 500 年了。这个概念最早是由早期的希腊和印度哲学家提出的。古希腊哲学家德谟克利特称物质最小的不可分割的粒子为原子（átomos），原文含义即为"不可分割"。同时，原子也是单一、恒久、不可改变的。但在希腊人的思想里包括在其后的 2 000 年中，原子的概念却被恩培多克勒（Empedocles）的 4 个基本元素：火、空气、水和木所取代。这个概念也同样单一、恒久、不可改变，却不是由小粒子组成，亚里士多德坚信，这 4 个元素是无限持续的。

基于原子的概念，在 18 世纪之前，我们对世界的认识一直驻足不前。18 世纪，亚里士多德的 4 元素已经被法国化学家拉瓦锡基于化学分析的 33 个元素所替代。英国化学家、物理学家道尔顿（Dalton）用原子的概念解释了为什么元素总是以整数比反应，并提出每个元素都是由单一类型的原子所组成，而且这些原子可进一步形成化合物。当然，到了 20 世纪早期，通过汤姆森、卢瑟福、玻尔和其他许多人的研究，人们意识到原子也并不是不可分割的，所以原子也不是物质的基本单位。所有原子都是由质子、中子和电子组成，从此它们就戴上了物质不可分割成分，或者说基本构件的头衔。

或许是因为在当今卢瑟福－玻尔原子模型被视为是过渡到基于量子力学而建立起来的更为精细的模型，或许是因为该模型在很多人的研究下，随着时间的演变，我们忘却了这个世界有多少种事物是可以用质子、中子和电子的概念加以阐释的，这可能比任何其他理论所衍生的阐释要多得多。只要利用这 3 种基本粒子，人类就能够解释 118 种原子或元素的性质，以及成千上万由这些元素经过化学反应结合而成的化合物的性质。拥有如此一个令人震撼的丰功伟绩，称得上"最令人心仪的深邃、美妙而优雅阐释"的势必是卢瑟福 - 玻尔模型。

由于如此伟大的对物质的简化，我们对物理宇宙的认知发展随之变得更为错综复杂，而非精简单一。为了阐释我们这 3 个基本粒子的性质，我们开始寻找更为基本的粒子，最终需要 12 种费密子（6 个夸克、6 个轻子）去阐释之前被认为是基本粒子的 3 种粒子的性质，以及某些在构建高能对撞机之前，我们一无所知的那些粒子性质。除此之外，我们还增加了 4 种携带作用力的粒子，来阐释会影响这 3 种"前"基本粒子的 4 种基本力场，包括电磁力、万有引力、强核力和弱核力。在这 16 种迄今为止被视为是基本粒子的粒子中，多数粒子都无法被独自观测到，至少是在低能量之下。

即便在目前对粒子物理的标准模型证明是无误的情况下，我们还是可以提出问题："接下来会是什么？"每个粒子，无论位于层次机构的哪个层级，都会具有某些属性与特征。当被问及为什么夸克具有某个特别的电荷、色荷、自旋或质量时，我们是否可以轻描淡写地说："它们本来就是如此？"或者我们要试图找寻更为基本的粒子来阐释夸克、轻子和玻色子的性质？如果真是那样的话，我们是否会继续发现更基本的粒子？可以一直这样进行下去吗？或在某种情况下，当被问及，"为什么这种粒子具有这样的属性？"时，我们可以简单地回答"它们本来就是如此"，是否在某种情况下，我们就不得不说，宇宙并没有那么多的"为什么"，因为它本来就是如此。

要到认知的哪个层级，我们才可以说"本来如此"呢？第一个层级是宗教式的，也是对世界的认知最为肤浅的：奥林匹斯山的众神，每个人负责着人间的现象，或是知晓万物的上帝创造了世界，让万物运转而让人类无法洞悉。在世界是如何运转的理论中，亚里士多德等希腊哲学家汇入了奥林匹斯众神，土、水、火和空气都由特定的神掌管，但德谟克利特和其他哲学家是确定论与物质论者，他们寻找着可预测的模式和简单的构建模块，这些模式与模块或许创造了环绕他们四周的这个复杂的世界。

在科学思想的进化道路中，当一个阐释或理论撞到了南墙时，有着各种各样可以以"本来如此"作为回答的时刻，直到有人走过来说："也许并非如此"，于是推动了我们的认知进步。但被问及我们的宇宙以及我们的存在这两个最基本的问题时，"本来如此"的答案似乎更为恰当。其中一个基本的科学问题就是：不可分割的粒子是否真的有可能存在。

在某些层级上，下一组数学推导的"粒子"看起来显然无法被观测到，或是"真实存在"的，因而我们不再以一个数学模型中的简单实体来描述这些粒子，尽管这个数学模型真的能准确描述上一个层级已被观测到的粒子的性质。在这时，回答这些粒子为什么会像数学模型所描述的那样运动，答案将是"它们本来如此"。这个模型能够到哪个层级，取决于这个模型的新层级能帮助我们解释多少之前无法解释的观测现象，以及是否能允许我们正确地对新现象予以预测。或许我们会因模型演变的愈发复杂而驻足不前。

对那些蕴含在量子力学的概率论，以及宇宙大爆炸之前有过什么的哲学问题而感到惴惴不安的决定论者而言，这只是朝着认识到我们的宇宙真正无法解决的谜团多迈出了一步——认识它，但未必能接受它。一个崭新的、更优化的模型还会继续涌现。

98
SUBVERTING BIOLOGY
颠覆生物学

帕特里克·贝特森（Patrick Bateson）

剑桥大学动物行为学教授，合著有《为生活而设计》（*Design for a Life*）。

两年前，我重温了关于纯种狗近亲繁殖的证据。近亲繁殖会造成如下后果：在幼犬大小和精子活力方面造成繁殖力的下降、发育受阻、低出生率、幼犬高死亡率、寿命缩短、遗传性失调发作的频率增加，并降低免疫系统功能，等等。免疫系统与从健康个体中清除癌细胞有着密切联系，免疫系统功能的降低，增加了肿瘤全面扩大的风险。因此，在自然世界中存在各种各样的机制来降低近亲繁殖的可能性，其中一个方式就是选择陌生的个体作为性伴侣。

尽管有着诸多证据，故事仍然比最初所见更为错综复杂，而对于这一切所做的阐释，则展现出了美妙的一面。尽管近亲繁殖通常被诟病，但近年来的争论已变得越发微妙。清除带有严重损害效果的基因，自然是有着显而易见的益处的，但种群近亲交配则无法从中获益。远系繁殖，通常被视为有益的，却因为会将新的有害基因引入种群，而存在无法获取清除基因好处的可能性。与此同时，适应某种环境的种群和适应另一种环境的种群婚配，未必能得到良好的发展。因而，近亲繁殖和远系繁殖之间的平衡总是不那么稳定。

当某个物种的生命史要求对后代细心养育时，父母为了能与最好的伴侣相配，可能会遇见诸多麻烦。伴侣理应不能与自己过于相似，但也不能过于迥异。日本鹌鹑喜欢的伴侣都是堂表亲。随后的动物实验表明，某种关系远近的最佳程度，对于生物体的繁殖成功最为有利。对冰岛人口的研究也得出同样的结论。夫妻血缘是第三或第四表亲生下的孙辈人数，比起血缘更靠近或更疏远的伴侣所生下的孙辈人数要多得多。来自人类和人类之外的动物的研究数据说明，伴侣的选择依赖于早期的生活经验，而个人倾向于从熟悉的人中选择既有不同但差异性不大的人作为伴侣，这些人通常是但不绝对是至亲。

在对伴侣选择偏好和社交偏好方面，早期经验的作用与一个众所周知的发现有关，人类对自己种群里的成员有着极高的忠诚度。对自己所认同的人他们宁愿以命相待，并去捍卫。与之呈鲜明对比的是，人们对自己不熟悉的人，则可以表现出致命的攻击行为。对影响诸多种群的种族主义和民族狭隘主义而言，这提供了一个充满希望的解决方案。随着人们对来自不同国家，和有着不同种族背景的人的相互熟悉与了解，尤其是在幼年期就熟知的话，他们会更加容易地善待彼此。如果这种熟知导致彼此成了夫妻，那他们的子孙可能会较少，但这对人口已经过剩的地球而言，是个好现象。近亲繁殖和远系繁殖之间，如何达成平衡一致，其所产生成的乐观原则颠覆了生物学。但是它对我来说，是相当美妙的。

99

SEX AT YOUR FINGERTIPS
指尖上的性别

西蒙·巴伦-科恩（Simon Baron-Cohen）

英国剑桥大学自闭症研究中心心理学家，著有《恶的科学：论同情与残忍的起源》（*The Science of Evil, On Empathy and the Origins of Cruelty*）。

我们都知道，男人和女人自颈部以下截然不同。越来越多的证据显示，在颈部以上，男女也有差别。随着对人类心智的了解愈发深入，我们发现，一般而言，女性更容易表现出同情；而男性对系统或事物的运作则会表现出更大的兴趣。主要原因是男女在认知风格和兴趣模式方面存在差异，而不是能力方面。这些差异不应该妨碍男女在社会上获取平等的机会，以及在各学科领域的平等表现，但政治抱负则属于单独的一个范畴，与科学观察领域的认知差异不同。

随着对大脑的深入研究，我们就可以看出男女大脑的差异。比如说，男性即使加上身高和体重的校正，平均脑容量仍大于女性的脑容量；而女性平均比男性至少早一年达到灰质和白质的最大体积。男女的新皮质神经元的数量也有差异：平均而言，男性有 2 300 万个，女性有 1 900 万个，这之间存在 16% 的差异。其他脑区也显示出了性别差异：譬如男性具有较大的与情绪相关的杏仁核，女性则有较大的控制语言的颞叶平面。然而，说到这一切的性别差异，我们最终想知道的，还是究竟是什么造成了这些差异，于我而言，唯有对这个问题的阐释，方可称为是深邃、美妙而优雅的理论。

我最心仪的阐释是胎儿睾酮，这个特殊分子只要多一点点，就会对大脑和性格发展产生"雄性化"的影响。这个简单的理念是堪萨斯大学的查尔斯·菲尼克斯（Charles Phoenix）和研究团队于 1959 年提出的，并由哈佛大学的诺曼·格施温德（Norman Geschwind）和阿尔伯特·加拉布尔达（Albert Galaburda）在 20 世纪 80 年代早期将其提取出来。胎儿睾酮不是唯一的雄性化机制（另一个是 X 染色体），但却是被优雅地剖析过的一个。

但是，在科学家研究胎儿睾酮的因果关系时，有时会依靠残忍、不道德的动物实验。比如说，杏仁核的一部分被称为内侧杏仁核（MePD），公鼠的比母鼠大。如果你阉割了可怜的公鼠，它就失去了睾酮的主要来源，在短短的 4 周内，内侧杏仁核体积会收缩到母鼠大小。或者你也可以进行反向实验：给母鼠输入更多的睾酮，这会让它的内侧杏仁核体积增长到和普通公鼠一样大，这个时间也恰好在四周之内。

对人类而言，我们会寻找更合乎道德的方式来研究胎儿睾酮是如何发挥作用的。你可以通过子宫内浸泡胎儿的羊水测量这种特殊的激素。这种激素会从胎儿体内排泄到羊水中，我们认为这反映了激素在胎儿体内和大脑的水平。剑桥的同事和我用这样的方式，测量了未出生男性胎儿的睾酮，在大约 10 年后，又邀请这些长大的男孩来做脑部的核磁共振成像扫描。最近我们在《神经科学期刊》（Journal of Neuroscience）发表了一篇论文，我们指出，若羊水中的睾酮较多，则颞叶平面的灰质就较少。

这符合我们之前发表的研究成果：若羊水中的睾酮较多，则孩子在两岁时的词汇量就较少。这有助于我们理解一些存在已久的难题：为什么女孩子比男孩子较早开口说话，为什么男孩子患有语言发展迟缓和障碍的比例会较高。这是因为男孩子在子宫内时，睾酮至少是女孩子的两倍。

这项研究成果还可以帮助解答儿童在语言发展的速率上存在差异的难题，无论其性别如何：为什么在两岁时，一些孩子有着极大的词汇量，而一些孩子甚至还没有开口说话。胎儿睾酮不是影响语言的唯一因素，但却是至关重要的一个关键所在。影响孩子语言能力的还有社会影响，第一胎的孩子的语言发展情况比后面几胎孩子快等等。胎儿睾酮已经被论证，它与许多其他与性相关的特征存在关联，从眼神接触到同理心，从细节关注到自闭症特征等。

胎儿睾酮不易提取，因为科学家最不想做的就是干扰子宫环境的微妙平衡。近些年，有人已经提出了胎儿睾酮的替代品：食指和无名指的长度比，或称之为 2D∶4D 比率。人口中男性的这个比值比女性低，这个比率在子宫内就已经被设定，且伴随一生。所以，科学家不用再绞尽脑汁去测量子宫内胎儿的睾酮含量了。他们可以在一个人生命中的任何时候，只需简单地复印自己的手掌，就能测量到子宫内胎儿睾酮水平。

我曾有很长一段时间，都对 2D∶4D 的测量持怀疑态度，因为把食指和无名指的长短与你的产前荷尔蒙进行关联，这种事情听起来实在是毫无意义。但就在前不久，郑惠珍和马丁·科恩（Martin J.Cohn）在《美国国家科学院院刊》发表了一篇研究论文，他们指出，即使是在幼鼠的爪子上，睾酮和雌性荷尔蒙受体的密度在第二和第四趾上，也颇为不同，"指长比例直接受到荷尔蒙的影响"，这成了一个美妙的理论。

100

WHY DO MOVIES MOVE?
为什么电影会移动?

匠白光（Alvy Ray Smith）

计算机科学家，皮克斯动画工作室共同创始人，数字影像先驱。

电影并非像我们所看到的那么平稳流畅。帧与帧之间的时间其实是空的。摄影机每秒只能记录这个时间内的 24 幅快照，而帧与帧之间的原来存在的画面都没有捕捉到，但我们还是感知到了。我们看到的是静止不动的，但我们感知到的是动态的、移动的。我们该如何解释这一现象？在包括数码电影、录像带和视频游戏方面，我们可以提出相同的问题，事实上，对所有现代数字媒体，我们都可以提出这个问题。于是，对这个问题的阐释就变得至关重要了，同时这也是让我最为心仪的阐释。

古老的"视觉暂留"不能回答这个问题。尽管这个解释并没有错，但它仅仅回答了为什么看不到画面之间的空白。如果演员或动画人物在画面之间移动，那么按照视觉暂留的解释，你应该看到他在两个位置上：两个亨弗莱·鲍嘉（Humphrey Bogart），两个巴斯光年。🔍事实上，你的视网膜的确会看到两个，当一个淡出时，另一个进入，每个画面需要放映得足够长才可以确保这点。正是你的大脑对视网膜信息做出的处理，决定了你是否能感觉到两个鲍嘉在两个不同位置，或是一个鲍嘉在移动。

就其本身而言，大脑感知的是边缘的移动，但仅限于第一个画面到第二个画面、且边缘移动不太远也不太快的情况下。就如同视觉暂留一样，这是

---

① 亨弗莱·鲍嘉是美国男演员，曾因出演《化石森林》而获得关注；巴斯光年是动画电影《玩具总动员》的主角之一。——译者注

真实的效果，即表观运动。尽管这个阐释挺有意思的，但这并不是我所心仪的。经典手绘动画片，即老式油墨画印在电影胶片上，就是依赖表观运动现象完成的。有经验的动画师可以凭借直觉让一个动作的连续画面保持在"不太远且不太快"的界限内。如果需要突破这些限制，他们会使用一些技巧来帮我们感知移动，比如用画出来的速度线和"噗"的一下扬起沙尘，来表现当歪心狼猛追真正狡猾的 BB 鸟时，意外地从平顶山上掉下来的场景❷。

要是不使用这些动画师的招数，结果就是惨不忍睹。你可能看过古老的单格拍摄的动画片，譬如定格动画大师雷·哈利豪森（Ray Harryhausen）在《阿尔戈英雄传》（*Jason and the Argonauts*）中的经典骷髅斗剑，影片中那些抽搐的动作，着实不能让人感到赏心悦目。在同一时间里，你会看到一具骷髅有双重、甚至多重的边缘，要是这些画面解释为动态的移动，真是有些过于勉强了。这些边缘在屏幕上，如口吃般的卡顿，或"抖动"或"闪烁"，光用这些形容词，就足以反映画面的不连续性会让观众多么苦不堪言。

为什么实景电影不会抖动？为什么皮克斯用电脑制作的动画不会抖动？为什么视频游戏会闪动得如此恐怖？所有的都是一帧画面接一帧画面地播放的。对于这三种情况，有一个统一的解释：动态模糊，这个解释真的是既简洁又美妙。

现实中的一部电影摄影机是这样做的。一帧画面记录的不是某个瞬间的样本，像歪心狼或哈利豪森的画面一样。摄影机快门打开的片刻时间，我们称之为曝光时间。运动物体在那段间隔中处于移动的状态，所以在曝光时间中它会出现轻微的模糊。这就像你用很长的曝光时间来拍你孩子扔球的静照一样，结果就是他的手臂糊成了一团。但是静照的缺点却成了电影的优点。如果没有这些模糊的镜头，所有的电影看起来就会像哈利豪森的骷髅那样神经分分的。

通常情况下，科学的阐释可以转为一个技术的解决方案。比如《玩具总

为什么电影会移动？

❷ 歪心狼和 BB 鸟是动画片《兔巴哥》中的动画角色，并且是对立的两个角色。——译者注

动员》这部数字电影，避免频闪的解决方案就源自对实景的解释：刻意地沿着移动物体，将一帧画面的运动路径弄模糊。所以一个角色的挥臂必须绕着肩关节的支点，将他挥臂的弧线痕迹模糊掉。而另一只手臂，必须沿着它的圆弧使之模糊，与前一只手臂的方向相反。所有要做的就是让电脑做出如摄影机一样的效果，但尤为重要的是，如何有效地做到这一点。实景电影的移动模糊是不花钱的，但数字电影要做到这点则要增加很多成本。如今被称为皮克斯动画工作室所提供的解决方案，为第一部数字电影开辟了道路。移动模糊是至关重要的突破。

事实上，移动模糊让你的大脑明白移动的路径和幅度，因为模糊距离越长，移动速度也越快。我们并未丢失画面与画面之间运动的时态信息，而是转换为空间的方式，利用模糊将信息存储在画面之中。这些一帧一帧连续的影像会出现部分重叠，因为视觉暂留的缘故，从而以足够与众不同的方式呈现出移动的效果，让大脑可以对并未捕捉到的画面进行完全的推论。

皮克斯动画工作室在制作一部动画片时，会使用上千台电脑，有时制作一幅画面的时间会超过 30 个小时。而电子游戏，基本可以算是一部对画面要求更高的数字电影，每 1/30 秒就要有一幅画面。只是在 17 年前，电脑每单位美元的计算速度的持续增加（由摩尔定律所描述），才能够制作出移动模糊的数字电影。而电子游戏完全无法达到这样的速度。它的计算速度无法快到能生成移动模糊。有些游戏勉强做了尝试，但游戏的感觉严重衰减，玩家宁愿忍受抖动也不使用这个效果。但摩尔定律依然适用，在不久的未来，5 年内？ 10 年内？电子游戏也能做到全面的移动模糊，并最终步入现代世界。

移动模糊不过是一个颇具说服力的通用阐释，是一个被称为抽样定理的例子。抽样定理是这样开始生效的：当采样是画面时，该定理就按照时间采样，形成电影；当采样是像素时，该定理就规律地按照空间采样，形成图像。这也同样适用于数字音频。总而言之，并不平稳流畅的电影为何会有平稳流畅的动作，这样的阐释可能同样适用于当今的媒体世界。但这将需要更为详细、深入的阐释。

101

WOULD YOU LIKE BLUE CHEESE WITH IT?

您喜欢配上蓝芝士吗？

艾伯特-拉斯洛·巴拉巴西（Albert-László Barabási）

美国东北大学教授，全球复杂网络研究权威，著有《链接》（十周年纪念版）、《爆发》。

如果你打算尝遍美国最大食谱网站"Epicurious"上所罗列的100 000份食谱的话，大约要花上100年的时间。这个数字让我着迷，并不是因为它有多么庞大，而是它怎么会如此微小啊。事实上，一道普通的菜大约会用到8种食材。那么今天我们所拥有的近300种食材，足可以做出1000^5种花样菜肴。再加上你使用速冻、油炸、捣碎、搅拌，或炸佐料等不同的制作方法，你就会明白为什么烹饪是一项发展迅速的行业。目前我们所做出的菜肴只占资源中微不足道的一小部分，在可用的烹饪组合中只占不到一万亿分之一。

你不喜欢绿色的鸡蛋和火腿吗？那为什么不去探索这片广阔的未知领域呢？难道我们仅仅是因为没有时间来尝遍这世间无限的美食？还是因为大多数的美食组合令我们生厌？有没有一些规则可以解释，我们对某些食材搭配有偏好，而对另外一些则避而远之的原因呢？答案好像是肯定的，于是这个答案引领着我去找寻迄今为止我所心仪的阐释。

我们的烹饪经验会告诉我们哪些食材该如何搭配、如何制作才会好吃。但这是为什么呢？当我们为这个问题寻找答案时，我们必须牢记，食物给我们带来的体验是受到诸多因素影响的，从颜色到质地，从温度到声音。然而，爽口性很大程度上取决于风味，即包括了气味、口味、新鲜度和刺激性的综

269

合感觉。不管怎样，这主要是化学性质。气味是分子结合嗅觉受体，口味是化学物质刺激味蕾，新鲜或刺激性是由我们口腔和喉咙的化学刺激物所给出的信号。因而，如果我们想知道，我们为什么会偏好或反感某些食材搭配，我们就得去看看那些食材的化学成分分析。

但化学如何能告诉我们，食材怎样搭配才好吃呢？好吧，我们可以设定两个正交假设：我们可能会因为某些食材成分的化学性质（以下称为它们的味道）具有互补性而把它们放在一起，这种互补性是指一种食材缺失的成分，由另外一种食材予以弥补。另一种是截然相反的方法，味道就好比是时尚搭配，我们乐于把具有某种共同味道的材料搭配在一起，从而使得它们在化学上相互调和。你在往下读之前，我建议你先停一下，好好琢磨哪一个更有道理。

对我而言，第一种假设更为可信。比如，在煎蛋里撒上盐，不是因为鸡蛋的众多化学成分共享所谓盐的化学成分氯化钠（NaCl），而恰恰是因为煎蛋缺少盐。可是最近，厨师和分子美食家都把赌注放在了第二种假设上，他们甚至还为它取了个名字：食物配对法则。其后果现在已经呈现在你的餐桌上。一些现代餐厅提供使用白巧克力与鱼子酱做出的菜，这是因为它们二者会共享三甲胺及其他香气化合物；还有巧克力和蓝纹奶酪，这是因为它们二者共享至少 73 种香气化合物。但是，食物配对的证据至多是个传闻，让我这样的科研人员会不由得问道："这不就是个神话吗？"

我该相信哪一种，是相信我的直觉还是相信分子美食家？如何真正测试两种成分是否确实搭配得很好？在控制条件的情况下，我们最初的本能就是去品尝所有的成分配对。然而 300 种成分会有 44 850 种配对方式，这迫使我们去寻找更为聪明的方法来解决这个问题。经过 10 年的努力，在了解了从社交网络到支配细胞这个错综复杂的基因网络后，我和同事们决定依靠网络科学。我们构建了一个网络，其包括我们使用超过 300 种成分制作出的味道，如果两个成分共享有某种香气化合物，我们就将其连接起来。然后我们使用当前食谱累积的集体智能来进行测试。如果两种常见成分几乎从未结合过，例如大蒜和香草，那其中理应存在某种理由。那些尝试将其搭配在一起的人们会发现，要么是毫无感觉，要么是彻底排斥。然而，如果两种成分的组合频率比预期的还要频繁，基于它们各自受欢迎的程度，我们就将把它们的组合频率标记为味道上佳。西红柿和大蒜就在这样的类别中，它们在所有菜谱中有 12% 的结合率。

当然，最后的真相其实就如苏斯博士（Dr.Seussian）所言："我们可能在这里喜欢某种组合，但换成其他地方，则不然。"即，北美和西欧的美食就偏好把享有相同化学成分的食材组合在一起。如果你在这两个地方，帕尔玛奶酪要搭配木瓜，草莓要搭配啤酒。但千万别在其他地方尝试这样，因为东亚美食因偏好把享有共同化学物质的食材分开，而享誉世界。所以，如果你来自东亚，你应该就会喜欢通过两个极端的配对来寻求平衡。你喜欢酱油加蜂蜜吗？试试把它俩放在一起，你可能会喜欢。

您喜欢配上蓝芝士吗？

注：本文作者艾伯特-拉斯洛·巴拉巴西的《链接》（十周年纪念版）、《爆发》已由湛庐文化策划，《链接》由浙江人民出版社出版，《爆发》由中国人民大学出版社出版。

MY FAVORITE EXPLANATION IS ONE THAT I SOUGHT AS A BOY. WHY IS THE SKY BLUE?

我所心仪的阐释与当我还是个小男孩时所寻找的那个问题有关，即天空为什么是蓝色的？

——尼古拉斯·克里斯塔基斯（Nicholas A.Christakis）

102

OUT OF THE MOUTHS OF BABES

童言稚语：天空为什么是蓝色的?

Nicholas A.Christakis

尼古拉斯·克里斯塔基斯

耶鲁大学社会学教授，合著有《大连接》。

我所心仪的阐释与当我还是个小男孩时所寻找的那个问题有关，即天空为什么是蓝色的? 这几乎是每个蹒跚学步的小孩都会问到的问题，但也是从亚里士多德时代起，几乎每个最伟大的科学家，包括达·芬奇、艾萨克·牛顿、约翰尼斯·开普勒、勒内·笛卡尔、莱昂哈德·欧拉，甚至是阿尔伯特·爱因斯坦，都曾问过的问题。

对于这个问题的阐释，我最心仪的一点是，它超越了问题本身的简单性；它是历经漫长世纪的努力，才得以出现的，并且有许多的科学分支都因它而得以发展。

与其他日常现象不同，譬如说日出和日落，天空的颜色没有引发太多的神话联想，即便是希腊人或中国人也是一样。对于天空的颜色这个问题很少有非科学的阐释。在过了很长一段时间，直到引起我们科学的注意之后，蔚蓝色的天空才被问题化。如果大气层有颜色，我们呼吸的空气怎么是无色的呢？

据我们所知，亚里士多德是第一个提问天空为什么是蓝色的人。在《论颜色》(*On Colors*)这篇文章中，他的回答是：空气近在眼前时呈现透明，但深邃天空看起来是蓝色的，就如同水浅时看起来很清澈，但水深是看起来是黑色一样。这一观点到了13世纪，仍然得到了罗杰·培根（Roger Bacon）的赞同。开普勒也重复了与之类似的阐释，他认为空气看起来无色，是因为空气稀薄的时候，色调相当微弱。但他们却没有一人，针对大气为什么是蓝色的，给出一个解释。

在16世纪早期的《莱切斯特手稿》(*Codex Leicester*)中，达·芬奇写道："我认为大气中所被看见的蓝色，不是其本身的颜色，而是加热的湿气经过蒸发，最终成为最微小、不易觉察的微粒，这些微粒被太阳光所吸引，因而相对于上面包围着它们的深沉与强烈的褐色，看起来更为明亮。"唉，就连达·芬奇也没给出一个确切的解释，为什么这些微粒呈现出蓝色。

牛顿通过提出天空为什么是蓝色的问题，以及通过具有开创性的折射实验，证明了白光可以分解成其组成的各种颜色，对回答这个问题做出了一番贡献。

自牛顿以后，还有许多被遗忘和被记住的科学家纷纷加入到探索的行列中来。究竟是什么会使天空折射出更多的蓝色光线进入我们的眼帘呢？1760年，数学家莱昂哈德·欧拉推测，光的波动论或许有助于解释天空为什么呈现蓝色。19世纪，有着各种各样的实验和观察，从冒险到山顶观测，到煞费苦心在瓶子里重塑蓝天，这些都被记录在彼得·佩西奇（Peter Pesic）的绝妙之书《瓶子里的天空》(*Sky in a Bottle*)里。在不同位置、不同高度和不同时间，在人们所完成的数不胜数的仔细观察中，有一个为实验精心打造的设备：天空蓝度测定仪。奥拉斯·贝内迪克特·德索绪尔（Horace-Bénédict

童言稚语：天空为什么是蓝色的？

de Saussure）在 1789 年率先发明了第一个天空蓝度测定仪，在他的设计版本里，共有排成圆形的 53 个层次的蓝色调。德索绪尔的观点是，某种悬浮在空气中的事物一定与蓝色有关联。

事实上，在相当长的一段时间里，人们怀疑是空气中的某种事物改变了光，使其看上去呈现蓝色。最终，人们才意识到，是空气本身造成了这一结果。构成空气的气体分子，本质上就会使其本身显现为蓝色。如此一来，天空的蓝色和原子物理的现实发现有了联系。天空的颜色与原子理论息息相关，甚而与阿伏伽德罗常数🔍有关。这一点，在 1905—1910 年期间，引起了爱因斯坦的注意。

因此，天空之所以呈现蓝色，是因为入射光与空气中的气体分子相互作用，从而使光谱中更多蓝色部分的光被散射，最终进入到在地球表面上生活的人类眼中。入射光的所有频率都是以这样的方式散射的，但高频（短波）蓝色光比低频率散射得更多，这种过程被称为"瑞利散射"（Rayleigh scattering），该解释于 19 世纪 70 年代被首次提出。约翰·威廉·斯特拉特（John William Strutt）——瑞利勋爵，因发现氩而在 1904 年获得了诺贝尔物理学奖。他证明了，当光的波长与气体分子大小相等时，散射光的强度与其波长的 4 次方成反比。波长较短的蓝色和紫色光，比波长较长的光，会散射更多。所以看上去空气中所有分子都会发出蓝光，于是我们身边的蓝色无时无刻都随处可见。

① 在物理学和化学中，阿伏伽德罗常数的定义是一个比值，即一个样本中所含的基本单元数（一般为原子或分子）N，与它所含的物质量 n（单位为摩尔）间的比值，常用于代表一摩尔物质所含的基本单元（如分子或原子）的数量。——译者注

然而，天空看上去应该是紫色的才对，因为紫色光的散射比蓝色光还要多。但天空看起来不是紫色，原因就在于这个难题的最后一道关卡：生物因素，即我们人类眼睛的设计方式：我们的肉眼对蓝光比对紫光更为敏感。

天空为什么呈现蓝色，对此的解释涉及了众多自然科学：可见光谱的颜色、光波的性质、阳光照射大气层的角度、散射的数学模式、氮和氧分子的大小，甚至是人类眼睛感知颜色的方式。童言稚语中的一个问题，蕴含了绝大部分的科学。

注：本文作者尼古拉斯·克里斯塔基斯的《大连接》已由湛庐文化策划，中国人民大学出版社出版。

103

THE BEAUTY IN A SUNRISE
瑰丽日出

菲利普·坎贝尔（Philip Campbell）

《自然》杂志主编。

我第一次因物理学而激动万分，是在一个极为晦涩难懂的情形下，物理学的阐释令我大加叹服。比如，物质的组成、能量和广义相对论的时空，都是极为深邃、美妙又优雅的阐释。

如今，那些围绕我们身边、被视为理所当然的事物背后，隐藏着强大的阐释，这点更让我深深折服。与此同时，一个日常所见且关乎每一个人的现象，让我更为痴迷。

> 太阳，它，如此慷慨
>
> ——赤诚地给予，忠诚地离去
>
> （从未停下开启眼中之谜的时刻）

诗人卡明斯（Cummings）在他的抒情诗的开端，歌颂了我们的恒星。这些诗句强调了每天的短暂景象，日出，并将我们人类有意或无意的感觉，和一些可能通过领会经验背后至少三种伟大阐释反而变得更加神秘的谜题，彼此联结在一起。这其中的每一个阐释，都有着本书 Edge 年度问题所要求的特质：深邃、美妙又优雅。

如果你关注这些，并像我一样住在北半球中纬度的地方，你就可以知道从家里眺望到地平线的范围，一年当中的日出地点，会在东南部和东北部之间来回移动，随着日出向北移动，白天逐渐缩短，并在冬至之后开始折返。在这个复杂行为的背后，隐藏着一个真理，即太阳是无比忠诚的：我们可以确信太阳每天早上都会在东边某个地方升起。

就如一件伟大的艺术品一样，不管是何人沉思于伟大的科学阐释，都不会失去它激发人类再度怀有敬畏之心的能力。凭借阐释的力量，那些年复一年、日复一日的日出得以循环往复，地球围绕太阳旋转倾斜，相对于恒星，地球的平均轴向是固定的，这一点归功于仍然神秘的守恒定律。

与我所选择的其他两个阐释不同，关于日出的这个阐释，数十年来一直面临着科学家的质疑。从哥白尼于 16 世纪中期提出的日心说理论，一直到 17 世纪，有关日出的阐释都没有被人们广泛接受。于我而言，战胜科学怀疑和宗教敌对的组合，增添了阐释的吸引力。

另一个阐释无疑也颇为优雅，它隐藏于随着太阳的升起，而逐渐改变的天空色调当中。瑞利勋爵继詹姆斯·克拉克·麦克斯韦之后成了剑桥大学卡文迪什物理学教授，他早期的成就之一是推演出了光的散射定理。他第一次基于无效基础的尝试就获得了成功，找到了正确的答案：光会在有弹性的以太中散射。尽管若干年后，以太的存在被证明是谬论，但他利用麦克斯韦电磁统一理论重新进行了计算。"瑞利散射"是表达电磁波在遇到比其波长小得多的电极化粒子时的理论。瑞利发现，散射的量与波长的 4 次方成反比。到了 1899 年，他提出大气分子本身就是强大的散射体。

接下来，我们就来解释天空为什么呈现蓝色、而日出则呈现红色的问题。比起其他波长较长的光线，空气分子散射的蓝色光尤其多。太阳也因此而变红，并且在日出日落之际，因为光线穿过较厚的大气层而变得更加红彤彤。要彻底讲清楚这个效果的原由，还需要引入太阳的光谱和人类眼睛的视觉反应。粉红色的云霞，为日出增添了更多瑰丽的颜色，云霞当中含有丰富的水滴，能够比空气分子更为平均地散射红色日光波长，所以你所看见的颜色便是它们所捕捉到的光的颜色。

藏于日出背后的第三种阐释，从概念和宇宙论方面而言，都是最为深邃的。太阳里到底发生了什么，才能生成看似永恒的光与热？理解太阳核心发生的核反应，仅仅是第三种阐释的一个部分，特别感谢伯比奇夫妇

（Burbidge）、福勒（Fowler）和霍伊尔（Hovle）于 1957 年的研究成果，这些研究成果让我们明白，从各种恒星中发出的光，以及整个宇宙所有天然存在的化学元素是如何生产的：在恒星进化的各种各样的阶段中，假如在稳定的和急剧不稳定的气体宇宙内发生了反应，这一切都是由于受到了所有大自然的基础力量，诸如重力、电磁力、强核力和弱核力的驱动而产生的。

Edge 的读者都了解，对科学理解的提升并不会破坏大自然的美丽。对我来说，所有诸如此类的阐释，都有助于我们欣赏瑰丽日出之美。

到底何为美妙的阐释呢？脑科学家紧抓核磁共振影响不放。近期一项综合分析指出，我们一切的审美判断看似是与右侧前脑岛的神经回路有关，这一大脑皮层的区域通常与内脏的感知存在关联性。也许我们的美感是归属感和厌恶感进化的残留的副产品。其价值，就如同望远镜里所涌现的外星球一般，我坚信我们在收获人类美学那深邃、美妙又优雅的阐释之前，我们会遇到某些形式的外星生物的天文学证据。

104
MOTHER NATURE'S LAWS
大自然的法则

斯图尔特·皮莫（Stuart Pimm）

美国杜克大学生态保护协会主席，著有《一个科学家对地球的审视》（*A Scientist Audits the Earth*）。

在马来西亚沙捞越州，艾尔弗雷德·拉塞尔·华莱士用振聋发聩的一句话，直击生物领域最为重要的法则：每一物种的出现，在时间上和空间上，都与早已存在的、密切相近的物种保持一致。

经过精心编辑后，华莱士于 1855 年发表的《进化法则》（*Laws of evolution*）也刊登在了当今的《美国国家科学院院刊》和《自然》期刊上。我们无法在泥盆纪、侏罗纪和始新世的年代发现三叶虫①。论文针对古生物学和生物地理学的范畴做了纲要性的阐释，却没有得到当时科学家的重视。几年后，科学界的置若罔闻，迫使华莱士将这个深邃、美妙又优雅的科学阐释交给了达尔文，以期获得精神上的支持。当然，达尔文也持有相同的阐释。

关于生物多样性，大自然还给予了我们人类什么其他法则？

一组物种的平均地理范围远大于中值范围。

新大陆，也就是西半球或南、北美洲及其附近岛屿上的 1 684 种哺乳动物的平均地理范围是 180 万平方公里，但其中一半物种的范围小于 25 万平方公里，范围比例是 7∶1。在这 180 万平方公里的地理范围中有 3 个主要鸟群，其在小范围内生活的数量是在大范围内生活的 5~8 倍，两栖动物则是 40 倍。

---

① 三叶虫是在寒武纪就出现的物种，寒武纪是早于泥盆纪的时期。——译者注

有许多物种在小范围内生活，而在大范围内生活的物种则寥寥无几。

热带地区物种比温带地区的物种更多。

最先到达热带地区的探险家们发现了这个法则。伦勃朗在 17 世纪初就画过天堂鸟和鸡心螺。华莱士最初去了亚马孙，因为他的谋生方式就是收集各种新奇物种。

狭域种聚集的地方，一般不是数量最大物种的居住地。

这听起来讲不通啊。物种种类越多，就理应有广布种、狭域种和各种中等范围的物种。但事实并非如此，狭域种经常会聚集在一些非常奇特的地方。大约有·半物种，其居住的地方加起来还不到地球无冰地带的 10%。

狭域种在其生活区域里分布极为稀少，广布种在同样区域中则很常见。

抱歉要用这么拗口的表达方式，但我们的大自然母亲就是这样。你以为她会放过小范围物种，让它们至少在自己的范围内处处可见吗？压根不是这样的。广布种，往往随处皆有，而当地物种即使是在能被发现的地方，也很难被找到。

给予达尔文和华莱士灵感的是加拉帕戈斯群岛和东南亚岛屿，它们有着与其他地方截然不同的特征，那里有丰富的鸟类与哺乳类动物。欧洲没有这样的地方。达尔文的"小猎犬号之旅"，大部分穿行于南美洲南部，而华莱士首先去了亚马孙。亚马孙物种极为丰富，但却缺乏小范围多样物种的显著例子。我猜测这让华莱士付出了重大代价，因为他的赞助商需要的是新奇独特。直到他的第二趟东方之旅，才找到了他所需要的新奇独特。

科学家首先发现了广布种。达尔文和华莱士是第一批自然主义者，他们亲眼目睹了大多数物种，即集中在少数小地理范围的物种。即使对那些众所周知的物种而言，那些有着最小范围的物种，也是在过去的几十年才被发现。

是否有着支撑这些深邃、美妙又优雅的阐释的必然连结法则呢？并没有。

鉴于之前提到"热带地区物种比温带地区的物种更多"，所以地球的中间地带理应有更多的物种。物种分布的范围必须覆盖中间地带，这是物种能够生存的唯一方法。它们不必位于温带或极地等两端的地方。但是，即使中间地带不是热带，还是会比南北两端有着更多的物种。打个比方，马达加斯加岛中间潮湿的森林里，有更多的物种，虽然北端（有较少物种）更为接近赤道。

除此之外，温暖、潮湿的中间地带，像是热带潮湿的雨林，与更热更干燥的中间地带相比，有着更多的物种。物种与温度和湿度紧密相关，但有说服力的机制某些时候只是一种错觉。

按道理讲，在任何地方的狭域种，都应该靠近中间地带或接近南边两极。但它们并不是这样这样分布的。狭域种往往分布在岛屿，比如加拉帕戈斯群岛、马来群岛，还有在"栖息岛"，譬如安第斯山的山顶上。这符合了物种是如何形成的理念。可惜的是，它们没有在温带岛屿和山脉上分布，所以达尔文和华莱士只有离家远行，才能够获得启发。但火蜥蜴是个例外，在美国东部阿帕拉契山，每块岩石下都能找到各种不同的火蜥蜴，从而形成了一个理论上的、坚固的、温带特有的生物中心，该多样性不是鸟类、哺乳动物、植物甚至是其他两栖动物所能匹敌的。

其实更糟糕的是这一切假设，即假设我们知道为什么有些物种呈现大范围分布，而更多物种是小范围分布。其实不然。总而言之，我们掌握了一些相关性、一些特殊的例子和一些片面的说辞，但却失了优雅。当然，这里也不需要有深邃的阐释。

因为我们的无知对物种造成了伤害。人类在稀有物种的集中地所造成的物种灭绝，比起自然速度快了 100 ～ 1 000 倍。我们确实可以为鸟类和哺乳动物绘制地图，从而可以知道要在哪里采取拯救它们的行动。但对于人人皆爱的蝴蝶，我们则束手无策，更不要说保护线虫了。我们无法分辨我们保护鸟类的地方是否也能保护蝴蝶。除非我们了解大自然的法则，并将这些法则延伸到大多数科学还未能知晓的物种上，否则，我们人类永远无法知道，我们都毁灭了哪些物种。

大
自
然
的
法
则

105

THE OKLO PYRAMID
奥克洛金字塔

卡尔·萨巴格（Karl Sabbagh）

作家，电视节目制片人，著有《记住童年：记忆是如何背叛我们的》（*Remembering Our Childhood: How Memory Betrays Us*）。

当观察结果无法由当前的理论加以阐释时，就需要有新的科学阐释诞生。科学方法的力量，就在于其极为丰富的理解，能够从一个尝试之中，涌现出新的阐释。这就像是一个倒置的金字塔，最初以观察到的现象作为起点，其往往只是略微偏离了规则，然后不断扩展推理层级，层层递进，直到整个金字塔能够提供令人满意和确定的全面阐释。

我所心仪的这类阐释之一，可追溯到 1972 年，是在非洲中西部加蓬的上奥果韦省的奥克洛所产铀矿的例行抽样中，研究人员所观察到的一个小小异常现象，之后在法国实验室进行了分析。自然存在的铀岩样本，通常含有两种类型铀原子：铀 238 和铀 235 两种同位素。大多数原子为铀 238，但有 0.7% 为铀 235。事实上，更为准确地说，这个数字是 0.72%，但当样本抵达法国时，测到的数值"仅为" 0.717%，这意味着，比预期的铀原子 235 少 0.003%。

我们现在已经知道，这样的比例差异只会发生在核反应堆的人工环境中，铀 235 在连锁反应中被中子撞击，从而导致比例发生了变化。但是这个样本是来自加蓬的矿场，当时整个非洲大陆并没有核反应堆，所以这个解释并不成立。或者说这个解释有可能成立吗？

差不多 20 年前，科学家曾主张，在地球的某个地方，可能曾经使铀矿床像天然核裂变反应堆那样运转过。他们提出了如下 3 个必要条件：

1. 矿床大小应该大于诱导裂变的中子路径的平均长度，即 70 厘米。

2. 铀 235 原子要比现在天然矿石中的含量更高，大致在 3% 而非 0.72%。

3. 必须有核反应堆中的所谓的减速剂，即一种能"覆盖"射出的中子并使其减缓的物质，让中子更易于诱导裂变。

这 3 个条件完全适用于 20 亿年前的奥克洛矿床。矿床面积比最初的预测要大得多。并且，铀 235 的半衰期为 7.04 亿年，约为铀 238 衰变速度的 6 倍，因此在前几个半衰期中（大约为 20 亿年），矿床中会有更多的铀 235，足够诱导可持续的连锁反应。以此倒推，这两种同位素的相对比例约为 97∶3，而不是如今的 99.3∶0.7。而且，岩石层起初是可以与地下水接触的，这表明会有如下的事情发生：

> 连锁反应应该发生在被水所包围的矿石中，所以铀原子曾分裂并产生热量。热量将水变成水蒸气，破坏减缓核反应的能力，从而使中子逸出，反应停止。水蒸气凝结成液态水，用来覆盖中子的发射。更多中子被保留下来，使得原子进行分裂，并重新启动连锁反应。

通过解释一块小石子中两种原子比例所具有的细微异常，引领了关于数十亿年前，在地球的特定地点所发生的一系列事件的描述。在 1.5 亿年期间，天然核反应堆会持续半小时，并放出热量，然后关闭反应堆两个半小时后再次启动，平均产生了 100 千万功率，犹如汽车发动机的动力。如此的阐释不仅深邃、美妙又优雅也让人难以置疑。该理论不依赖于观点或偏见或欲望，与其他诸多有关世界如何运作的"阐释"截然不同，这是最佳的科学力量。

106

KITTY GENOVESE AND GROUP APATHY
吉蒂·吉诺维斯案件与群体冷漠

亚当·奥尔特（Adam Alter）

心理学家，纽约大学斯特恩商学院市场营销学助理教授，著有《粉红牢房效应》。

社会心理学中最为优雅的理论，曾经帮助我获取了该领域的博士学位。每隔几年，总有因袖手旁观而造成的巨大悲剧，从而吸引了大量媒体的关注。2010 年 4 月，在一个日出前的清晨，一名男子在皇后区人行道上死去。该男子是无家可归的危地马拉人，名叫雨果·阿尔弗雷多·塔雷·亚克斯（Hugo Alfredo Tale-Yax）。他出手相助一名女子，当时该女子的男伴对其大喊大叫、并剧烈摇晃她。亚克斯惨遭该男子猛刺数刀，在 90 分钟里，塔雷·亚克斯躺在血泊中，血流成河，数十名路人只是略微看上一眼，便漠然从他身边走过。当救护人员赶到现场之际，太阳已经升起，但塔雷·亚克斯却已死去。

近半个世纪前，另一名纽约人，叫作吉蒂·吉诺维斯（Kitty Genovese），亦因遭受攻击而最终死亡，当时也有数十名围观者但却无人出手相助。《纽约时报》的作家指责纽约人的麻木不仁，同时专家也谴责都市生活让居民丧失了灵魂。正如他们对塔雷·亚克斯事件的反应一样，专家们对数十名有着正常道德规范的人，竟然没有一个人对行将死去的人施以援手感到惊愕。

社会心理学家所接受的教导是，我们要克服责怪他人犯下明显不良行为的自然倾向，而是要在环境中寻找答案。吉诺维斯死后，社会心理学家比布·拉塔内（Bibb Latané）和约翰·达利（John M.Darley）确信，在环境当中一定存在着什么，可以解释旁观者为何没有出手相助。他们提出的优雅的阐释是：人的反应不像物体那样具有累加性。比如，装有 4 个灯泡的房间比装有 3 个灯泡的房间更明亮；3 个喇叭比两个喇叭更响亮，但两个人的效率则有可能比不上一个人的效率。人们事后会纷纷议论，但采取行动前却并不知晓一连串事件的意义，有时是自傲，有时是害怕自己看起来很愚蠢，是这些原因造成了他们袖手旁观。

在一系列绝妙的研究当中，有个实验是拉塔内和达利录下学生们坐在慢慢充满烟雾的房间里的情形。研究者用隐藏在墙壁出风口后的排烟机，将烟抽进房间内，往往出现这样的情况就表明附近可能有火灾。实验对象为独自一人时，他通常会选择迅速离开，并告诉研究者，他觉得事情不对。但是当实验对象周围有三两个其他人，其中一些是研究的知情人，被要求坐在那里不动，这时即便烟雾浓到看不清他人，实验对象还是会纹丝不动。实验完毕后，问这些实验对象为什么没有离开，他们回答说，之所以选择不离开，是觉得烟是水蒸汽或是空调的水汽。他们声称，他们没怎么留意或根本没注意到房间里其他人的反应。

根据拉塔内和达利的研究，当我们与其他同样犹豫的人，同处于相同的环境时，将我们和低等动物区分开来的思考模式，最终打消了我们出手相助的念头。

吉蒂·吉诺维斯案件与群体冷漠

注：本文作者亚当·奥尔特的《粉红牢房效应》已由湛庐文化策划，浙江人民出版社出版。

107

THE WIZARD OF I
"说谎"的意识

杰拉尔德·斯莫尔伯格（Gerald Smallberg）

神经学家，外外百老汇（Off-Off Broadway）剧目《创始会员》（*Charter Members*）、《金指环》（*Gold Ring*）编剧。

意识是直接刺激与记忆的合成体，它包含了观察者与被观察者的瞬间感受，之后汇聚成为一股平稳的、封闭的时间流，它既不是真正的过往，也并非现在，但却莫名地二者兼具。意识是终极权威和感知现实的裁判。意识对科学家和哲学家而言，仍然是棘手的难题，这一点并不让人诧异。无论最后的答案会是什么，我都怀疑它属于一种幻觉，即通过心智进化来隐藏它毫无章法与头绪的平行模块化计算。

神经生理学家发现，当他们轻轻掀开意识这层面纱时，这个必不可少的、能让我们变得聚精会神的、善于观察的并被我们称为意识的自我监视器，是依赖于一个小花招来监督我们的知觉的。其实我们对时间的主观意识与现实并不一致。在日常生活中，正常大脑的皮层诱发电位，即电记录，它比实际意志行为的意识或感觉刺激的反应，要提前差不多 1/3 秒。皮质诱发电位表明，大脑对发生事情的启动或反应，远远早于我们感觉上的瞬间感知。从生理学范畴看，这个过程存在一个巨大的落差，即我们的大脑会伪造事件发生的实际时间，使得意识与我们的感知保持一致。

但是后来出现的很多研究数据都颠覆了我们对自己知觉可靠性的那份信赖，这些数据就来源于对快速眼球运动的研究，即扫视运动，也就是由新奇的视觉刺激，触发眼球快速移动的现象。如果眼球不能进行扫视运动，在眼球急速运动的短暂瞬间，输入大脑的视觉就会被主动抑制，导致出现短暂失明。如果没有这种无意识的眼部审查机制，我们将再三地受到急速视力模糊瞬间的困扰，这样会让我们不舒服而且也不安全。从生存角度考量，因为经常会有新奇的刺激产生，而我们人类天性的要求不是最差的视力，而是要最好的视力。所以，如果没有扫视运动，这将成为人类一个极大的缺陷。

意识处理这个难以容忍状况的解决方案，就是从我们的意识流中排除掉时间间隔，并根据刚刚发生的影像推断出即将出现的影像，以此来替代那段影像空白。意识犹如前任总统一般，它必须设法为被清除的时间拿出一本"账簿"来作遮掩。进化奉献了一部超长史诗，对这些必然的欺骗和错误做了处理，而不是犹如在行刑者的枪口下有限的时间框架内加以处理。意识不会竭力隐藏修补痕迹，而是提出了更为聪明的方法把删除部分予以模糊化。它的确是在篡改时间，它帮助我们回溯了那些不可或缺的瞬间，使得任何时间缺口都不复存在。

推论和外推法创造出视觉连续性的幻觉，揭示了我们大脑"软件"天生的漏洞，任何优秀的"黑客"都可以利用这些漏洞。魔术师、扑克牌老千以及三张牌骗术的骗子，都是利用感知缺陷从而过着悠哉自得的日子。有这样一幅漫画最恰当不过地诠释了这样的状况：理查德·普莱尔被妻子现场抓住与另外一个女人偷情，他说道："你打算相信谁？我，还是你说谎的眼睛？"

108

ONE COINCIDENCE, TWO DÉJÀ VUS
一次机缘巧合，两次似曾相识

道格拉斯·库普兰（Douglas Coupland）

作家，艺术家，设计师，著有《马歇尔·麦克卢汉：你对我的工作一无所知！》（*Marshall McLuhan, You Know Nothing of My Work!*）。

我从一个事实中得到了安慰，即在人类社会中，所有人都会在两个时刻享有公平的、民主的分配。一个是巧合，另一个是似曾相识。不论你是伊丽莎白女王、智利 33 位获救矿工的一员、韩国的家庭主妇，还是非洲津巴布韦的牧民，这些统统都不重要。在一年 365 天里，你总会有机会拥有两次似曾相识和一次机缘巧合，让你必须驻足大喊："啊，怎么会这么巧啊！"

可能在你看来，巧合就是你觉得在任何时间，都能发生多如牛毛的巧合，但事实却并非如此，巧合鲜会在现实中出现。巧合极为稀有，所以在发生时都会令人难以忘怀。我认为，宇宙的出现，就是为了排除任何可能的巧合。宇宙对巧合并不感冒，我也不知道为什么会如此，但它看上去就是这样。所以当巧合发生时，巧合不得不拼尽全力，来摆脱系统的控制和束缚。比如，这里出现了一条关于什么的线索。但它到底隐藏了什么呢？但是除了继续观察它，我们什么也找不到。数学家可能会用一个什么定理来描述它，如果他们真用了，在默认情况下，这条定理可能比他们想象的还要大。

为什么在我看来，"似曾相识燕归来"这件事既怪异又有趣呢？这是因为它几乎是有节奏地贯穿了我们的人生，大约每六个月一次，如同一个充满诗情画意的时钟，虽然没有什么特别的作用，但起码在提醒着我们，我们还活着。我可以笃定地认为，我那 13 岁的外甥女、史蒂芬·霍金，还有在北京行李厂工作的某人，他们一年当中都会有两次似曾相识的感觉。不是一次，也不是三次，只是两次。

似曾相识的基本生物动力学，可能属于大脑的某种刺痛神经元，但还没有人能说明它们存在的原因。似曾相识对我而言，更像是源自一个更大的观点所传递的信息，这个信息提醒我们，生命所具有的独特性和所拥有的意义，而且在一段时间内，只会发生一次。我们是不可或缺的，我们之所以在苍茫宇宙中占据弥足珍贵的地位，是因为我们的科学，和我们对自我意识的不断诅咒与祝福。

一次机缘巧合，两次似曾相识

109

DEEP TIME
深度时空

阿伦·安德森（Alun Anederson）

曾任《新科学家》（*New Scientist*）杂志总编辑和发行主管，高级顾问，著有《冰：生命》（*After the Ice: Life*）、《死亡》（*Death*）以及《新北极的地缘政治》（*Geopolitics in the New Arctic*）。

这个至简与强大的理念，它的深邃、美妙和优雅，让我深深地为之折服，同时这个理念还孕育出了一整套更为至臻至雅的理论与阐释，它就是"深度时空"：地球极为古老，而我们人类在地球上的生命则极为短暂。这个想法当时一经提出，就遭到了反对，但最终改变了人们对自身的认识，就如同早先发现地球围着太阳转的理论的影响一样。

我们知道深度时空这个理念出现的时间，或者说知道它第一次被予以证明，是因为爱丁堡大学的一位名叫约翰·普莱费尔（John Playfair）的教授，他在 1788 年记录了自己的一段感叹。他写道："时光绵绵，遥不可及，心亦迷离。"他曾与好友，地质学家詹姆斯·赫顿（Jams Hutton）一同前往苏格兰海岸，赫顿在一本名为《地球的理论》（*The Theory of the Earth*）的书中写下了普莱费尔的这个理念。赫顿向普莱尔展示了一组岩石层的独特模式，对此最为简单的解释是，目前的陆地在之前是位于海底的，之后经过抬升、弯曲、腐蚀，并再次被新的海底沉积物所覆盖。地球并不是如《圣经》计算的那样只存在了 6 000 年，也不是依据那时最优化学研究所提出的主流科学观点而发展起来的，地球是在一次大洪水中沉淀析出了地质层。

赫顿让我们看世界的角度有了巨大的改变。他让我们知道领略空间的浩瀚，并非难事。当我们仰望星空时，我们能看到宇宙的无垠，既显而易见，又令人生畏。时间的深邃，并不存在于人类的经验当中。从人类观测的角度看，自然只能通过季节的反复转替，偶尔的破坏性地震、火山爆发和洪水所干扰。正因为此，神灵论和地球起源于灾变论，与那些缓慢和渐进的理论相比，才会貌似更具可信性。但赫顿坚信他从岩石层中所观察到的事实，他劝告他人："打开大自然这本书吧，仔细查阅它所记录的一切。"

赫顿对时间的思想，为其他大型理论的创建开辟了沃土。随着时间范围的扩大，察觉不到的缓慢过程塑造了这个自然世界。在赫顿之后所涌现的现代地质学，还有之后的进化理论，都阐释了新物种是如何缓慢出现的，最后是大陆板块漂移说。以上理论都是基于深度时间的思想而发展起来的。

赫顿的观点，向宗教正统性发出了巨大的挑战，在他的书的末尾，他写道："我们并未发现任何起始的踪迹，也没有发现任何终结的痕迹。"从中可以一窥赫顿对神灵论和世界末日审判理论的挑战。

至臻至美的赫顿理论一直留存到现在。每当我们遥望无垠的宇宙之时，即便思维不再缭乱，在地球的 46 亿年的历史当中，我们依然能够感受到自己的渺小。与此同时，我们也可以在我们所处的时间跨度中的每时每刻，感受到存在的意义。

考虑一个相对于你是静止的物体，譬如睡在你膝盖上的一只猫，
想象通过其他观察者的眼中，猫是如何运动的。

——李·斯莫林（Lee Smolin）

CONSIDER AN OBJECT AT REST RELATIVE TO YOU— SAY, A CAT SLEEPING ON YOUR LAP—AND IMAGINE HOW IT APPEARS TO MOVE AS SEEN BY OTHER OBSERVERS.

110

THE PRINCIPLE OF INERTIA

惯性原理：我们为什么感受不到地球在运动？

Lee Smolin

李·斯莫林

加拿大圆周理论物理研究所物理学家，著有《时间重生》。

我所心仪的科学阐释是惯性原理。它解释了我们为什么感觉不到地球在运动。这条原理或许是所有科学中最为违反直觉和具有革命性的一条。惯性原理是由伽利略和笛卡尔提出的，几个世纪以来，它都是物理学中数不胜数成功阐释的核心。惯性原理对一个极为简单的问题进行了回答：在没有外部或外力影响其运动的情况下，物体在自由状态下会如何运动？

为了回答这个问题，我们需要定义运动。物体在运动时表达了什么含义？现代的概念是，运动要通过某个观察者来描述。

考虑一个相对于你是静止的物体，譬如睡在你膝盖上的一只猫，想象通过其他观察者的眼中，猫是如何运动的。这取决于观察者是如何运动的，猫看上去可以用任何一种方式进行运动。假如那个观察者相对于你在打转，那么那只猫在观察者的眼中就是在打转。因此，要弄清楚自由物体是如何运动的问题，还需要参照某一个特定类别的观察者。这个问题的答案如下所示：

有一类特殊的观察者，相对于他们，所有的自由物体会保持静止或以匀速沿直线运动。

上述所说的就是惯性原理。

其威力在于它具有完全的普遍性。只要某个特殊的观察者看到某个自由物体做匀速直线运动，那么他所看到的所有其他自由物体也都会如此运动。除此之外，设想你是一个特殊的观察者，任何相对于你做匀速直线运动的观察者，也会看到自由物体相对于他在做匀速直线运动。这样的特殊观察者形成了一大类，其成员相对于其他成员都在做匀速运动。这些特殊的观察者被称为惯性观察者。

一个直接且重要的推论是，不动或静止没有绝对意义。物体对于某个惯性观察者是静止的，但其他惯性观察者会看到物体在运动——总是沿着直线做匀速运动。于是这可以归结为一个原理：

没有办法可以通过观察运动中的物体，在惯性观察者当中分辨出哪些观察者是静止的。

任何惯性观察者都可以振振有词地说，他是静止的，其他人是运动的。这就是伽利略的相对原理。该原理解释了为何地球转动时我们却感受不到。

为了理解这个原理曾具有的革命性，我们注意到 16 世纪的物理学家只是通过简单的观察，就可以反驳哥白尼的日心说：只要从塔顶丢下一颗球来就知道答案了。如果地球是按照哥白尼所要求的速度，一边绕着自己的地轴、一边是围绕太阳转，那么球掉下来的地方会远离塔，而不是落到塔底。但结果并不是这样的，所以地球是静止的。

但是这个证明假定运动是绝对的，根据一位静止的特别观察者的观察来定义，没有受力的物体最后会静止。通过改变运动的定义，伽利略认为，同样的实验还可以表明，地球事实上可能真的在运动着。

惯性原理是 17 世纪科学革命的核心，并且它还蕴含了随之而来的革命种子。想知道原因吗，请留意一下伽利略相对性原理声明中的限定语："通过观察运动中的物体"。多年以来，人们认为总有一天我们会做出不同的观察，以此来决定哪些惯性观察者是真的在运动，又有哪些是真的静止的。爱因斯坦无非是移除了这个限定语，从而构建出了狭义相对论。其理论指出：

没有办法区分静止观察者和其他惯性观察者。

除此之外，在提出狭义相对论十年后，惯性原理成了下一个革命，广义相对论的种子。通过将"做匀速直线运动"这句话改为"在时空中沿着测地线运动"，相对论得以广义化。测地线是曲面几何中广义的直线，它是两点之间最短的距离。所以现在的惯性原理为：

有一类特殊的观察者，相对于此观察者，所有自由物体看起来都是沿着时空中的测地线而运动的。这些观察者在重力场中自由下落。

并因此有如下推论：

没有办法区分谁为自由下落的观察者。

这句话成为爱因斯坦的等效性原理，这是广义相对论的核心。

但惯性原理是真理吗？到目前为止，我们已经在一个粒子动能比其他质量高出 11 个数量级的情况下测试过该原理。结果令人印象深刻，但惯性原理还是存在着很大失败的可能性，只有实验能告诉我们，未来科学革命的核心是惯性原理还是惯性原理的失败。

但无论出现何种结果，惯性原理都是科学里唯一能完好无损的常青树，它能在如此宏大的范围内被证明行之有效，并且能激发出诸多革命性的科学阐释。

注：本文作者李·斯莫林的《时间重生》已由湛庐文化策划，浙江人民出版社出版。

111

PLACING PSYCHOTHERAPY ON A SCIENTIFIC BASIS: FIVE EASY LESSONS

基于科学的心理疗法：五步法

埃里克·坎德尔（Eric R.Kandel）

哥伦比亚大学教授兼卡夫利脑科学研究所教授，著有《思想的年代：从 1900 年的维也纳到如今，寻找理解艺术、心灵和大脑的潜意识》（*The Age of Insight: The Quest to Understand the Unconscious in Art, Mind, and Brain, from Vienna 1900 to the Present*）。

精神分析学，曾经一度是用于治疗非精神性精神障碍的主要方式，但它是如何在美国医学界和公众的评价中急剧下滑的呢？如何才能够扭转颓势？让我从某种历史的观点来试着解决一下这个问题。

我在哈佛大学读本科时，我对精神病学，尤其是精神分析学这门学科尤为痴迷。1960—1965 年，在我接受培训的这 5 年间，心理治疗是治疗精神疾病的主要方法，而这种疗法源自精神分析学，即基于需要获知精神症状这样的理念，换而言之，就是追溯他们童年时期的历史根源。这样的治疗方法持续了多年，研究结果和机制都没有得到系统性的研究，因为要做到这样的地步，难度极高。一旦心理治疗和精神分析学获得成功，将帮助人们有更好的工作状态、有更多的爱，但这些维度被视为很难度量。

在 20 世纪 60 年代，亚伦·贝克（Aaron Beck）通过引进几个显而易见但却不失美妙与优雅的创新，改变了一切：

第一，他引进了仪器来度量心理疾病。在贝克之前，因为缺乏对各种失常严重程度方面的实际操作和度量技术，精神病学的研究工作受到严重的限制。贝克开发了若干工具，首先是抑郁量表、绝望量表、自杀意图量表等，这些量表有助于精神病理学的研究更为客观，并能够建立起更好的临床效果实验。

第二，贝克引进一种短期且循证的新疗法，称为认知行为疗法。

第三，贝克使治疗的方法更具操作性，他写了一本食谱，从而使治疗方法能够可靠地传授给他人。原则上，你和我都能学会如何进行认知行为疗法。

第四，在其他同事的帮助下，贝克逐步进行了控制度较高的研究。研究表明，认知行为疗法比安慰剂更为有效。在轻度和中度抑郁症的治疗方面，认知行为疗法与抗抑郁药同样奏效。在重度抑郁症方面，虽然没有抗抑郁药那么有效，但与抗抑郁药一起相互配合，认知行为疗法能使病患复原得更好。

随后贝克的研究工作由海伦·梅伯格（Helen Mayberg）接手，她是我心中另一位精神病学的英雄。她对抑郁症患者进行功能磁共振成像研究，发现布罗德曼分区系统中的第 25 分区是抑郁症异常活动的重点区域。海伦发现，只有当患者对认知行为疗法或抗抑郁药选择性血清素再吸收抑制剂（SSRI 类药物）有反应时，这个分区才有可能恢复常态。

我认为最为有趣的其实是本书 Edge 年度问题：亚伦·贝克将什么样的美妙而优雅的阐释带到了研究工作中，从而使得他与我这一代的其他心理治疗学家们有所不同，并使得他成为这一领域的独创者？

贝克最初在费城学习的是心理分析学，但他很快为一个激进的思想所折服，即很多精神疾病的核心焦点并不是潜意识的冲突，而是思考模式的扭曲。贝克用批判且开放的心态倾听他的抑郁症患者，以此对这种崭新的治疗想法予以思索。在贝克早期对抑郁症的研究当中，他开始测试一个特定的精神分析概念：抑郁症是源自"内心摄取愤怒"。

曾有人提出，抑郁症患者对于曾爱过的人，抱有着深刻的敌意和愤怒。他们无法处理自己对曾珍惜过的人所怀有的敌视情绪，因而他们会压抑自己的愤怒，并最终将愤怒导向了自己。贝克通过比较抑郁症患者和非抑郁症患者的梦境测试了他的这种想法，这是通过无意识获取结果的捷径。结果发现，抑郁症患者的梦境，比非抑郁症患者表现出较少的敌意。他们的梦境，如同他们醒来后的现实生活，在认知方式、关于自己和未来的思维方式上，他们表现出系统性的负面偏见。他们视自己为"失败者"。

贝克认为，这些扭曲的思考模式，不仅仅是一种症状，一种心灵深处冲突的映象，而且是导致患者持续失常的关键致病因子。于是贝克聚焦在扭曲思维的系统性抑郁症心理治疗方面。他发现，提高患者在形势误解、认知扭曲和负面期待等方面的客观性，会帮助他们的想法有着本质的转变，并让他们的情感和行为得到持续改进。

在对抑郁症的研究中，贝克专注于自杀行为，并首次为自杀行为提供分类和评估的理性基础，从而得以识别高风险个体。他对 9 000 例患者进行了前瞻性研究，并生成了一种用于预测未来自杀行为的演算法，该演算法已被证实具有高预测性。尤为重要的是，贝克对临床和心理变量的甄别，比如预测未来自杀的绝望感和无助感，最终形成了比临床抑郁症诊断更为有效的自杀预测指标。贝克和其他研究人员，比如哥伦比亚大学的约翰·曼（John Mann）对自杀的研究，证明了短期的认知干预可以显著减少随后的自杀企图。

在 20 世纪 70 年代，贝克进行了上述提及的控制实验。随后，美国国家心理卫生研究所也进行了类似的实验，这些卓有成效的认知疗法一并成为首要有效治疗临床抑郁症的心理治疗方法。

在发现认知疗法可以有效治疗抑郁症后，贝克转为研究其他类别的精神失常疾病。在对照临床试验后，贝克证实，认知疗法对治疗恐慌症、创伤后应激障碍（PTSD）和强迫症都有疗效。事实上，甚至是在海伦·梅伯格对抑郁症进行研究之前，加州大学洛杉矶分校的刘易斯·巴克斯特（Lewis Baxter）就对强迫症患者的脑部进行了造像，结果发现当认知行为治疗使患者症状改善时，尾状核的某个异常也逆转复原了。

亚伦·贝克近期把研究注意力转向了精神分裂症患者，并已发现认知疗法有助于改善他们的认知和负面情况，尤其是对注意力缺陷患者。这绝对是另一个让人惊叹的巨大进步。

　　于是，解答精神分析没落的答案，可能不仅仅在于弗洛伊德思想的禁锢，而是由于其后许多新一代治疗专家们缺乏深邃的、批判的、科学的态度。我本人并不怀疑认知疗法的有效性，并且有研究表明认同这一观点。但需要一个深邃、美妙又优雅的证明将一整套高度有效的方法予以整合，并通过有说服力的方式来加以论证，甚至是启发我们如何达到治疗结果的思想。

TRANSITIONAL OBJECTS
过渡性对象

雪莉·特克尔（Sherry Turkle）

麻省理工学院社会学教授，科技与自我创新中心主任，著有《群体性孤独》。

20世纪 70 年代中期，我就读于哈佛大学心理学专业。当时在哈佛有一项被誉为"社会关系"的重大实验刚刚以失败告终。起初这项实验的雄心是要把所有社会科学整合成一个体系。事实上，大多数学科的确在同一个大楼，威廉·詹姆斯教学楼里面。临床心理学、实验心理学、体质和文化人类学以及社会学，所有这些学科在那里紧密相连、相互融汇。

但如今大家都回到了各自院系所在的各个楼层里。依我看来，最困难的地方在于，研究思想的人在一个楼层，而研究感觉的人却在另一个楼层。

我报名参加了乔治·戈瑟尔斯（George Goethals）的课程，这个课程让我了解到思想中的激情，以及激情背后的逻辑结构。戈瑟尔斯是专注研究青春期的心理学家，并为研究生讲授精神分析课程。他研究的主要方向属于分析思想中的一个特殊学派：英国客体关系理论。这个传统的精神分析法聚焦在一个看似简单的问题：我们如何引入他人，以及在我们内心里，他们对我们意味着什么？这些内在化如何促使我们成长和改变？"过渡性对象"中的"对象"，实际上是人。

有几节课讲到了大卫·温尼科特（David Winnicott）的研究和过渡性对象的概念。温尼科特把这些童年的对象称为"过渡"，就如填充玩具动物、婴儿毯上的丝绸片、喜欢的枕头，等等。同时孩子将其看作是自我与外在现实的一部分。温尼科特指出，这些对象位于孩子对妈妈的依赖，以及逐渐意识到自己是个独立个体的认知感之间。幼儿时期的过渡性对象注定会被抛弃，然而根据温尼科特所言，它们在人的余生中会留下一个标记。更为具体的是，它们影响个人更易具备快乐、美感的经验和富有创造力嬉戏的能力。过渡性对象，因为同时忠于自我和他人，让孩子们了解到外在世界的对象是可以被其所爱的。

温尼科特坚信，在生命的各个阶段，我们会始终找寻那些我们曾体验过的对象，而且内外皆如此。我们丢弃婴儿毯，但会继续找寻婴儿毯曾带来过的一体感。我们会在感觉与世界"合二为一"的时刻找到那种感觉，即弗洛伊德所说的"无界限感"（oceanic feeling）。当我们与一件艺术品、自然中的美景或一段性体验合二为一之际，便可以经历那样的瞬间。

作为一个科学命题，过渡性对象的理论有其局限性。但作为关于联结的思维方式，它为思考提供了有力的工具。尤为特别的是，过渡性对象为我提供了一种方法，一种用来了解人类因电脑而开始形成的新型关系的方法，这就是我从 20 世纪 70 年代末到 80 年代初所开始进行的一项研究。从一开始我就意识到，正如我开始研究初期的数字文化一样，电脑并非"只是工具"。它们是亲密的机器，人们已经把电脑视为自我的一部分，与自身分开但却相互联结。

一位使用文字软件写作的小说家曾说过："这是我和机器之间的超感知觉（Extra-Sensory Perception，ESP）。当文字逐一浮现时，我与我的文字就共享于屏幕。"一位使用电脑来作设计的建筑师所说的更为深刻："一直到在电脑上与形状和式样共舞时，我心中的建筑才得以显现，它们活灵活现于我的眼睛和屏幕之间。"在学习编写程序后，一个 13 岁的女孩说，当她使用电脑时，"你的小心思藏在此处，但现在电脑里也有这么一个小心思，这时你就开始看见一个不一样的自己"。一位程序员也曾说起过他与电脑的"伏尔甘心灵熔合" 🔍 。

🔍 伏尔甘是罗马神话中的火神，天生具有掌控火的能力，能冶炼出各式各样威力无穷的兵器。——译者注

在我着手研究电脑特殊的"召唤力量"时，乔治·戈瑟尔斯的课程和我与几个哈佛研究生一起专心致志地研究温尼科特理论的那段时光，又浮现在我的眼前。电脑成为一个过渡性的对象，它将我们带回到了与世界"合二为一"的境界中。音乐家在演奏前时常在心中听到乐曲，同时内外皆体验到音乐。与此类似的是，电脑也能够作为自我和无我界限上的对象。就如乐器可以作为心灵创作的声音的延展一样，电脑也能够作为心灵创造思想的延伸。

把电脑视为一个召唤对象，这成了我们行内的一个新笑话。每当精神分析学家在谈到对象的关系时，他们总是在谈论人。从一开始，人们就把电脑视为"几乎是活着的"或者"活物之类"。自从有了电脑，对象关系精神分析学家就能够全神贯注于研究对象了。人们与视频游戏，与电脑的一行行代码，与虚拟世界的替身，与智能手机，合二为一。典型过渡性对象的概念注定要被抛弃，但其所具有的阐释力量，在经验加重的时刻，将会得以重现。当我们现有的数字设备，像智能手机和移动电话，具有过渡性对象的力量的时候，一种新的心理学便得以开始发挥作用。这些数字对象注定永不会被抛弃。而我们人类，则注定会成为半机械人。

过渡性对象

注：本文作者雪莉·特克尔的《群体性孤独》已由湛庐文化策划，浙江人民出版社出版。

113

NATURAL SELECTION IS SIMPLE BUT THE SYSTEMS IT SHAPES ARE UNIMAGINABLY COMPLEX

自然选择看似浅显易懂，实则博大精深

伦道夫·尼斯（Randolph Nesse）

密歇根大学精神病学和心理学教授，合著有《我们为什么生病》（*Why We Get Sick*）。

自然选择理论的原理极为简单。如果群体中某些个体，具备与可繁殖更多后代方面相关联的可遗传特质，那么该特质通常将在随后的几代群体中，更具普遍性。

自然选择理论的产物极为复杂。它们不仅以机械复杂的方式呈现复杂性，更以截然不同于任何设计产品的方式，呈现出有机体般的复杂性。这样就使得它们难以被人类的心智予以描述或理解。所以，我们要使用人类的终极武器，即使用比喻来理解它们，在这个话题上，身体就犹如机器一般。

比喻可以很容易地描述身体的系统，比如调节细胞的分裂、免疫反应、血糖调节和其他所有的功能，使用方框来代表身体的部位，通过箭头来表示什么原因会导致什么样的结果。通过能够掌握的方式，我们使用这样的图表对重要的信息予以概括总结。老师们是这样传授的，学生们也尽职尽责地熟记它们。但这个方法却从根本上曲解了有机体的复杂本质。正如约翰·斯科特·霍尔丹（John Scott Haldane）在 1917 年所著的一本颇具先见之明的书《有机体环境》（*Organism Environment*）所言："事实上，一个活生生的有机体，与一台普通的机器毫无相似之处。"机器是设计出来的，它们每个独立的零件，都有着各自的功能，即便关机后，大多数的功能也不会改变。个别的机器也是按照同一张设计图复制而成的。但生物体是进化而成的，它们有

着模糊的边界、多样的功能，并与无数其他部分和环境进行着相互作用，以此创建出自我维持的再生系统。为了生存下去，这个系统需要不断进行活动，同时与数以千计的相互依存的子系统进行合作。独立的生物体源自基因的独特组合，它们相互作用，随着环境的演变而创造表型，这些表型都各不相同。

把身体想象成一台机器，在16世纪，这是个巨大的进步，当时这个想法为活力论和生命力的模糊概念提供了另一个可替代的观点。时至今日，这个想法已然过时。这个想法曲解了我们对生物系统的观点，培养了一种倾向，即认为我们的生物系统比它们本身更简单，更容易感知。但专家们才不会上这个当。他们意识到，调节凝血的机制，只是粗略地由医学院学生背诵的那些简单图来表示而已，但大多数凝血系统中的分子会和众多的其他分子相互作用。研究杏仁核的专家们都知晓凝血系统具有诸多功能，而且它们经过许多管道和大脑的其他部位进行调节。血清素系统的存在，主要不是调节心情和焦虑，它是为调节血管紧张度、肠动力和骨内沉积而存在的。瘦素主要也不是脂肪激素，它具有很多功能，会在不同时间发挥不同的功能，甚至是在同一个细胞内也如此。有机系统的实际情况更为复杂凌乱。如果每个部位都区分显著，每个都有着特定的功能，那该有多好啊！但是这些系统并不是机器。我们人类的心智对有机复杂性鲜有直观和敏锐的感悟，就如同我们对量子物理学那般也知之甚少一样。

近期我们在遗传学研究进展上遇到了问题。根据假定的功能命名基因，如同按照功能界定椅子和小船一样自然。如果每个基因都是蓝图上所标示的、具有特定功能的方框，那生物学简直易如反掌！然而，人们日渐清楚地认识到，大多数特性受到许多基因的影响，并且大多数的基因影响着诸多特性。例如，人类身高变异的80%都与基因变异有关，那要找到影响身高的基因理应简单明了。但在寻找的过程中我们发现，将对身高具有最大影响的180个轨迹相加，只生成了10%的表型差异。最近医学遗传学的研究结果更是令人沮丧。仅在10年前，我们还信心十足，认为很快就能发现造成高度遗传性疾病，譬如精神分裂症和自闭症的基因变异。但通过对基因组的扫描结果显示，并没有哪些共同的等位基因会对这类疾病的发生形成重大影响。

113
RANDOLPH NESSE
伦道夫·尼斯

自然选择看似浅显易懂，实则博大精深

有人说，我们理应知晓这些，毕竟自然选择会倾向消除导致这些疾病的等位基因。但是，把身体视为一台机器，只会产生不切实际的期望。

一些神经系统科学家的宏伟愿景，就是去追溯每一个分子和路径，以此来定位所有的神经回路，从而了解大脑的运作体系。不同的分子、位置和路径，确实有分化的功能，这是已知的知识，它们对人类的健康极为重要。但通过绘制一张图表，来描述所有零部件以及之间的连接和功能，从而理解大脑运作的机制，这或许是南柯一梦。问题不是在于如何将上百万个零件拼凑在一张纸上，而是在于压根没有这样可以充分阐释有机系统结构的图表。有机系统是由微小变化的产物，像是来自多样化的突变、迁徙、漂移和选择，逐步发展成为一套系统的，它们具有不完全分化的部件以及难以理解的相互连接关系，尽管如此，它们却各自运作良好。我们试图用反向工程来解开大脑系统，聚焦在显著性的功能上，但该方法本身就存在局限性，因为大脑系统从一开始就不是以工程方式构建的。

自然选择塑造了系统，其复杂度难以用人类心智所能理解的方式予以描述。或许有些人认为这是虚无主义的体现。的确，它让我们备感气馁，我们原先希望为所有生物系统找到特定的简单描述。然而，意识到追求无望，往往是迈向进步的关键所在。正如霍尔丹所言："我们将面对一个对生物学家而言具有同等意义和重要的结论，并且这些结论与我们观察到的现象是吻合的。如同对物理学家而言，'质量坚持说'的结论和生命有机体的结构，在行为上与机器毫无相似之处。在生命有机体中，'结构'只是那些一开始看起来像不断流动的特定要素的表象，它们源于环境也终结于环境当中。"

如果身体不像机器，那么身体像什么呢？它们更像达尔文在《物种起源》所说的"纠缠的河岸"，其"精心构建的形式，形态各异，相互依存，错综复杂"。说的真好啊！但是，一个生态学方面的比喻能取代把身体喻为机器的比喻吗？这不太可能！或许有这么一天，人们对于自然选择如何塑造有机复杂性的理解，可以广泛而深刻到能够让科学家们开口说出"身体是犹如……一般的生命体"这样的话来，并且人人都能确切知晓这其中的真正含义。

114

HOW TO HAVE A GOOD IDEA

奇思妙想从何而来

马塞尔·金斯波兰尼（Marcel Kinsbourne）

美国新学院大学心理学教授，小儿神经科医师，神经学家，合著有《儿童学习与注意的问题》（*Children's Learning and Attention Problems*）。

你不必做人，也能有奇思妙想。甚至你做条鱼，也能有奇思妙想。在密克罗尼西亚的浅海中，有一种大型的鱼类，靠着捕食小鱼为生。小鱼居住在泥巴洞中，但会成群结队出来觅食。当大鱼不断靠近正要抓住小鱼饱餐一顿的时候，小鱼就会马上回撤到洞里。这时大鱼该怎么办呢？

多年来，我一直在课堂上问学生这个问题，我记得只有一名学生想出了好办法。当然，这个学生也只是经过了一番思考，而不是经过了数百万年的进化，但谁会考虑那么多呢？

如下就是这个优雅的好办法。当一群小鱼出现时，大鱼先不急于狼吞虎咽，而是游得极低，让自己的肚子挨着泥地，堵住小鱼的逃生孔。这样，大鱼就可以悠然自得地享用美味大餐了。

我们从中学到了什么呢？要有奇思妙想，而不要胡思乱想。这里的诀窍就是要抑制易如反掌的、显而易见的但徒劳无功的尝试，让更好的解决方案涌现在脑海中。通过古代鱼的突变和自然选择的某种机制，刚才的奇思妙想对大鱼就行之有效。不要笨手笨脚地去尝试无用的 A 计划，如张嘴就咬、狼吞虎咽，等等，那么 B 计划就会涌现。对人类而言，如果第二个方案也不行，那就直接放弃，继续等待，第三个计划就会出现在意识当中。以此类推，直到无法解决的问题一一迎刃而解。即使是最为直观明显的假设，也必须在过程当中予以否决。

对新手来说，奇思妙想看上去相当变幻莫测，犹如一道知识的闪电。然而，更有可能的是，奇思妙想如上述所言，是迭代过程的结果，需要有足够丰富的经验来帮助人们排除掉吸引人但却误导人的种种假设。非凡的奇思妙想就是这样，一步一步，脱颖而出，卓尔不凡。

在非人类物种的进化中，奇思妙想并不罕见。事实上，就算并非大多数，许多物种仍需要拥有奇思妙想或花招，才能够继续生存下去。当然，它们可能无法如人类那样，依赖前额皮质层，从现象和概括当中推演出定律。

在数十年或几个世纪的尝试后，最出色的心智仍然无法解答一个经典的难题，他们很有可能陷入由文化充分"给予"的前提当中，从而失去了想要挑战的动力，甚至压根儿没有留意到。但文化环境时刻在改变，昨天似乎很显而易见的事物，很可能在今天或明天令人置疑。或早或晚，一个也许并不比前人更具智慧的人，在没有受到基本的、不正确的假设束缚的情况下，能够用相对容易的方式给出解决方案。

或者呢，我们就当一条鱼，等上 100 万年或 200 万年，看看最终会发生什么。

115

THE ORIGIN OF MONEY
货币的起源

迪伦·埃文斯（Dylan Evans）

投影点公司（Projection Point）创始人，风险研究专家，著有《风险思维》（*Risk Intelligence*）。

卡尔·门格尔（Carl Menger）提出的货币起源论是我心仪的科学阐释。该阐释令人尤为满意，其原因在于它指出了货币是如何从物物交换中得以发展的，无须人们刻意去推动它。所以，它是亚当·斯密（Adam Smith）"看不见的手"的最佳案例，也是当下科学家称为"突现"的绝好案例。

门格尔创建了奥地利经济学派，该学派被诸多主流经济学家嘲讽为异端思想学派。然而，该学派对货币起源的观点提出的问题，得到了门格尔的回答。典型的主流经济学教科书列举了物物交换的问题，之后又解释了货币是如何克服这些问题的。然而，实际上货币的启动并未得到真正的解释，就好比虽然能把搭乘飞机的好处——列举出来，但并没有说明飞机是如何发明的一样。正如美国经济学教授劳伦斯·怀特（Lawrence White）在《金融机构的理论》（*The Theory of Monetary*）所指出的："人们对物物交换已经习以为常，突然在某天清晨，意识到了货币交换的好处，于是在那天下午，人们都忙着把货物当作钱开始用了。"

当然了，这相当滑稽可笑。门格尔的观点是，金钱的出现是一系列小步伐作用的结果，其中每个步伐都是个人交易者以有限的知识并基于自我利益所做出的选择。首先，物物交换者意识到，当直接交易出现困难时，可以通过间接交易获取到想要的货物。与其找到拥有我想要的货物的某人、恰巧该人也想要我有的货物，不如直接找到想要我货物的人就足够了。我可以把手头上的货物跟这个人交换，即使他给我的货物我用不上，我只要再把这件货物跟另外的人再交换，换成我所需要的货物就可以了。在这种情况下，我们已经开始使用中介货物作为交换的介质了。

门格尔指出，并非所有的货物都适于销售，某些货物更易于交易。因而交易者会逐渐累积出一份热销货物清单，以此作为交易的介质。市场上其他机灵的交易者会依据这份货物清单亦步亦趋，最终市场形成单一共同的交易介质。这就是货币。

门格尔的理论表明，货币不仅可以在没有任何有意识的计划下发展，同时也不需要依赖法律规则或中央银行。但是，这一点往往被主流的经济学家所忽视。举个迈克尔·伍德福德（Michael Woodford）的例子，伍德福德是当今最具影响力的货币经济学家之一，他在 2003 年出版的《利益与价格：货币政策理论的基础》（ Interest and Prices: Foundations of a Theory of Monetary Policy ）一书中，在对初始假设做了引入介绍后，中央银行成为经济的一部分这方面的内容，所占篇幅不到一页。伍德福德甚至没有过多地去描述一个银行系统如果没有中央银行将会是怎样的情形。然而，自由银行制度有着悠久的历史，第一家自由银行系统出现在公元 995 年的中国，比第一个中央银行早了 600 年。

我们能否用相同的看不见的手，也就是门格尔提出的货币的阐释，对中央银行的出现予以说明呢？根据劳伦斯·怀特的观点，答案取决于我们所说的"中央银行"这个术语的意思。如果政府赞助是中央银行的明确特点之一，那答案就是否定的。中央银行的出现，不能完全借助市场力量予以说明。某些时候，深思熟虑的国家行为必然会参与其中。政府涉足的动力不难想象。首先是，通过独家的纸币供应，由公众持有不带利息的票据，政府从而获得零利率的贷款，也获得了垄断性的获利来源。

在当下的困难时期，当中央银行通过大规模的量化宽松，来扩大强力货币的存量时，门格尔的理论比以往任何时候都意义重大。它提醒我们存在一个可能性，即对当前欧元区的危机的反应，不一定是更多的加强中央集权管理，反而应该是反向而行之，建立起这样的机制，即任何银行都可以发行纸币，以市场力量而非以中央银行的力量来控制货币供应量。

116

THE PRECESSION OF THE SIMULACRA
模拟物的先行

道格拉斯·洛西科夫（Douglas Rushkoff）

传媒理论家，纪录片制片人，著有《当下的冲击》（*Present Shock*）。

生活中许多被我视为理所当然的宇宙万物，实际是人类的创造与思想，我们对这些实在是后知后觉。我发现法国社会学家、哲学家让·鲍德里亚（Jean Baudrillard）提出的"模拟物的先行"（precession of the simulacra）是个极为有价值的阐释，可以帮助我们理解人类究竟能和与现实相关的一切割裂到何种程度。

"模拟物的先行"的主旨是：在一个现实世界里，我们使用地图来描述这个世界，以及发生在这张地图上的所有活动，某些时候我们几乎很少关注这些活动应该在哪里出现。有这样的一个现实世界，也存在着这现实世界的表征，并且还存在虚拟现实（VR）的错误。

当虚拟现实频频露面之际，模拟物的先行这个思想又重新流行开来。作家们再度呼唤鲍德里亚，仿佛我们需要警告自己，我们正逃逸到虚拟世界中去，并将一切实体还有血与肉都统统抛在脑后。但我从未把电脑模拟视为极度危险。即便有危险，电脑模拟的作假痕迹如此显而易见，从大型电动游戏到 Facebook，不仅让我们意识到了它们的模拟性质，也对万物的真实性提出了质疑。

现实土地是我们每天用脚踩着走来走去的实体；然后是领土，我们用来界定陆地的地图和国境线；但接下来就是为了地图上所绘制的国境线而燃起的烽火战事。

阶梯能够持续地向上搭建，带领人们迈向更为抽象之地，并更加远离现实世界。土地成为领土，领土继而变成各自所属的财产。而财产本身又可以通过契约的方式予以呈现，契约又可以抵押。抵押本身是一种投资，可用来和衍生的金融商品对赌，而衍生的金融商品可以通过信用违约交换来进行担保。

信用违约交换是通过计算机算法进行交易的，和程序员尝试跟随计算机算法去设计竞争算法一样，这种层次的互动是真实存在的。从金融角度而言，这种互动比起其他任何因素，都更有办法来决定谁可以拥有你的房产。信用违约交换的危机可以使像美国那样大的国家破产，但却丝毫不会改变它所涉及的真正土地。

或者以金钱为例说明：有价值的事物，比如劳动力，鸡肉或鞋子。然后是我们用来表示该事物价值的东西，比如黄金、粮食收益或黄金凭证。一旦我们习惯使用这些收益和票据作为有价事物的等价物品，就可以再进一步：美国联邦储备兑换券，或"法定"货币，这些和黄金、粮食、劳动力、鸡肉、鞋子并无关联性。这其中3个主要发展步骤是：价值、价值表征，最后是与价值的割裂。

但最后的割裂是至关重要的一步，在许多方面，它是令人悲痛的。因为这是我们忘记物品来自何方的一刻。当我们忘记它们代表什么的时候，模拟物就被推向了现实。发明出来的景观被自然化，接着就被误认为是自然。

在那时，我们会变得特别容易受到假象、滥用和幻想的伤害。因为一旦我们生活在一个充满人造符号和模拟物的世界里，无论谁控制着地图，我们的现实就会被他所控制。

117

TIME PERSPECTIVE THEORY
时间洞察力理论

菲利普·津巴多（Philip Zimbardo）

斯坦福大学心理学名誉教授，著有《津巴多普通心理学》《雄性衰落》（*The Lucifer Effect: Understanding How Good People Turn Evil*）。

我想要告诉你，给我们带来重大举措结果的每一项决策，最强有力的影响往往会被大多数人所忽略，然而它却恰恰是我们所能想象到的、最显著的心理学概念。

我要说的是我们对心理时间的感受。更具体一点来说，我们的决策是如何被局限在时区里的，在这样的时区里，我们已经了解了自己的过度偏好和倾向。我们都生活在多重时区中，从童年开始，教育、文化、社会阶层以及来自经济和家庭的稳定或非稳定性的人生体验，都对我们进行着各种塑造。大多数人呈现了有偏差的时空定向，也就是钟爱某种时间帧胜过其他，变得过于以过去、现在或未来为导向。

由此，在决定做出一个重要或次要的判断时，我们中的有些人会彻底被当前的形势所左右：其他人在做什么、说什么、催促什么，以及个人自身的生物冲动。另外有些人在面临同样的决策矩阵时，会忽略掉当时所有的因素，反而聚焦在过去，比如比较当前和以往情形的相似性，回想当初做过的事情及其影响。第三种决策者则是忽略现在和过去，聚焦在当前行动会对未来所产生的影响上，计算着成本与收益。

更为复杂的是，在这些基本的时区中，每一个时区还存在子域。一些以过去为导向的人，倾向于关注早期的负面经历，比如遗憾、失败、虐待、创伤；而另一些以过去为导向的人，则关注以往的正面经验，沉迷于过去的美好时光，比如怀旧、感恩和成就。对于以现在为导向的人而言，也有两种情形：一种是活在当下的享乐中，寻找愉悦、新奇、感动；另一种则是宿命论，坚信未来无法被任何事物所改变。以未来为导向的人是目标的制定者，他们会策划各种战略，期盼能大获成功；但另一种以未来为导向的人，则把关键的焦点放在超自然的未来，也就是生命始于肉身的死亡上。

对时间洞察力的兴趣，激发了我创造出一份度量表格，该表格可以准确判定我们与这 6 个时区匹配的程度。"津巴多时间观念量表"（Zimbardo Time Perspective Inventory，ZTPI），将这些时间维度所附有的心理特质和行为关联起来。我们已经证实，时间洞察力对人类天性上的诸多领域有着重大影响。

事实上，通过某些被揭露的关系我们发现，比起传统的性格评估，时间洞察力在对这些关系的影响方面有着更高的相关系数。比如，未来导向与责任心的相关系数为 0.70，而且我们可以从中预测寿命；活在当下的享乐主义，与寻求刺激和新奇的相关系数为 0.70；注重过去的负面想法最有可能拉高焦虑、抑郁和愤怒的指标，它们之间的相关系数高达 0.75；而且，在当下宿命主义与个人挫折之间，也存在着类似的高度相关性。我应该说明一下，这个验证性因素分析是基于大学在校生的样本来进行的，所以这些结果对辅导员而言，也是一种警示。津巴多时间度量表不仅可以测量相关性，而且还可以预测广泛的行为趋势：科目成绩、风险系数、酒精上瘾、药物使用与滥用、环境保护、健康检查、创造力、解决问题的能力以及诸多行为。

最后，最为令人惊诧的发现之一，是将时间洞察力应用为时间疗法，来"治愈"那些患有创伤后应激障碍的退伍军人、被性侵的妇女，或是遭遇车祸意外的人们。理查德博士和罗斯玛丽·索德（Rosemary Sword）博士，近来在治疗那些参加过美国战争的退伍军人和一些国内病患方面，都获得了显著的正面疗效。他们治疗的核心是，将创伤后应激障碍患者普遍具有的，对过去感到负面和对当下听天由命的一些偏差时区，用平衡的时间洞察力来取而代之，强调充满希望的未来，再补充一些经过精挑细选的当下的享乐观点，同时带入一些具有正面意义的回忆。

在 30 例不同年龄、种族的患有创伤后应激障碍退伍军人样本中，使用比传统认知疗法更少的时间洞察力治疗疗程，我们能够发现，所有创伤后应激障碍患者身上都发生了颇具戏剧性的正面变化，同时在社会和职业关系上，也有了正面的改变。看到那些曾持续遭受数十年战争严重创伤的退伍老兵们，通过这种至简至雅的心理疗法，重新定义自己的人生，发现自己的新生活充满机遇、友情、亲情和快乐，这就是时间洞察力理论的意义所在。

注：本文作者菲利普·津巴多的《津巴多普通心理学》《雄性衰落》已由湛庐文化策划。《津巴多普通心理学》已由中国人民大学出版社出版，《雄性衰落》已由北京联合出版公司出版。

118

DEVELOPMENTAL TIMING EXPLAINS THE WOES OF ADOLESCENCE

发育时机阐释青春期的烦恼

艾莉森·高普尼克（Alison Gopnik）

加州大学伯克利分校心理学教授，著有《宝宝也是哲学家》。

"他究竟在想些什么啊？"这是家长们想要了解处于青春期孩子们的一举一动时，常见的困惑与呐喊。发展心理学家、神经学家和临床医生，对十几岁青春期少年的怪异行为，给出了一个妙趣横生又优雅的阐释。这个阐释适用于一般青春期孩子们的行为，从出人意料的钦佩到略微恼人，甚至是彻底的病态，都涵盖其中。其观点是，有两套不同的神经和功能系统相互作用，使孩子们逐渐转为成年人。由于两个系统之间的关系产生了变化，进而对处于青春期的孩子也有着深刻的影响。

首先，动机和情感系统与青春期的生物和化学变化息息相关。这些变化将原来受到未成年保护、平静温和的十岁孩童，转变为坐立不安、精力充沛、情绪激烈的青少年，他们不顾一切地追求自己的目标，想要实现每一个愿望，并切身体验着每一个感受。对青少年而言，他们最重要的目标是获得同伴们的尊重。最近的研究表明，青少年并不是因为低估了风险而鲁莽冲动，而是因为高估了赞赏，特别是社会奖励。他们觉得社会的奖励比大人评判的是非对错更具有价值。想想看，初恋总是无比美好，高中篮球锦标赛冠军是永远无法再体验的荣耀。青春年少时，你就是渴望得到一切；而人到中年时，你则是需要找到渴望一切的激情。

其次，起作用的是控制系统，它可以引导青少年们释放他们全部的热血。这个系统是由前额叶皮层延展而来，引导并控制着大脑的其他部分。这个系统负责抑制冲动并引导决策；与动机和情感系统相比较，它更多地来源于学习。通过一次次作出决策并不断修正，以便我们作出更好的决策。通过拟定计划、落实计划、一次次地审视结果，最终你成了一个好的策划者。专业技能就源自你的经历。

在遥远的进化史里，这个系统与人们并肩同行，事实上，最近的历史也如此。大部分的幼儿教育都涉及了正式的和非正式的学徒制度。幼儿有很多机会来实践成年人的技能，于是有些孩子长大后就成了规划师和演员。想要成为一名优秀的狩猎－采集者、厨师或监护者，你必须在童年的中期和青春期早期这个时间段，亲身实践采集、打猎、烹饪和照料孩子这些工作，这些过程会调整你的额叶前部发展，并引导你逐渐发育为成年人。然而，你所做的一切，是在有经验的成人监督下以及受到对幼儿呵护的世界中进行的，因此你所犯下的错误也不会造成多么大的影响。可是，当青春期的动机开始显现时，你已经准备好以焕然一新的强度与慷慨激昂的力量追求真正的荣耀，而你也拥有技巧和控制力，让你能够有效、合理、安全地实现自己的目标。

但是在如今的生活中，这两个系统之间的关系已然改变。由于某些密不可知但最有可能是生物性的缘故，人类进入青春期的年龄越来越早。一些前沿理论指出，这种现象的出现是由于现在的儿童摄入过多，运动过少，能量平衡被打破的缘故。在这种情况下，动机系统也就随之出现了。

同时，现在的儿童鲜有机会去体验成年后需要完成的任务，甚至都没有机会去练习诸如煮饭和看护的基本技能。事实上，当代的青少年和青春期前的儿童，除了上学读书外，通常其他什么事都不做。在真实世界和真实时间内，青少年努力去达成一个真实目标的体验也日渐延迟，而控制系统的发育依赖于这些体验。发展心理学家罗恩·达尔（Ron Dahl）对这个结果有个很恰当的比喻：在学会使用方向盘和刹车前的很长一段时间里，青少年们只会一味地猛踩油门。

这并非说现在的孩子们比以前的愚蠢，反而在许多方面，他们更为聪慧。事实上，某些证据显示，前额叶延迟发展与较高的智商相关。对学校教育的日趋重视，意味着孩子们比起以往做学徒的时代，能够知晓更多的学科知识。

要想成为一名真正的烹调能手，并不需要你了解使用工具的进化或是氯化钠的成分，诸如这些在学校学到的知识。不过，有不同的路径可以使孩子们变得聪明。但了解历史和化学，对做好蛋奶酥也并没什么帮助。广泛、灵活和无止境的学习，反而可能会阻碍熟练的、可控的、专注的技能发展。

诚然，长辈们总是在抱怨年轻的一代。但这条阐释的确优雅地指出了由青春期特殊产物所引起的问题和矛盾。目前看来，的确有很多年轻人聪慧、博学但毫无目标，他们热情似火、生机勃勃，但直到二三十岁，他们都无法专注在特定的工作或爱情上。更为严重的情况是，青春期少年由于受到性、权力和自尊心的驱使，当面对无法妥协的现实时，因为没有专业知识和控制冲动的能力，无法抵御性或暴力行为。

我对这个阐释情有独钟，是因为它对日常中各种令人困惑的现象进行了解释和说明，还因为它强调了心智和大脑，这两个重要却又时常被人们忽略的事实。第一个事实是，体验塑造大脑。事实上，与其说前额叶的发育能让我们更好地控制冲动，不如说是我们控制冲动的经验，让前额叶有了更好的发育。

第二，在解释人类天性时，发育起着举足轻重的作用。原有的进化心理学图像，是一小部分基因，即一个"模块"，它会直接和成人行为的一些特定模式相关。但越来越多的证据表明，基因只是复杂发育序列的第一步，生物体和环境之间连续的相互作用会塑造人类大脑。甚至是发育期中的一个微小变化，都可能改变我们甚多。

注：本文作者艾莉森·高普尼克的《宝宝也是哲学家》已由湛庐文化策划，浙江人民出版社出版。

119

IMPLICATIONS OF IVAN PAVLOV'S GREAT DISCOVERY

伊万·巴甫洛夫伟大发现的启示

史蒂芬·科斯林（Stephen M.Kosslyn）、**罗宾·罗森堡**（Robin Rosenberg）

史蒂芬·科斯林：心理学家，斯坦福大学行为科学高级研究中心主任；
罗宾·罗森堡：临床心理学家，著有《蝙蝠侠出什么事情了？》（*What's the Matter with Batman?*）。

想象一位政客反对联邦基金一个研究狗如何流口水的研究计划，这并非难事。但是，不支持这样的研究，其实是相当短视的行为。伟大的俄国生理学家伊万·巴甫洛夫，在其获得的诺贝尔奖，即对消化方面的研究里，其中有一部分就是测量狗被喂食时，所产生的唾液量。在这项研究中，巴甫洛夫和同事们发现了一个令人意外的情况：狗早在被喂食前就已经垂涎欲滴了。事实上，狗听到喂食者靠近的脚步声，就开始分泌口水。这项核心观察导致了经典条件反射的发现。

隐含于经典条件反射的中心思想是，中性刺激（诸如喂食者走近的脚步声）与一个反射反应（如唾液）的刺激（如食物）发生关联，一段时间后，中性刺激能诱发与之配对刺激的反射反应。为了清楚地解释这个现象，我们用几句话来解释这个专业术语。当中性刺激受到制约时，被称为条件刺激（CS），而产生反射性反应的刺激称为非条件刺激（UCS）。通过非条件刺激产生的反应称为非条件反射（UR）。当条件刺激在非条件刺激后马上出现时，经典条件反射便会发生，于是一段时间后，条件刺激本身就会发生反应。当这种情况发生时，该反应被称为条件反射（CR）。简而言之，起初非条件反射（如食物）生成一个非条件反应（如唾液），当条件刺激（喂食者的脚步声）在非条件刺激之前出现时，条件刺激很快便会引起条件反射（流口水）。

这个简单的过程给了我们一个优雅却不直观的阐释。比如说，药物过量导致的意外死亡。一般情况下，毒品使用者倾向在特定环境里服用毒品，譬如他们的浴室里。最初环境仅是中性刺激，但在此环境下多次服用毒品，浴室拥有了条件刺激的功能：一旦服用者准备进入浴室服用毒品时，他们的身体就会对此环境产生反射，准备接受服用毒品。特定的生理反应让身体配合服用毒品这一行为，而这些身体反应则被浴室制约了。换句话说，反应成为了条件反射。为了获得更高的反应，现在服用者必须服用更多的毒品来克服人体的预先反应。如果服用者在不同环境下服用毒品，比如是在聚会中某个朋友的卧室里，条件反射就不会产生，这意味着，不会发生平常的生理反应。因此，毒品的通常用量在不同环境中对身体而言是更大的剂量，超过其平常所能承受的用量，因为身体本身并没有做好准备。由此，经典条件反射可以用来解释许多不同的遐想，我们也可以扩展其能够解释的范围，比如为什么由药物过量导致的意外，会发生在新环境下使用寻常的剂量之时。

同样地，经典性条件反射在安慰剂效果方面也起到一定的作用。我们大多数人使用的镇痛药，如布洛芬或阿司匹林，早在药效发生之前，身体就已经感受到了作用。为什么呢？根据以往的经验，仅仅是服用这种药物的单一行为已经成了条件刺激，它触发了由药物产生的止痛效果，这个过程就形成了条件反射。

经典条件反射也能够发生在植入的除纤颤器或起搏器上。当心脏跳动太快时，装备会发出电击，使心脏恢复到正常的跳动速度。在校准电击程度之前，电击会让人非常不舒服，该项功能就如同非条件刺激，产生恐惧感就如同非条件反射。由于电击不会发生在相同的环境中，人们对环境的随机性就产生了关联，于是这项功能就如同条件刺激一般。当这些环境的随机性再次出现时，人们会在等待可能的电击时，经历严重的焦虑情绪。

同样的过程也解释了为什么一旦你因特定食物而中毒过，那这种食物对你就毫无吸引力了。中毒就像条件刺激，如果你吃了或想到要吃那种食物，你就可能觉得反胃，这便是条件反射。你发现自己会回避那样的食物，并且还对那种食物产生厌恶感。事实上，只需要把特定类型食物的图片，如炸薯条与令人反感的照片，如一具严重烧焦的尸体放在一起，就能改变你对那种食物有垂涎欲滴的感觉。

巴甫洛夫对预期性流口水的发现，能够轻而易举地运用并扩展到更大范围的现象中去。也就是说，我们理应指出，最初的经典条件反射的概念并不十分准确。巴甫洛夫认为感觉输入直接连接到特定反应，从而刺激并生成自发的反应。我们时至今日方才得知，连接并没有那么直截了当。经典条件反射涉及很多认知过程，比如注意力和那些潜在的解释与理解。其实，经典条件反射是一种内隐式学习方式。也因为这样，它可以让我们付出较少的认知努力和承受较少的压力，从而使我们在今生乘风破浪。然而，这种条件反射也有副产物，虽然它威力强大、令人惊叹，但在某些时候也危险重重。

伊万·巴甫洛夫伟大发现的启示

NOW IT TURNS OUT THAT THE LOGICS OF REDUNDANCY AND OVERCOMPENSATION ARE THE SAME— AS IF NATURE HAD A SIMPLE, ELEGANT, AND UNIFORM STYLE IN DOING THINGS.

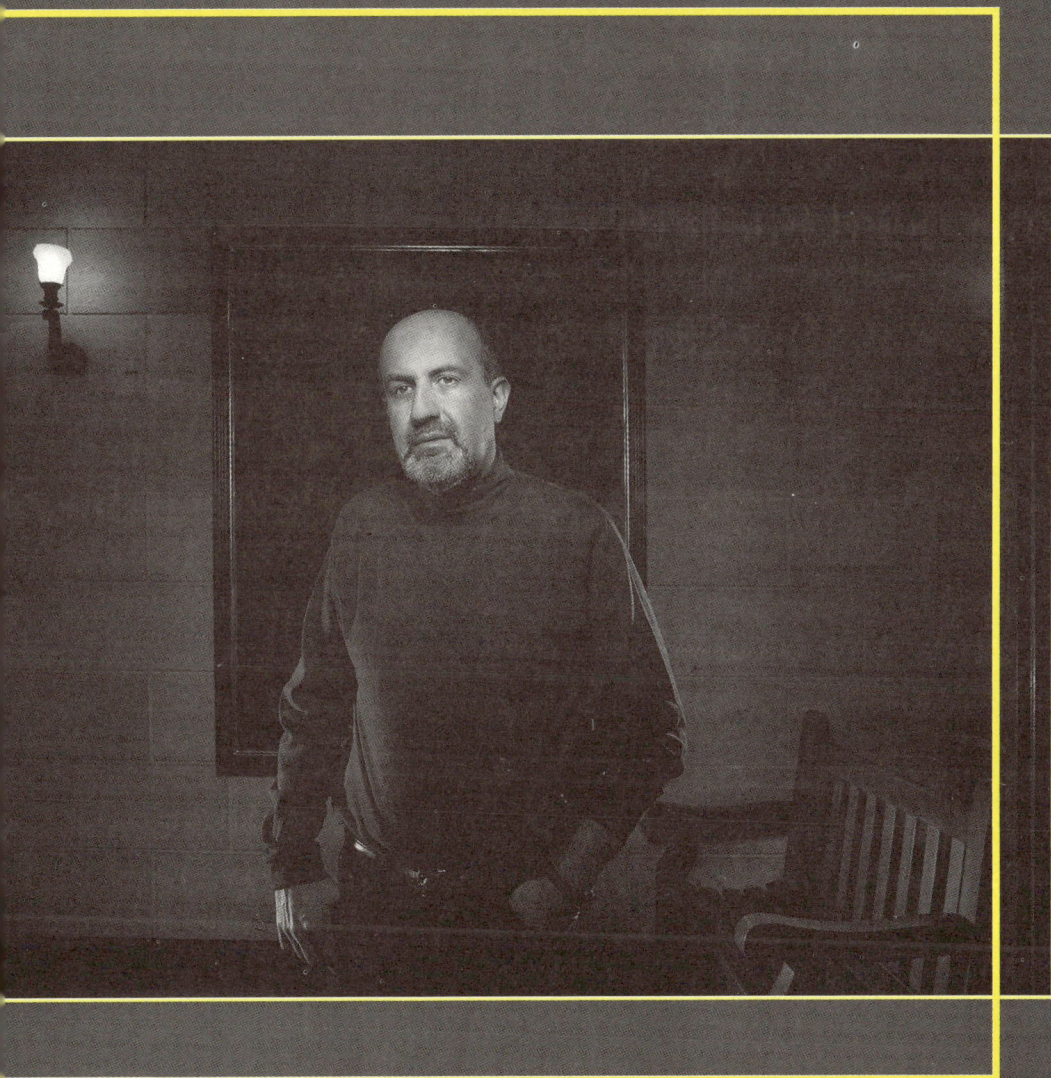

事实证明，冗余和过度补充的逻辑是相同的，犹如大自然有个简洁、优雅且统一的做事风格一样。

——纳西姆·尼古拉斯·塔勒布（Nassim Nicholas Taleb）

120

HORMESIS IS REDUNDANCY

毒物兴奋效应①是一种冗余

Nassim Nicholas Taleb
纳西姆·尼古拉斯·塔勒布
纽约大学理工学院特聘教授，著有《黑天鹅》（*The Black Swan*）。

大自然是统计学和概率学的大师。大自然作为一种中央风险管理的方法，其遵循着某种基于层层冗余的特定逻辑。大自然构建着额外的备用配件，比如人有两个肾，以及在诸多事物上都给予了额外的能力，比如肺、神经系统、动脉器官等，但如果这些由人类来设计的话，就会倾向于节约与过度优化，并有着与冗余截然相反的属性：杠杆作用；从历史轨迹来看，人类会涉足债务，这就是冗余的反向。如5万美金存放在银行，甚而放在床垫下，这就叫冗余；

① 毒物兴奋效应是毒理学用来描述毒性因子（刺激）的双相剂量效应的一个术语，即高剂量致毒因素（包括毒物、辐射、热、机械刺激等）对生物体有害，而低剂量致毒因素对生物体有益。——译者注

欠银行 5 万美金，则是债务。

在这其中引人注目的是，如今被称为毒物兴奋效应的机制便是冗余的一种形式，其统计上的精细化程度，迄今为止，人类科学都无法匹敌。

毒物兴奋效应，是指有害物质或紧张性刺激在适当剂量或强度下刺激着生物体，并使生物体更好、更强、更健硕，还要为下一次承受更大的剂量做好准备。这就是我们去健身房、进行间歇性禁食或减少热量摄入，或是对愈发严峻的挑战过度补偿的原因。在 20 世纪 30 年代后，毒物兴奋效应失去了科学界的重视和兴趣，其中部分原因在于有些人误认为它与顺势疗法相关。但认为这二者彼此相关并不合理，因为它们二者的机制截然不同。顺势疗法依循的原理与毒物兴奋效应的不同，它利用比如剂量微小、高度稀释的疾病致病原（小到很难被察觉到，因而不会引起毒物兴奋效应）产生疗效从而抵抗疾病。因为没有实证的支撑，时至今日顺势疗法仍属于非传统医学；但毒物兴奋效应，从其效果而言，已经显示出充分的科学证据。

事实证明，冗余和过度补充的逻辑是相同的，犹如大自然有个简洁、优雅且统一的做事风格一样。比方说，如果我摄入了 15 毫克的有毒物质，我的身体会变得更为强壮，能够应付 20 毫克以上的毒物。比如，通过空手道练习或搬运物品让我的骨头增压会让骨头变得更强硬、骨密度更高，可以做好承受更大压力的准备。过度补偿系统必须处于过量模式，才可构建出额外的能力和力量，这是因为我们会预期还会有更糟的结果，所以需要更大、更强壮的力量或承受能力来应对可能的危害信息。这是通过压力来发现可能性的极端形式做出的反应。当然额外的能力或力量本身非常有用，即使在没有危险时也能带来某些益处。冗余是积极而非被动消极地面对人生。

我们拥有多种多样的制度性风险管理方法。目前的做法是依照过去最坏的情况，我们称其为"压力测试"，并相应地做出调整，却从未想过这样的偏差可能并不足以应对未来发生的真实状况。比如，当前系统会以历史上最差的衰退、最惨烈的战争、历史上最糟糕的利率变动、最糟糕的失业率等为经验教训，为未来最坏的结果做准备。我们当中的许多人都经历过因为压力测试的方法而受挫，而且是严重受挫，因为在测试中，人永远不会想超越过

毒物兴奋效应是一种冗余

去发生过的事情；甚至在主张应该考虑更糟糕的情况之际，还得面对那种常见的、天真的实证主义式的质疑："你有证据吗？"

诚然，这些系统不会在心智中进行递归练习，以此来看到明显的结果，即在过去最糟糕的事件之前并没有同样糟糕的先例，比如说在发生世界大战之前，在欧洲用最糟糕案例来进行评估的人，一定会大惊失色。我把此现象称为卢克莱修低估，这位充满诗情画意的拉丁哲学家，曾写过："傻瓜会认为最高的山和他所观察过最高的山一样高。"丹尼尔·卡尼曼（Daniel Kahneman）为了支持霍华德·昆鲁斯的研究工作，曾写道："无论是个人还是政府的保护行动，通常都是在实际曾经经历的最大灾难的基础上设计出来的，而对更严重的灾难，其实很难能想象出来。"譬如在古埃及的法老王时代，人们记录着监测到尼罗河高水位的标记，并以此作为农业最糟糕的情况。似乎并没有经济学家测试过这个显而易见的事情：极端事件根据过去的经验是否有减少呢？回溯测试可能会回复说："没有，真是对不起啊。"

同样危险的轻率行为也可以在福岛核反应堆事件中见到，福岛核反应堆是根据过去最糟糕的结果而建成的，但没有想象和进行推断更糟糕的结果。大自然不像风险工程师，它不会为之前从未发生过的做准备，也不会总是假设更糟糕的危害随时可能发生。所以，如果人类打的是上一场战争，而大自然打的便是下一场战争。当然，我们的过度补偿是有着生物限制性的。这种形式的冗余，比起我们人类心智，仍然具有极大的外推性，而人类的心智则是具有内推性。

伟大的数学家贝努瓦·曼德尔布罗特（Benoit Mandelbrot）离开我们已有7年了，他曾在自然和经济及历史事件的概率中验证过，相同的不规则碎片具有自相似性。亲眼验证这两个领域如何在基于碎片冗余的概念下合二为一，着实让人激动无比。

附注：在一般科学论述中，"适应度"这个词并不精准。我无法弄清楚到底所谓的"达尔文适应度"是属于目前环境的内推适应，还是包含统计上的外推成分。换而言之，鲁棒性（不被压力伤害）和我所称作的反易脆性（由应激源而获益），这二者有着显著的差异。

NATURE IS CLEVERER THAN WE ARE
大自然远比人类更智慧

特伦斯·谢诺沃斯基（Terrence J.Sejnowski）

萨尔克生物研究所计算神经科学家，弗朗西斯·克里克讲席教授，合著有《计算型大脑》（*The Computational Brain*）。

在我们的一生当中，我们慎重作出的每一个重要决策，都在我们的心中留下了清晰的印象，比如从事何种职业、居于何处、与何人相伴一生。但与此信条相反的是，生物学方面的证据表明决策过程发在一个古老的大脑系统之中，该系统被称为基底神经节，那是意识无法进入的大脑回路。尽管如此，心智却尽心尽力地为决策编造着合理的阐释。

引领该结论的科学线索始于对蜜蜂的观察。工蜂在春天的田野里采集花蜜，通过花的颜色、香气和形状来识别花蜜。蜂脑中的学习回路集中在下颚神经髓腹侧非成对中央细胞（VUMmx1），即接收感官输入的单一神经元，在这之后，再接收花蜜的信息，然后当蜜蜂下一次见到这种花时，它就学会了预测花蜜的价值。这个过程中的延迟相当重要，因为其关键是进行预判，而不是单纯的关联。它同时也是时间差分学习（TD）的核心概念，这包括去学习一系列能达成目标的决定，尤其是在不确定的环境中是极为有效的，比如说我们生活的这个地球。

在我们的中脑深处有一个小组神经元，对决策起着非常重要的作用，这些神经元在最早的脊椎动物祖先中被发现，之后又扩展到整个皮层和基底神经节。这些神经元释放的神经传导物质叫作多巴胺，它对我们的行为有着巨大的影响。多巴胺被誉为"奖励分子"，但更重要的是，这些神经元有着预测奖励的能力，比如如果从事这样的工作，我会有多快乐？多巴胺神经元是动机与执行时间差分学习的核心，就如同 VUMmx1 一样。

时间差分学习解决了找寻达成目标最快捷路径的问题。这是一种即时的演算法，因为在达成目标的过程中，这种演算法可以通过探索发现中间决策的价值。要做到这点，必须创建一个内部的评估函数，用于预测行动的后果。多巴胺神经元能够评估整个皮质当前的状态，并通知大脑在当前状态下最好的行动路径。在许多情形下，最好的行动路径当然是一种猜测，但由于猜测可以不断得以改进，所以时间差分学习会随着时间的流逝而创造出玄妙深奥的价值函数。多巴胺可能是你偶然经历过的"直觉"的源泉。

在你反复掂量各种选项时，具有前瞻性的大脑回路正在对每个情况进行着评估，多巴胺的瞬间浓度会记住每个决策的预测值。多巴胺的浓度与你的动机强弱相当，也就是高浓度的多巴胺预示着高期望值的奖励，而你也会有更强的动机去追求目标。这在运动系统中表现得更为直接：多巴胺的浓度较高时，会让动作更快。可卡因和安非他命之所以会让人成瘾，是因为这些药物会使多巴胺活性增加，并劫持大脑内部奖励系统。降低多巴胺含量会引发快感缺失，使得无力体验快感；而失去多巴胺神经元则会导致帕金森氏病，让人失去行动和思考的能力。

时间差分学习威力强大，因为它结合了许多不同维度的价值信息，实际上，在达成遥远目标的过程中，时间差分学习是通过把不相关的事物放在一起做比较而达到效果的，譬如比较苹果和橙子。这很重要，原因就在于要在诸多变数和未知中作出理性决策绝非易事。如果你拥有一个内部系统，该系统能够作出快速的、良好的猜测，这就是你所拥有的一项巨大的优势，在需要快速作出决策之际，不同的决定很有可能就会产生生与死的差别。时间差分学习依赖你人生经验的总和。它在个体都记不住经验细节的时候，就会提取这些经验中的本质要素来帮助我们记忆。

时间差分学习同时对心理学家训练老鼠和鸽子执行简单任务的实验作出了阐释。增强学习算法，在传统上被认为不太能解释清楚这样的复杂行为，因为来自环境的反馈最小。尽管如此，强化学习几乎适用于所有物种，并会促使一些形式最为复杂的感觉得以协调，比如说钢琴演奏和发表演讲。强化学习已经经过了亿万年的进化萃取，无数物种都从中获益匪浅，尤其是我们人类更是如此。

那么时间差分学习能够解决多复杂的问题呢？双陆棋是一种电脑程序，其内容是通过和自己比赛，学会如何玩双陆棋。这种方法的困难在于，只有在比赛结束后才能获得奖励，所以玩家不太清楚到底是哪几步棋下得不错，才赢得了最后的胜利。在一开始玩游戏时，玩家只知道游戏规则，但不了解游戏的策略。在和自己下过多次后，玩家可以应用时间差分学习来创造价值函数，对游戏中棋子的布局进行评估，这个游戏让玩家从初学者攀升到专家级别，其在整个过程中都采用类似于人类使用的巧妙策略。经过百万次后，玩家就可以达到总冠军的级别，并且它还会出现让人类专家都惊讶的新布局。类似的游戏途径在围棋中也取得了不俗的表现，并正在往职业级别迈进。

在可能的结果会出现组合爆炸的情形下，精挑细选的裁剪极有裨益。注意力和工作记忆会让我们专注在问题的重点上。陈述性记忆系统也对增强学习施加更大压力，以此来寻找独特的对象和事件。当大脑在灵长类动物中得以进化时，增加的记忆容量大大增强了他们作出复杂决策的能力，从而发展出了一系列的行为来达成目标。我们是唯一创建教育系统、并让自己接受多年教育和考试的物种。归功于多巴胺控制行为的力量，我们才能够延迟享乐直至到遥远的未来，在某种情形下，还能进入到想象的来世。

在 20 世纪 60 年代的认知革命之初，即使是最聪明的心智也无法想象到，增强学习能够作为智慧行为的基石。我们无法依赖心智，大自然远比我们人类更有智慧。

122

IMPOSING RANDOMNESS
无与伦比的随机性

迈克尔·诺顿（Michael I.Norton）

哈佛大学经济学教授，合著有《花钱带来的幸福感》（*Happy Money*）。

保罗·迈耶（Paul Meier），于 2011 年离世，他因发明卡普兰–迈耶估计量而闻名遐迩。与此同时，迈耶在另一个不可估量的解释工具随机化实验的广泛应用方面，也是一位有着重大影响力的人物。这个看起来毫不性感的术语，掩盖了其内在所具有的优雅，其在最佳实践者的手中，已趋于艺术珍品。简而言之，随机化实验提供了独特且强大的方式，为跨学科的科学家们试图回答的问题提供着答案：我们如何得知某些事物有用？

举一个每年媒体都会反复问到的问题：红酒对我们的身体有益还是无益？通过调查人们饮用和健康的问题来寻找两者之间的关联性，我们已经充分了解了喝红酒的作用。但要评估红酒对健康的特定影响，我们还需要问人们很多的问题，包括他们吃的一切（食物、处方药、不太合理的用药方式）、他们的习惯（运动、睡眠、性生活）、他们的过去（健康史、他们父母辈和祖父母辈的健康史），等等。然后尽量把控好这些因素，把红酒对健康的影响分离出来。这是一项篇幅多么长的调查啊。

对于我们如何理解红酒的作用，随机化实验构建了完全不同的处理方法。前提是，人们在上述的诸多问题以及其他问题中呈现的差异性，我们需要通过随机指派人们喝或不喝红酒来处理。假设吃甜甜圈和从不运动的人同样可能会在"红酒组"或"控制组"，那我们就可以中规中矩地评估，红酒平均造成的影响等同或超过其他可能的因素影响。这个方法很简单。

每次只要通过一个简单的技巧生成许多可观的结论时，我们就会用"优雅"来描述它。

在社会科学领域，随机化实验始于 20 世纪 50 年代（包括迈耶的贡献），但在近些年出现了爆炸性的增长，使其适用范围从医学（测试干预，如认知行为治疗）到政治科学（投票率实验）到教育（指定孩子依靠成绩获得报酬）再到经济学（鼓励储蓄行为）。其实验方法也已渗入到公共政策，比如美国前总统奥巴马任命行为经济学家卡斯·桑斯坦（Cass Sunstein）为信息与法规事务办公室主任；英国首相戴维·卡梅伦组建行为研究小组。

随机化实验绝对不是阐释的完美工具，实质上某些重大问题不适合使用随机实验，若是使用者的方法错误还会产生危害，譬如臭名昭著的塔斯基吉梅毒实验🔍。但随机实验日益广泛的应用，呈现出该实验的灵活性，从而使得我们知晓，事物是如何运作的以及其背后所存在的原因。

无与伦比的随机性

---

① 美国公共卫生部以 400 名非洲裔男子为试验品，秘密研究梅毒对人的危害，并隐瞒当事人长达 40 年之久，使大批受害人及其亲属付出了健康乃至生命的代价。——译者注

123

THE UNIFICATION OF ELECTRICITY AND MAGNETISM

电力与磁力的统一

劳伦斯·克劳斯（Lawrence M.Krauss）

物理学家、宇宙学家，美国亚利桑那州立大学"起源项目"（Origins Project）主任，著有《无中生有的宇宙》（*A Universe from Nothing*）。

在近代科学史上，就我所知，唯有在 19 世纪将两个常见的、但看似独特的自然力，电力和磁力，二者结合起来的非凡阐释是深邃、美妙又优雅的。于我而言，这个阐释具有科学的最佳性：它结合了令人惊诧的实证发现，历经曲折，最终获得了兼具浅显易懂与优雅的数学架构，它所阐释的事物远远多于我们的预料，并且在此过程当中所生成的技术成了推动现代文明的生产力。

跳蛙与电子线路的奇妙实验，最终促成了一项偶然的发现，这让自学成才但依旧是最伟大的实验家迈克尔·法拉第（Michael Faraday），发现了磁性和电流之间的奇妙联结。在当时，众所周知的是，移动的电荷或电流围绕自身会生成电磁场，可排斥或吸引周围临近的磁铁。但还有一个问题未得到回答，即磁铁是否会让带电物体产生电力。当法拉第启动或停止电流时，他偶尔发现，会产生一个随时间增长或减弱的磁场，在磁场变化期间，某个力量会在附近的电路中出现，并移动其中的电荷而产生电流。

随着日渐被人们熟知，法拉第电磁感应定律不仅是支配所有发电机的基本定律，而且还制造了一个理论难题，该难题需要詹姆斯·克拉克·麦克斯韦来解决，他是另一个在我们的时代中最伟大的理论物理学家，唯有他的智慧，方可解惑。麦克斯韦意识到法拉第的实验结论暗含着一个不断变化的磁场会产生反作用力达到抵偿的效果，它会推动导线内的电荷，从而产生电流。而且法拉第自己在研究过程中引进了图像概念，因为他觉得图像比代数更得心应手。

想获得支配电场和磁场方程式的数学对称性，除了需要一个因为电荷移动而产生的磁场，还需要一个因为电场改变而产生的磁场。这不仅会产生一组"麦克斯韦方程组"，几乎每个物理学学生都知道这个方程组，也是有些学生的最爱，而且该方程组还保持了数学一致性，有些人还将其印在 T 恤上。同时它还构建了一个物理事实：一个场，这个场是某些与每个时空点相关的数量，否则这套理论就只能是法拉第的想象。

而且，麦克斯韦也观察到，如果变化的电场产生磁场，那么不断变化的电场就会产生不断变化的磁场，比如你持续上下摇晃电荷。反过来，产生的不断变化的电场，又会产生出不断变化的磁场，以此类推。这种场的"干扰"源自晃动的电荷，其速率可由麦克斯韦方程式计算出来。公式中的常数来自实验：测量两个已知电荷之间的电作用力，以及两条已知电流自建的磁力作用。

依据大自然这两个基本的属性，麦克斯韦计算出了场的干扰速度，并发现其速度恰好是已测量出的光速！于是他发现光确实是一种波，只是这种来自电场和磁场的波会以自然的两种基本常数决定的准确速度来横穿空间。这为之后的爱因斯坦理论奠定了基础，它证明了光的恒速要求我们修正对空间和时间的概念。

所以说，从跳蛙和微分方程式中所涌现的物理学中最美妙的统一就是，统一电和磁的单一电磁理论。麦克斯韦的理论阐释了一种物质，它能让我们观察到周围宇宙的存在，这种物质就是光。光的影响形成了一种机制，该机制促进了现代文明，并且控制着所有现代电子设备的原理。而该理论的本质形成了一系列更为深奥的困惑，并促使爱因斯坦对空间和时间提出了新的深刻理解！

这些实验被格莱斯顿（或是被维多利亚女王，这取决于你接受哪一个杜撰的故事）质疑，并非是件坏事。他们跑到法拉第的实验室，大惊小怪一番，询问这个实验的用途是什么。你可以反问格莱斯顿或女王："那新出生的宝宝有什么用途？"或是，这样回答他们："你问我有什么用途？终有一天，它会大有裨益，而你们得为它向我们征税！"美雅并臻、寻幽入微、效用兼备、充满冒险并且振奋人心！科学就是如此尽善尽美！

124

FURRY RUBBER BANDS
毛皮摩擦索线

尼尔·格申斐尔德（Neil Gershenfeld）

物理学家，麻省理工学院比特与原子研究中心主任，著有《智造》（*Fab*）。

我曾经在美国斯沃斯摩尔学院学习电磁电动力学，师从马克·希尔德教授（**Mark Heald**），希尔德教授对于尤为简洁的麦克斯韦方程式有着精简的描述。麦克斯韦方程仅用4行，至多31个符号就统一了电场和磁场的动力学两个似乎毫不相关的现象，预测了新的实验观察结果，并包括两种即将出现的理论用波来解释光以及狭义相对论和诸多即将到来的新技术，包括光纤、同轴电缆和无线网络信号。

但我认为最令人恋恋不忘的阐释并不是麦克斯韦的电磁学，该方程式所具有的美妙和成就已广为人知。我最难忘的是希尔德教授的阐释，他说电场线如同毛皮摩擦索线：我们希望电场线越短越好（相当于橡胶），但不希望彼此靠近（相当于毛皮）。这样浅显易懂又可量化的描述，让我在装置设计方面得心应手。与此同时，我还能够更深入量化地领略到麦克斯韦方程式的本质：电场几何形状的局部解答，可用来解决整体最佳化的问题。

这样具备可预测性、可描述性的科学相似性，有助于理解我们人类心智尚未进化到的实际操作的领域。统一电力和磁力非日常之事，但解释这些现象则是随处可见的。认识到某种事物与其他事物相像，是一种面向对象的思考方法，它能够帮助我们构建以小见大、见微知著的能力。

通过举着玻璃杯同时转动手，我明白了自旋量的贝瑞相位；通过一边绕圈一边挥动手臂，我掌握了核磁共振的自旋回波；通过装满水的水桶，我们可以解释处于水平位置的半导体的费米能级。犹如毛皮摩擦索线和电场一样，二者之间的关系呈现出控制方程式之间的类比。与语言文字不同，这些关系更为精准，其所提供的阐释将不常见的形式与熟知的经验连接在了一起。

125

SEEING IS BELIEVING: FROM PLACEBOS TO MOVIES IN OUR BRAIN

眼见为实：从安慰剂到大脑中的电影

埃里克·托普（Eric J.Topol）

心脏病学家，移动医疗研究者，基因组学教授，加州斯克里普斯转化科学研究所主任，著有《颠覆医疗》《未来医疗》。

我们的大脑，一个有着千亿个神经元和千万亿个突触的组织，数十亿个神经元和突触总是在这里或那里出现或消失，所以被称为最为复杂和具有启发性的器官。但这或许是件好事，因为我们不一定想要他人看穿我们的所思所想，这点与近来的透明化的巨大潮流相去甚远。

然而，使用功能性磁共振成像技术和正电子发射断层扫描（PET）将大脑予以成像，构建出复杂的活化图，告诉了所有怀疑论者什么叫"眼见为实"。长久以来，医学界一直对安慰剂是否有效而争论不休，作为恶名远扬、错综复杂的身心产物，安慰剂有着真正意义上的生物学机制。之前的争论在目前看来似乎已经得到解决，因为鸦片类的药物作用，是通过吗啡和阵痛剂奥斯康定等药物诱发的，这种作用路径已经被识别出来了，而该路径和使用安慰剂来缓解痛感，都属于相同的大脑激活模式。帕金森氏病患者使用安慰剂后，其大脑特定区域释放的多巴胺已经被检测到。诚然，安慰剂的效用已经扩展到包括独立、可区别的心理机制，在当下，使用安慰剂作为治疗的方法已在医学考虑范畴之中，哈佛大学近期成立了一所专门的研究机构，即安慰剂研究与互助治疗计划中心。

安慰剂效用的破译，看上去在有着雄心壮志的心智读取方面又向前迈进了一大步。2011 年的夏天，加州大学伯克利分校的一个小组做了一项实验，他们给实验对象播放视频短片，然后将实验对象大脑中所产生的近似画面副本通过重建大脑成像制作出来。实际上，将原始影片和脑部成像重建图作比对时，其相似程度既鼓舞人心，又令人心惊胆战。

如果将该项实验成就与小型便携式核磁共振成像的持续发展结合起来，或许接下来当在我们早上起床时，能够在 iPad 上看到我们自己的梦。但这个技术给人们带来的不安的是，我们大脑中的"小电影"就可以让任何对此有兴趣且想要一窥究竟的人们看到了。

注：本文作者埃里克·托普的《未来医疗》已由湛庐文化策划，浙江人民出版社出版。

126

THE DISCONTINUITY OF SCIENCE AND CULTURE
科学与文化的非连续性

杰拉尔德·霍尔顿（Gerald Holton）

前美国哈佛大学物理学马林克罗教授，科学史教授，合编《爱因斯坦留给21世纪的遗产》（*Einstein for the 21st Century*）。

我们人类，时常会有那么一刹那注意到，自己身处于不同的宇宙当中。科学、文化和社会，不论好坏，一直都在经历着结构性的转变，比如说强大的宗教或政治领袖的崛起、独立宣言、奴隶制度的废除，或从另一个方面而言，罗马帝国的衰亡、1665 年的伦敦鼠疫和世界大战。

艺术的世界也是如此。弗吉尼亚·伍尔夫（Virginia Woolf）曾说过一句名言："在 1910 年的那个 12 月，人性有了变化。"在她看来，所谓人性有了变化是因为在那一年，后印象派在伦敦举办了具有爆炸性的展览。随着原子核被发现，瓦西里·康定斯基（Wassily Kandinsky）写道："在我的灵魂深处，原子模型的崩溃就等于整个世界的坍塌。这对我来说非常突然，最厚的城墙就这样倒塌了……"从此，康定斯基转向了全新的绘画创作方式。

每一次诸如这样的世界观发生变化，总是令人惴惴不安或极度痛苦。它们是在耳熟能详的历史脉络中突然涌现的裂纹，并寻求着各种阐释，因而年复一年，各种论文不断发表，每一篇都渴望能够提供相应的答案，寻觅着让人惊慌失措的起因。

在本篇文章中，我将着重对于如上现象进行论述。

1611 年，约翰·多恩（John Donne）出版了他的诗集《第一周年纪念日》

（*The First Anniversary*），其中有这样一段著名的诗句："新的哲学怀疑着一切，火元素已然熄灭；……破碎化为原子；一切皆为碎片，一切荡然无存；一切仅为供给，一切仅为关系。"多恩和其他许多人都感觉到旧的秩序和一致性已被相对主义和间断性所取代。他的痛不欲生，来自于 1610 年发生的那件完全未被预料到的大事：伽利略发现了月球有山脉、木星有卫星、恒星比已知的更多这些事实。

关于这种状况以及随后的发现，历史学家马乔里·尼科尔森（Marjorie Nicolson）写道："我们或许可以将现代思想的起源定在 1610 年 1 月 7 日晚上，那时伽利略通过他所发明的望远镜观察到了新行星和崭新而不断扩展的世界。"

事实上，伽利略通过自己的研究，为我们的宇宙是如何布局的这一问题，提供了兼具深邃、美妙又优雅的阐释，不管这一阐释给亚里士多德的追随者们和那个时代的诗人带来了多么大的痛苦。最终，哥白尼的日心说，这个很久以前就已提出的学说，目前有了更多的可信度。有了这样一个大的跨越，新科学和新文化才得以诞生。

127

THE BEAUTIFUL LAW OF UNINTENDED CONSEQUENCES
非预期效应的美丽法则

罗伯特·库尔茨班（Robert Kurzban）

心理学家，宾夕法尼亚大学进化心理学实验室主任，著有《人人都是伪君子》（*Why Everyone Else Is a Hypocrite*）。

根据带我在澳大利亚悉尼岩石区徒步旅行的导游的说法，1900 年当鼠疫席卷这座城市时，政府曾发放过奖金鼓励人们灭鼠，据称当时是老鼠身上的跳蚤将疾病传染给人类的。奖金的目的很明显：降低老鼠的数量以减缓鼠疫的蔓延。可是意想不到的后果是，居民们因灭鼠奖金而动心，居然开始养殖老鼠。

非预期效应的定律，往往会让人联想到美国社会学家罗伯特·默顿（Robert Merton），尽管其普遍精神以各种形式出现，在亚当·斯密的"看不见的手"中也相当常见，但仿佛大自然对我们企图控制它而嗤之以鼻。

非预期效应的概念是指，当人们介入到包含很多移动组件的系统，尤其是生态学和经济学时，由于系统组件相互作用的复杂性，这个介入反而会产生超越预期的效应，还会产生许多未曾预见或不可预见的效应。

这样的例子不胜枚举。再返回到澳大利亚，非预期效应最为知名的案例之一——兔子。兔子是英国第一舰队带来的食物，它们被放养到野外以供狩猎，非预期的后果是兔子的数量增长到了令人咋舌的地步，这种状况造成了极大的生态破坏。这样的局面导致政府出台了很多控制兔子的措施，包括修建超级长的围栏，而这又引发了三个女孩在 20 世纪 30 年代返回家乡的故事，在她们返乡之后又产生了意想不到的后果，激发出于 2002 年获得最佳影片大奖的《末路小狂花》（*Rabbit-Proof Fence*）🔍。

引发这一连串的后果的原因在于，许多组件相互作用的系统发生了一些改变，而这些改变导致系统的其他组件也随之改变。因为我们尝试改变的许多系统都极为复杂，但我们并没有完全了解其构造，包括身体、栖息地、市场，等等，于是鲁莽的介入行为必然会发生难以预料的后果。

这并不是说后果永远都不如人意。最近一些城市改变使用大麻的法律条款，让大麻更容易用在医疗方面。该法律还不能确定是否会减少青光眼患者的痛苦，但交通事故的数据表明，立法的确是减少了大约 9% 的伤亡率。人们用大麻取代酒精，很显然，服药驾车比醉酒驾车要安全一些。挽救驾车者的生命并不是这条法律的初衷，但效果却是如此。另一个例子规模较小，但更符合我的想法。我工作所在的费城大学城，最近停车费突然提高了 1/3，目的是为了增加收入，为学校提供基金。但非预期效应是，因为学生不太愿意付较高的停车费，于是在我驾车去学校时，总能保证顺利找到停车位。

介入到任何足够复杂系统，一定会产生非预期效应。我们用抗生素治疗病人，却在病原体中挑选出抗药品种。我们人为地培育出有着皱纹脸的斗牛犬，却顺带选出了令其不舒服的特质，如呼吸困难。我们用萨力多胺治疗孕妇晨吐，但却没有料想到这会给出生的婴儿带来缺陷。

在经济领域，大部分政策都有着花样百出的连锁效应，而禁令则提供了意义最为深远的案例，仅禁止本身就衍生出各种后果，包括组织犯罪的上升。因为政府通常会禁止人们感兴趣的东西，禁令确实会促使人们绞尽脑汁来满足那些兴趣，不管是通过替代品或是黑市，二者都会引发各种后果。禁止售卖汽水，提高了运动饮料的销量；禁止贩卖肾脏，导致国际人体器官黑市和地下手术；禁止狩猎美洲狮，危及到了当地的慢跑者。

🔍 《末路小狂花》讲述了 20 世纪初，在澳大利亚政府迫害土著人的背景下，三名土著女孩沿着防兔篱笆寻找故乡的故事。——译者注

在复杂系统的因果纠缠中，也存在着一些异常美丽的东西，与我们在鲁布·戈德堡机械中发现的刻意又粗俗的追求一样具有吸引力②。这并非说，因为我们的干预，其结果就必然会使我们大吃一惊，所以我们一定要屈服在悲观主义之下。相反地，这警示我们要学会谨慎与谦虚。当我们逐渐增加对广泛且复杂系统的理解的时候，我们会开发新的方法来一睹我们行动所带来的非预期效应。我们已经拥有一些新的指引线索：人们将找到替代品来取代禁止或征税的物品；去除生态系统中的一个物种，通常会惩罚到捕食那一物种的族群，还会帮助与那个物种相竞争的物种。因而，虽然总是有非预期效应，但也并非完全不值得期盼。

非预期效应的美丽法则

②鲁布·戈德堡（Rube Goldberg）是美国著名的漫画家、雕刻家、作家、工程师、发明家，经他启发，人们制造了各种连锁机关秀，获得了无数艺术灵感，创造了其本人都不曾想到的经济价值。——译者注

128

WE ARE WHAT WE DO
我行故我在

蒂莫西·威尔逊（Timothy D.Wilson）

弗吉尼亚大学心理学教授，著有《重新定位》（*Redirect, The Surprising New Science of Psychological Change*）。

我行，故我在。这句话解释了人们是如何获得态度和特质的，若要究其根源，还要追溯到已故的英国哲学家吉尔伯特·赖尔（Gilbert Ryle），但对该解释的正式介绍则出现在社会心理学家达里尔·贝姆（Daryl Bem）的自我认知理论中。贝姆认为，人们通过观察自己的举止言行，举一反三地推论出自己是谁。

自我认知理论彻底颠覆了常识。人之所以做出那样的行为，是因为他们的人格特质和态度，对吗？将遗失的钱包送回来，是因为他们诚实；回收垃圾是因为他们关心环保问题；花 5 美金买一杯焦糖布丁拿铁，是因为喜欢昂贵的咖啡。从我们的想法产生的行为是显著的，但贝姆的观点是，逆向解释这些行为也是可以说得通的：送回遗失的钱包，我们内心的诚信度就会上升；将垃圾回收筒拖到路边，我们会做出推论，自己是名副其实的环保人士；而在购买拿铁后，我们会假定，自己就是个咖啡行家。

数以百计的实验证实了这个理论，并指出这种自我推论过程最有可能发生在何时，比如，当人们认为自己可以随心所欲，以及不太确定自己在最开始的感受的时候。

自我认知理论的至雅性在于其至简性。它是深邃的，它对人类心智的本质有重要的影响。两个有力的想法就来自于自我认知理论。第一个想法是，我们对自己而言是陌生人。毕竟，如果我们知晓自己的心思，又为什么需要通过我们的行为来猜测自己的好恶呢？如果大脑是本敞开的书，那我们就可以确切地知道自己有多诚实，有多喜欢拿铁。反过来，我们经常需要审视自己的行为，来弄清楚自己是谁。因此自我认知理论在研究人的意识方面，必定会引发心理学革命，这是一场揭示内省具有限制性的革命。

但事实证明我们不仅仅只是用行为来揭示自己的想法，我们还会推论之前并不存在的想法。我们的行为通常会受到周围微妙压力的影响，但我们无法察觉到这些压力，因而会错误地认为，行为是由某种内在倾向引发的。或许我们并不是特别值得信赖的人，我们会将钱包归还也许只是为了让身边的人留下深刻印象而已。但我们可能没有察觉到这一点，因为这样做会让我们推断自己是道德品质高尚的诚实人；也许我们做资源回收，是因为这座城市让这件事容易做到，比如发放回收箱以及每周二来回收，如果我们不这么做，配偶和邻居就会反对。我们没有认识到这些原因，反而认为自己应该被提名为本月环保好邻居。无数的研究证明，人极易受到社会影响，但却很少能够认知到这些影响的严重程度，从而错误地认定自己是按照真实愿望而行动的。

就像所有好的心理学阐释一样，自我认知理论也同样具有广泛的实际用途。基于鼓励别人接受心理治疗的人自己先行改变行为，接着被鼓励者就会改变其想法的假设，隐含在几个不同的心理学治疗方法中。过去人们经常使用这种方法让青少年做社区服务，来预防未成年少女怀孕。志愿者工作改变自我形象，让他们感觉自己是社区的一份子，而使其减少做出任何具有风险的行为。总而言之，我们应该听从库尔特·冯内古特（Kurt Vonnegut）的忠告：“我们是我们假装的那个人，所以对于要假装成什么样的人，我们务必慎之又慎。”

129

PERSONALITY DIFFERENCES: THE IMPORTANCE OF CHANCE

个性差异：机遇的重要性

塞缪尔·巴伦德斯（Samuel Barondes）

加州大学心理学教授，神经生物和心理治疗中心主任，著有《人格解码》（*Making Sense of People*）。

在希腊哲学的黄金时期，亚里士多德的继承者泰奥弗拉斯托斯，提出了一个问题，这让他一直被世人铭记："尽管整个希腊国土都处于相同的气候之下，而且所有的希腊人都有着相似的教养，可为什么我们的性格却各不相同？"这个问题尤为引人注目，因为这事关我们每一个人。现在我们已经知晓答案：每个人的个性都反映着其大脑回路的运动，而这个运动也是在独特基因和经验综合的引导下，逐渐发展而来的。该答案意义深远的原因在于，它所带来的不可回避的结论，即个性的差异会极大地受到偶发事件的影响。

两种类型的偶发事件会影响对个性的遗传贡献。首先，也是最为显著的，就是妈妈和爸爸相识相遇的这个事件。他们两人各有一组特定的基因变异，这是在人类集体基因组中累积的个人变异样本。同时，这两个亲代遗传的内容，设定了能传给后代基因变异的界限。第二个偶发事件是，特定的精子或卵子随意地结合繁衍后代，每个后代都包含有来自亲代的随机选择基因变异。在打造一个人大脑和性格的过程当中，父母的基因变异势必是以独特方式相互作用的。因此，导致我们出生的两个偶发事件，一个是制造我们的父母亲，另一个是让我们生成的卵子/精子的组合，对我们成为何种性格的人具有决定性的影响。

但基因不会孤军作战。在整个贯穿人类成年期的早期阶段，基因表达的先天程序会持续展开，指导大脑回路建立起草稿，这些程序经过特别设计，把人的生理和社交世界的信息整合在一起。一些对自身特殊情况的适应性，必须发生在特定的发育阶段，这被称为关键期。比方说，控制人们母语语调特征的大脑回路，只在有限的发展期间内，才对外部环境的输入予以开放。

机遇不仅会影响我们与生俱来的特定基因，它还会影响我们出生的特定环境。就像我们的基因或多或少地有着各种倾向，或友善，或自信，或可靠，我们生长的世界也让会我们采取特定的目标、机遇和行为规则。其中最明显的就是文化、宗教、社会和经济，这些事物会通过关键的中间人员：父母，兄弟姐妹，老师和同行传达给我们。这些具有重要影响的特定内容大部分都是扔骰子所决定的，而我们恰好生长在特定时代、地点和文化中，犹如形成我们的卵子和精子的特定内容一样。

诚然，机遇并非命运。认知到偶发事件有助于打造个人个性的差异，这并非意味着每个生命都是预先设定好的、不存在自由意志。通过生物和社会文化作用而意外生成的人格，即使在成熟期，对其修改的方法依旧很多。虽说如此，最初数十年期间，引领大脑发育的偶发事件，其残留的影响还是会很久远。

在思索某个特定的个性时，意识到机遇对构建个性会起到至关重要的作用，是大有裨益的。认识到机遇对我们个体差异的重要性，并不仅仅是拨开部分迷雾而已，还可以通过与我们共享生命的芸芸众生，增进彼此间的理解和情感，获得道德的硕果。

个性差异：机遇的重要性

这一切有关正电荷粒子的运动的基本原理再简单不过了，但上帝就存在于复杂的细节和优雅的重建过程之中。

——贾雷德·戴蒙德（Jared Diamond）

THE UNDERLYING
PRINCIPLE—
MOVEMENT OF
POSITIVELY CHARGED
PARTICLES—WAS
SIMPLE, BUT GOD
RESIDED IN THE
COMPLEX DETAILS
AND THE ELEGANT
RECONSTRUCTION.

130

THE ORIGINS OF BIOLOGICAL ELECTRICITY

生物电的起源

Jared Diamond
贾雷德·戴蒙德
加州大学洛杉矶分校医学院生理学教授。以生理学开始其科学生涯，
进而研究进化生物学和生物地理学。
著有《枪炮、疾病与钢铁》《第三种黑猩猩》等。

我所心仪的深邃、美妙又优雅的阐释是对动物和植物如何生成生物电这个问题的解答，这是由英国生理学家艾伦·霍奇金（Alan Hodgkin）和安德鲁·赫胥黎于 1952 年提出的，由于该项贡献，他们获得了 1962 年诺贝尔生理学或医学奖。

一个多世纪以来，人们已经知道，动物的神经、肌肉以及其他某些动物的器官和少数的植物能够产生电。大部分的电力是不到一伏特的低压电。不过，电鳗串联起 6 000 片肌肉薄膜，可产生 600 伏特的电流，足以杀死它们的猎物，让涉水而过的马休克。甚至在我读研究生时，因为研究电鳗发电，我由于过于专注思考其生理机制而忘了其危险性，体验了触电的感觉。

电流涉及带电粒子的运动。灯泡和电力网中这些带电粒子是带负电荷的电子。那么在生物系统中又是什么呢？早在一个世纪前，德国生理学家尤利乌斯·伯恩斯坦（Julius Bernstein）首先想到，负责生物电的带电粒子不是电子，而是带正电荷的离子。

霍奇金和赫胥黎在 20 世纪 30 年代末期开启了决定性的实验。他们希望能够发现，静止的神经细胞薄膜在放电时，由于失去对带正电荷钾离子的选择渗透性，电压暂时会降到零。但结果令他们大吃一惊，他们发现，神经电压不仅变成零，神经薄膜变得具有无差别渗透性，实际上电压极性也出现了反转，这种状况需要某些特别的阐释。当时希特勒入侵了波兰，霍奇金和赫胥黎在随后的 6 年间，利用他们对电的理解，为英军建造了雷达。

到了 1945 年，他们二人恢复了之前的实验，利用在鱿鱼背上发现的、大到足以插入电极的巨大神经，来测量神经薄膜的电压。他们证实了战争之前的惊人发现，神经电压确实具有极性反转，而这种反转会沿着神经传输构成电脉冲。在一系列定义"优雅"这个词的实验中，他们人为地在神经薄膜两端用不同程度的钳制电压，测量从薄膜进出的电流，并将其作为每种程度电压钳制后的时间函数，之后将电压测量的结果转换为带正电荷钾离子渗透性的变化，再将带正电荷的钠离子转化为电压和时间的函数，最后由这个与时间、电压相关的渗透性变化，重新构建整个电脉冲过程。今天，生理学的学生只需要一个下午的时间，就可以用他们的台式电脑，完成必要的计算来重建工作电位。在现代电脑时代出现之前的 1952 年，赫胥黎不得不辛辛苦苦地用台式计算器进行计算，这花了他将近一个月的时间才做完一个神经脉冲的计算。

霍奇金和赫胥黎于 1952 年发表在英国《生理学期刊》（*Journal of Physiology*）的 4 篇论文，以排山倒海之势详细解读了钠离子、钾离子的转移以及重建神经脉冲，当时的科学界几乎瞬间被其征服。正离子（不是带负电的电子）渗透性的变化，使得神经元可传达电脉冲，不仅让肌肉可以传达启动收缩的电脉冲，也让神经与肌肉结合处传达电脉冲，从而使神经启动肌肉；正离子也让神经之间的结合处也就是突触传达电脉冲，从而使一个神经元启动另一个神经元；让感觉器官产生电脉冲，将光、声音和触觉转化为电能，使得大脑和神经产生功能。这意味着，霍奇金和赫胥黎所揭示的动物电能达到启动的效果，使得我们可以阅读这一页、思考这一页、翻开这一页、发出长吁短叹、反思有关 Edge 网站的问题，并做出所有涉及运动、感觉和思想的事情。而这一切有关正电荷粒子的运动的基本原理再简单不过了，但上帝就存在于复杂的细节和优雅的重建过程之中。

扫码关注"湛庐教育"，
回复"世界因何美妙而优雅地运行"，
观看本文作者的 TED 演讲视频！

METABOLIC SYNDROME: CELL ENERGY ADAPTATIONS IN A TOXIC WORLD
代谢综合征：毒性环境里的细胞能量适应性

比阿特丽斯·戈洛姆（Baetrice Golomb）

加州大学圣迭戈分校医学教授。

代谢综合征（MetSyn）被称为是 21 世纪的流行病。代谢综合征，包括高体重指数、高血糖、高血压、高血三酸甘油酯、粗腰围，以及高密度脂蛋白胆固醇，即所谓的好胆固醇降低。肥胖和糖尿病等流行病，往往和代谢综合征的急剧增加密切相关。

目前普遍的看法是，代谢综合征是由于食物里的卡路里（热量）过量，但又缺乏可以消耗热量的运动，从而造成体重增加（即热量过剩）以及随之而来的其他特征。毕竟与过去相比，我们能获得更多的热量，而且更经常久坐，对无其他症状的年轻一代而言，代谢综合征与较高的死亡率有关。

但这个看法存在不少疑问：为什么代谢综合征的因子之间会相互关联？为什么体重超重的人，如今比以前更有可能得糖尿病？为什么婴儿也会出现代谢综合征？为什么代谢综合征会在贫困和第三世界的发展中国家出现？

通常对此的解释会产生许多矛盾。如果代谢综合征源自能量过剩，为什么以下这些减少能量供应或增加需求的因素，反而会更容易引发代谢综合征的发生？

◎ 睡眠呼吸暂停。在代谢综合征的危害中，这比体重超重更为严重；此

外，对睡眠呼吸暂停的治疗有助于改善代谢综合征的因素

◎ 超低卡路里或低脂饮食

◎ 空腹，三餐不正常

◎ 导致血糖过低的饮食（高碳水化合物/低脂肪/低蛋白饮食导致胰岛素
无法停止分泌）

◎ 缺乏睡眠（更长的清醒消耗能量）

◎ 疾病/伤害/手术（高能量需求）

◎ 寒冷天气（强制能量消耗产生热量）

◎ 营养和抗氧化的缺乏（产生热量的必备）

◎ 氧化刺激物的暴露（损害线粒体的功能，这是细胞的能源制造要素）

◎ 线粒体异常

为什么避免能量不足的因子可以防止代谢综合征的发生？比如，抗氧化可可和桂皮，支持线粒体的辅酶 Q10。

为什么消耗能量但通过抗氧化作用、线粒体生物合成、加强循环作用和心肺功能（改善氧气的吸入量、传输并转化为能量）来提高能量产生的运动，可以减少代谢综合征的发生机率？

为什么当研究对象是年事已高或心脏衰竭或严重的肾病患者，并当他们出现细胞能量减少的症状时，代谢综合征反而阻止了死亡率的升高（事实上，有时会提高生存率）？

假设正确的阐释与目前接受的阐释截然相反。代谢综合征的特征有没有可能是热量不足的适应性反应？毕竟脂肪堆积、葡萄糖和三酸甘油酯，都是辅助能量的来源（主要是氧），特别是当没有足够的血流时，更需要血压将这些运送到组织中去。细胞能量因为对细胞和生物体的生存极为重要，所以必须持续性供给。没有氧，我们只能活几分钟。人类其实没有多大的能耐，早期的人们，总是处于能量不足的状态，现在则是处于肥胖/代谢综合征增加的状态；而出生前的胎儿若得到低能量供应，会导致其成年期出现代谢综合征。

能量过剩的观点无法解释代谢综合征为什么会普遍存在：为什么血糖、三酸甘油酯、血压（携带氧、葡萄糖、养分）和腹部脂肪堆积，在代谢综合征中的表现都是偏高。它还解释了为什么其他的能源支持适应性，比如游离脂肪酸和代谢活动比较活跃的异位脂肪，比如脂肪肝、脂肪胰腺、脂肪肾，甚至是血管中的脂肪条纹，会带有代谢综合征的影响因子；为什么代谢综合征会和可以节省能量的疲劳、增加睡眠时间有关系。增加热量摄取及减少运动确实也伴随着能量适应性。所以，这种观点并没有和正统解释相对立，而是在某种意义上涵盖了正统解释。能量不适应性说明了能量过剩观点无法解释的：为什么线粒体功能随年龄增长而下降的老人、睡眠呼吸暂停患者，或由任何原因造成能量制造的周期性损害的人，会是代谢综合征的高危人群。它也解释了在侧重有损害能量病症者的研究中，为什么有代谢综合征的人并没有变得更糟，反而更好。

那么，代谢综合征为什么是一种流行病？多种对热量不利的长期变化，比如营养不良会导致无法供给生产能量的单位所需要的足够的营养，低抗氧化剂会加速氧化过程，高促氧化的垃圾食品会破坏细胞中产生能量的线粒体，还有均衡饮食的减少以及促使血糖下降的巨量营养成分比如单纯的碳水化合物会导致胰岛素不受控地产生大量蛋白质和葡萄糖点滴等，就是因为这些常见的现象和行为导致了代谢综合征成了一种流行病。但最本质的原因是，氧化刺激物的爆发性出现破坏了线粒体功能与其中的 DNA。比如：

◎ 金属和重金属（鱼体内的汞、高果糖玉米糖浆、碎灯泡；促进家禽生长的砷；含铝的疫苗增效剂与激增的儿童疫苗接种）

◎ 双酚A的塑料

◎ 个人护理产品（防晒霜、乳液、染发剂、化妆品、洗涤剂、衣物柔软剂和防静电纸、护发乳内的化学品）

◎ 清洁用品

◎ 含有甲醛的家具和衣服（纸板、免烫棉织品）

◎ 石化燃料，燃烧产物

◎ 电磁场（电子产品、手机、智能仪器）

◎ 阻燃剂（睡衣、床上用品）

◎ 干洗化学制品

◎ 空气清新剂

◎ 杀虫剂、除草剂（强力氧化刺激物，目前常用在住宅、办公室和休闲场所）

◎ 白蚁帐篷

◎ 处方药和成药，包括抗生素。可能会通过直接接触或通过我们的食物吸收

◎ 多半无法从供水中过滤掉的抗菌活性成分

◎ 空气和水的污染和污染物

◎ 食品中的人工添加剂：反式脂肪，人工甜味剂，染色剂，防腐剂

当目前的观点无法提出更多的见解时，能量缺乏（饥饿细胞）的假设说明了大量的事实。原本与标准观点有矛盾的观察结果，开始无缝吻合。这个假设做出了可检验的预测，比如说，那些还没有被评估的众多导致氧化压力和线粒体破坏的暴露因素，都会促成一种或多种代谢综合征因子。对于那些处在两个极端，并都与代谢综合征相关的因子，譬如睡得太多或太少，造成能量破坏的那一端将会证明其是导致代谢综合征的因子，而增补能量的那一端，则可被视为是伴随的适应性后果。

这样的重新构建传达出一个重要的问题：一些人认为代谢综合征会逆转我们在长寿方面所取得的成果。但真实得出的结论，或许会让你大跌眼镜，也应该促使我们逆向思考，不仅是关于代谢综合征的成因，也要思考解决代谢综合征的方案。

132

DEATH IS THE FINAL REPAYMENT
死亡是终期清偿

伊曼纽尔·德曼（Emanuel Derman）

哥伦比亚大学金融工程学教授，曾先后在贝尔实验室、高盛集团和所罗门兄弟公司任职，著有《宽客人生》（*My Life As a Quant*），《失灵》（*Modles Behaving Badly*）。

"生命是向死亡讨来的借贷，而睡眠，不过是我们必须支付的利息。付的利息越高，越有规律，那么赎回的日期也就越长。"

亚瑟·叔本华（Arthur Schopenhauer）写下了上述的那段话，他在一个必须保持收支平衡的宇宙中，把生命比作了金融。出生时，你获得了一笔贷款——从空空如也的虚无中获得了意识和光明，然后在虚无中留下一个洞。这个洞每天都会长大一点点，每晚通过暂时屈服于睡眠的黑暗，你归还一些虚无，避免这个洞无限扩大。最后，你必须偿还本金，虚无必须完满，并归还之前借给你的生命。

通过聚焦于睡眠和利息支付的普遍周期性本质，叔本华将借贷以比喻的方式延伸到了生命本身。生命和意识是本金，死亡则是终期清偿，睡眠是短暂的意识丧失，一种循环往复的周期性死亡。

133

DENUMERABLE INFINITIES AND MENTAL STATES
可数的无穷数和心境

戴维·盖勒特（David Gelernter）

耶鲁大学计算机科学家，镜像世界技术公司（*Mirror Worlds Technologies*）首席科学家，著有《精简版美国》（*America-Lite*）。

我所心仪的科学阐释有两个，其一来自19世纪德国数学家格奥尔格·康托尔（Georg Cantor），他解释了，为什么所有的可数无穷大都是同样大小。比如，为什么所有整数和所有正整数，甚至所有偶整数的大小都相同？为什么有些无穷大大于其他无穷大？所有有理数与所有整数大小相同，但所有实数（有限加无限小数）更大。所有正整数与所有正偶整数是同样大小的，要了解这个原因，把数字一个接一个连接起来就能明白了。1与2配对（第一个正的偶整数），2配4，3配6，4配8，等等。你认为正整数会超过正的偶整数，但这样的配对却表明，没有一个正整数会留下没有配对的数。所以它们都在快乐地舞蹈，没有数字是局外人。其他证明在令人称奇的简易性上，都极为类似，但在黑板上演算比在这里用文字表述要轻松和容易许多。

同样是我所心仪的另一个阐释是：哲学家约翰·瑟尔（John Searle）证明，没有任何计算机可以拥有心境，所谓的心境，就是比如当我说"想象一朵红玫瑰"，你会照此去做，那样的状态无法由软件而生成。计算机只能做琐碎的算术和逻辑指令。而这些事情，你可以做到。你可以执行计算机能执行的任何指令，你也可以想象自己在执行海量的琐碎指令，然后反问自己："我能描绘出一个基于做了海量琐碎的指令，从而涌现出了新的心境吗？"不行。

或者想象你在洗一副扑克牌（洗牌是计算机可以做到的事情），现在设想一下，你洗的是一副越来越大、大到不能再大的扑克牌。当你的牌足够大了，你就能看到意识从某个点涌现出来了吗？这压根儿没戏。

针对无法规避的第一个反驳，我们可以做出无法规避的回答：可是神经元只能做简单的信号传递，你可以想象从那里凸显意识吗？这是不切题的问题。大量的神经元形成一个心境的事实，与大量其他物体能否形成心境毫无干系。我无法想象自己是个神经元，但我可以想象自己正在执行机器的指令。无论我执行了多少指令，都不会有心境。

134

INVERSE POWER LAWS
逆幂律

鲁迪·拉克（Rudy Rucker）

数学家，计算机科学家，赛博朋客（cyberpank）先驱，科幻小说家，著有《穿梭于有序与无序的杂乱间》（*Surfing the Gnarl*）。

我们的世界和社会大部分，都是面向基于所谓的逆幂律而分布的，我对这样的经验事实尤为感兴趣，即许多分布曲线的形状都是曲线从中央峰值俯冲而下，沿着一条长长的尾巴渐渐地抱住水平轴的。

逆幂律至雅至简，深不可测，但离至臻至美还甚远。逆幂律能够自我组织与自我维持。基于尚未探明的原因，逆幂律自发地突现在平行计算的广泛范围中，同时出现在社会科学和自然科学中。

社会科学家中第一个留意到逆幂律的是语言学家乔治·金斯利·齐普夫（George King Sley Zipf），他对如今被称为齐普夫定律的观察结果作出了阐释。他所陈述的事实是，在大多数文件中，一个词的使用频率与它的普及排名名次成反比。所以，出现频率位居第 2 的单词，其出现频率是频率最高单词的一半，而出现频率第 10 位的单词则是最高单词的 1/10。

在社会中，类似的逆幂律支配了社会的报酬分配。比如，身为作家，我留意到名次为第 100 位畅销作家的销售书籍，是首位畅销作家的 1/100。如果第 1 名作家出售了 100 万本书，像我这样的作者可能就卖一万本。

心怀不满的文人们有时会幻想乌托邦市场，其中自然产生的逆幂律分布会强行用线性分布来取代。也就是其销售明细会是平滑的斜线，而不是如现实中的逆幂律曲线那样，从一个很离谱的高峰俯冲而下，一瞬间就贴着水平轴缓慢而行。

但是没有明显的方式可以改变作家的销售曲线。让某些组织强行介入，使销售曲线产生不同的分布显然是行不通的，毕竟买什么书的选择权在读者手中。社会是一种平行计算的系统，某些方面是我们无法控制的。

逆幂律在收入分配方面特别让人寝食不安。因此社会中第二富有的人可能拥有最富有的人一半的财富，第 10 富有的人可能只有 1/10，然后排在第 1 000 的人的财产就只有首富的千分之一。

同样的现象可以说得更加赤裸，某家公司的 CEO 可能年薪为一亿美元，同一家公司的软件工程师的年薪可能只会有十万美元，该公司海外组装工厂的工人年薪为一万美元，仅是最高主管收入的万分之一。

这种幂律分布也可以在周末首映电影票房收入、网页点击量、电视节目收视率中发现。是不是有某种原因，导致了排名靠前的人做得太好，而排名垫底的人似乎被极度不公平地惩罚？答案是否定的，没有任何真正的理由，不存在任何阴谋诡计扭曲了报酬。虽然这让人感到不舒服，但逆幂律的分布是系统行为的基本自然法则。它们无处不在。

逆幂律不仅不会被社会所局限，它还主宰着自然界的统计数据。面积排名第十的湖可能是最大湖面积的 1/10；一片森林中体积排名第 100 的树可能是最大树的 1/10，海滩上体积排名在第 1 000 的石头是最大石头的千分之一大小。

无论我们是否喜欢，逆幂律就如激流、熵或是万有引力定律那样无法规避。话虽如此，但在我们的社会中，我们多少能够缓和逆幂律的影响，如果说我们完全无法控制任何贫富之间的差距，也未免也太过于绝望了。

但逆幂律曲线的基本架构永远不会改变。我们要么接受我们必定会处在对逆幂律加以抱怨的状态下的这个事实；要么接受，或许这是将严苛的定律弯曲为不那么陡峭直冲而下这个现实。

135

HOW THE LEOPARD GOT HIS SPOTS
美洲豹的斑点从何而来

塞缪尔·阿贝斯曼（Samuel Arbesman）

复杂系统科学家，考夫曼基金会资深学者，哈佛大学定量社会科学研究所研究员。

在鲁德亚德·吉普林（Rudyard Kipling）一则用来解释某事某物的起源的著名的假设故事中，他解释了美洲豹的斑点从何而来。依据他的方法所获得的逻辑的结论来看，对于每个动物的图案，我们都需要不同的故事来解释：美洲豹的斑点、奶牛的斑点、黑豹的单色。从软体动物到热带鱼，我们将不得不为这些动物的复杂图案增添各种各样的故事。

然而，这些不同的动物压根儿不需要单独的、有区别的解释，单单一个根本的解释就可以说明，那么我们如何才能利用一个统一的理论来获取所有这些纷繁多样的图案呢？

从1952年阿兰·图灵发表的一篇题为《形态发生的化学基础》（*The Chemical Basis of Morphogenesis*）的论文中，科学家认识到一套简单的数学公式，它能够决定动物身上形成的各种各样的图案与配色问题。这种模型被称为反应扩散模型，其运行的方式为：假设有多种化学物质正在以不同的速率扩散，并彼此相互作用。在多数情况下，扩散只会使某一化学物质变得均匀一致，比如倒入咖啡里的奶油，其最终会扩散溶解为淡棕色的液体，其他多种化学物质的扩散和相互作用则会产生非均匀性。虽然这多少有些违反直觉，但这种情况不仅会发生，而且可以用一组简单的方程式生成，所以动物世界里出现的各种各样的精巧图案的原因就得以解释了。

随着图灵论文的发表，数学生物学家一直在探索反应扩散方程式的属性。

他们已经发现，改变方程的某些参数就可以生成我们所看到的动物图案。有些数学家已经在研究动物外表图案的大小和形状如何决定我们所见到的图案方式；通过修改尺寸参数，我们可以轻而易举地从长颈鹿图案转化为荷兰奶牛的图案。

这个优雅的模型，甚至能生成简单的预测。举个例子，尽管有斑点的动物可以根据该模型生成一条带条纹的尾巴，但条纹动物绝对不会有带斑点的尾巴。而我们观察到的也正是如此！这些方程式不仅可以生成自然界所见的无穷变异，而且也呈现出生物学内在的局限性。吉普林的假设故事，或许可以安全地和反应扩散方程式的优雅性与普遍性进行兑换。

美洲豹的斑点从何而来

136

THE UNIVERSAL ALGORITHM FOR HUMAN DECISION MAKING

供人类决策的通用算法

斯坦尼斯拉斯·德阿纳（Stanislas Dehaene）

法兰西公学院神经学家，实验认知心理学家，著有《脑的阅读》（*Reading in the Brain*）。

科学的终极目标，就如同法国物理学家让·巴蒂斯特·佩兰（Jean Baptiste Perrin）曾经说过的，应该是"用无形的简单性取代可见的复杂性"。人的心理能发现人类思想明显可变性的背后所蕴含的规则吗？许多科学家仍然认为心理学是一种"软"科学，其研究方法和对象过于模糊、过于繁杂、过于广泛，并且充斥着各种层面的文化复杂性，最终无法产生优雅的数学概括性。但是，认知科学家知道这是种偏见，这并不正确。人类行为遵循着缜密的定律，这些定律有着至高的数学美感，甚至是具有必然性的。本文我将只提其中的一个：使我们做出决策的数学定律。

我们所有的由心智作出的决定看起来似乎是遵循着一个简单规则，该规则将过去几个世纪里最为优雅的数学方法交织在一起，比如布朗运动、贝叶斯定律以及图灵机。让我们先从最简单的决策开始吧。我们如何判定4比5小？心理调查结果揭示了诸多惊喜，这些惊喜都隐藏在这个简单壮举之后。第一，我们的绩效很慢：我们从数字4出现在荧幕的那一刻到反应按下按钮，要花将近半秒钟的时间作出决定；第二，对于每次测试，我们的反应时间都不同，从300毫秒~800毫秒都有可能，即使每次我们都是对相同的数字4作出反应也是一样的结果；第三，我们会出错。这听起来很荒谬，但即使只是对5与4作比较，有时候还是会出现错误决定；第四，我们的绩效随对象的含义而不同：数字彼此相隔甚远（如1和5）比起数字接近（如4

和 5）时，我们的反应快得多，也很少出错。

以上所有事实与其他更多的事情，可以通过单一法则予以解释：通过累加可用的统计证据，我们的大脑会在超过临界值时作出决定。

让我阐述一下这个论点。大脑在作决定时所面临的问题是，从嘈杂之中筛选出一个信号。任何决定的输入过程总是嘈杂的：光子随意冲击着我们的视网膜，神经元传递一部分可靠信息，自发性神经元放电（尖峰电压）发射到整个大脑，将嘈杂的信息添加到决定中。即使输入的是一个数字，神经元记录所显示的回应量，也是由一堆充满嘈杂信息的神经元编码，以半随机的方式激发的，其中有些神经元发出信息"我认为这是 4"，其他神经元则说"这靠近 5"或"这接近 3"等。因为大脑的决策系统只能看到未被标记的尖峰电压，而不是完整的符号，因此将糠与麦子区别开来就成了真正的难题。

在这种存在嘈杂信息的情况下，我们该如何作出可靠的决策？数学的解法最早是由阿兰·图灵在布莱切利公园破解德国密码机传送的密码时所提出的。图灵发现了密码机的一个小瑕疵，这意味着某些德国信息里包含有少量信息，但令人惋惜的是，这些信息量太少，无法让图灵得到其中的代码。但图灵意识到，贝叶斯定律可以用来合并所有单独的证据片段。跳过数学的部分，贝叶斯定律提供了一个简单的方法来概括所有连续的提示，加上我们事先已掌握的知识，可以统合所有的统计数据，并告知我们全部的总和证据。

随着嘈杂信息的输入，总和会上下浮动，某些输入的信息支撑这样的结论，其他信息则只是增加嘈杂信息。结果，被数学家称作随机游动的结论，它是一种作为时间函数的数字浮动行进的。但是，在我们的例子中，这些数字有个通用性：它们代表某个假设成真的可能性，比方说，输入数字比 5 小的概率。因此，合理的做法就是做个统计学家，等到累加统计超过临界值的概率值。将其设为 $p = 0.999$ 意味着，在 1 000 次当中有 1 次错误的机会。

请注意，我们可以设置的这个临界值为任意值。将它设置得越高，决定需要等待的时间就越长。有个速度／精准度的权衡：我们可以耐心等待一段时间，做个非常正确但又是保守的决定，或是可以冒险一番，但这可能会犯下较多错误。但不管我们的选择是什么，我们总会犯下一些错误。

简而言之，我所说的决策推算法，是简单描述任何理性的人，在面临嘈杂信息时，该如何应对的方法。时至今日，这被认为是一种在人类作出决策时，完全通用的机制。它阐释了我们的反应时间、可变性以及整体分布的形状。它解释了为什么我们犯错、所犯的错误与反应时间如何关联，以及我们如何权衡速度或精准度。该推算法适用于各种决策，从感官选择（我是看到物体在移动吗？）到语言学（我听到的是"狗"还是"够"？）再到更高层级的难题（我应该先做这件事，还是待会儿再做？）。还有更为复杂的情况，例如进行多位计算或是执行一连串任务时，模型将我们的行为定义为一系列累加与临界值的步骤，随之而来的结果便是我们这一连串的、努力不懈的、如图灵式计算一般的优秀描述。

除此之外，决策的行为描述引领了神经科学的重大进步。在猴脑中，神经元可以被记录下来，其激发率可被纳入相关感觉信号的一个积累数值。证据的积累和临界值之间在理论上的区分，有助于将大脑解析成特定的子系统，从决策理论观点上看，这个观点言之有理。

正如任何一个优雅的科学定律，其中的若干复杂性仍有待被发现。鉴于大脑在每个连续程序中所累积的证据，有可能不只有一个累加器。诚然，人的大脑越来越符合一台极好的贝叶斯机器的工作方式，在每个阶段进行大规模平行推论和微观决策。

我们有很多人都认为我们的信心、稳定性甚至是自觉意识，都可能源自于这种高阶的大脑"决策"，而它们也与相同数学模型相吻合。在这个过程中我略过了估值的部分，其实它是个相当重要的因素，在权衡决定时，估值也起到了至关重要的作用。最后，系统因为先验、偏见、时间压力以及其他将系统从严格的数学优化中所区分处理的优先评价，从而趋于成熟。

然而，作为第一个近似值，该定律代表着 20 世纪心理学中最为优雅且卓有成效的发现：人类行为近似于最优化的统计学家，而我们的决策就相当于是现有证据的积累到某些临界值的过程。

137

LORD ACTON'S DICTUM
埃克顿公爵的僵局

米哈里·希斯赞特米哈伊（Mihalu Csikszentmihalyi）

心理学和管理学教授，"心流"理论提出者，克莱蒙特研究生大学生活质量研究中心的创始人和联席主任，著有《心流》《创造力》。

如果我坦诚地说，我认为我们领域还没有出现一个兼具美妙与优雅的阐释，我希望我不会被社会科学的圈子给踢出来。至于深邃，我猜想我们还是过于年轻，还无法拥有那样的阐释。但有句优雅且深刻的名言，但我认为这句名言不能算是一种"阐释"，该名言还比较接近本书 Edge 年度问题的标准，我觉得它极为有帮助，同时也兼具美与雅。

我所说的名言，是阿克顿公爵在 1887 年于那不勒斯写的一封信中所言，大意为："权力导致腐败，绝对的权力导致绝对的腐败。"至少科学界中有一位哲学家曾评论过这句话，那就是整个人类科学理应建立在这句话上。

于我而言，这句话提供了一个解释的基础，为什么失败的画家阿道夫·希特勒最终他的双手沾满了数百万人的鲜血；或是罗马教皇和法国贵族未能抵御权力的诱惑。当宗教或意识形态获得统治地位，并缺乏必要的控制时，就会导致特权的逐步扩张，进而引发堕落和腐败行为。

在我们这个时代出现的霸权主义，是基于对科学的盲目信仰和对"看不见的手"的膜拜，但其也终将跟随这旧的权力形式进入到历史的垃圾箱中，如果阿克顿公爵的洞察力，在霸权主义出现之前能够得以发展为完全成熟的阐释，那将是多么完美啊。

注：本文作者米哈里·希斯赞特米哈伊的《创造力》已由湛庐文化策划，浙江人民出版社出版。

IN A COSMIC ACCOUNTING, WE ARE 90 PERCENT STAR REMNANTS

从宇宙的角度来计算，我们90%都是恒星的残骸。

——凯文·凯利（Kevin Kelly）

138

WE ARE STARDUST

吾为星辰

Kevin Kelly
凯文·凯利

《连线》杂志创始主编，著有《失控》《必然》。

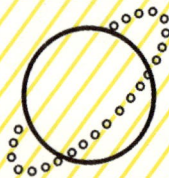

我们来自何方？我发现，我们是由恒星而生的，这个阐释是如此深邃、优雅与美丽。该阐释说道，我们身体的大多数原子，是由早已消失的恒星熔炉中产生的微小粒子所构成的。只有我们原始的氢原子才是存在于恒星出现之前的。==从宇宙的角度来计算，我们 90% 都是恒星的残骸。==

就我们的核心而言，人类基本上是核聚变的副产品。这些巨大熔炉中的极高压力和温度，将崩塌的基本颗粒聚合成较重的颗粒；一旦发生聚变，这些颗粒终究会被寿命已终结的熔炉炸到太空中。至于我们骨头里最重的一些原子，也许需要超过一轮的熔炉循环才能打造出来。被打造出来的数不尽的原子聚合成行星，而所谓生命这种奇妙的不平衡反应，将部分原子归为我们人类。

　　我们都是星尘的集合，并且通过最为优雅且非凡的转变，我们这些恒星之子，才得以遥望夜空，并能够感知这其他恒星的光芒。我们与其他恒星的距离看起来遥不可及，但我们实则相距不远。无论与它们相隔多少光年，我们看到的彼此都是由恒星而生。这是多么美丽的一幕啊！

吾为星辰

139

ELEGANT = COMPLEX
优雅 = 繁复

乔治·丘奇（George Church）

遗传学家，哈佛大学教授，个人基因组计划主任，合著有《重生》（*Regenesis*）。

许多人都认为优雅＝简洁。因为他们对传统物理有着羡慕的情结，他们渴望简洁、线性的物理学和的四字真言，譬如 $F=ma$。但是现代科学已经开始向前发展，拥抱复杂了。就算是奥卡姆现在使用的都是可上网的不规则碎片形剃刀了。即使是在数学界，解密非理想气体、湍流和非球形乳牛这些令人尴尬的现实之后，诸如费尔马的 $a^n + b^n = c^n$ 这种简单的整数陈述，以及争辩不休的四色图问题，都是花费了若干年的时间和篇幅来进行求证的。

问题不在于"什么是你心仪的优雅的阐释"，而是"你最心仪的优雅的阐释应该是什么"。解决了这个问题，不仅能够改变我们的思想，而且还能改变人性的所有层面。由此我们开始设计、策划，并通过层层递归，使得自己约等于自然界生存能力日益增强的个体。如果真是如此，那我们最终所钦佩的又将为何物？我们人类的进化基因组曾让我们的祖先获益，但却可能杀死我们的后代。面对当今的食品，我们一向朴素节俭的新陈代谢最终却导致了糖尿病。我们对"贪婪算法"①的热衷导致了资源的枯竭。我们太容易从理性转为盲从或基于恐慌而作出决策，这些在政治上都能够被操作为炫耀性的消费。看看复活岛，荒废的 163 平方公里，相当于 5.1 亿平方公里的地球

---

① 贪婪算法（贪心算法）是指，在对问题求解时，总是作出在当前看来是最好的选择。不从整体最优上加以考虑，当前所作出的解是在某种意义上的局部最优解。——译者注

岛。"人类"在某天可能生来就具有修正当前认知偏见的能力，同时具有直觉的理解性，并能够操控量子的奇异性、三维以上的空间、超级罕见的时间、全球经济走势，等等。农业和文化的单一性是进化上的崩溃。当身处恶劣的不毛之地时，进化只专注在生存上，但存活后就会聚焦在生命自身的竞争性方面。所谓优雅的阐释，应该是能够对未来有着更深远、更美好的预测。阐释能够帮助我们躲避小行星的撞击、太阳的巨大喷焰、甚至是与仙女座星系的近距离接触。但最至关重要的是，在我们自身变得越来越复杂性的情况下，我们能有七十二变般的处理能力。

优雅＝繁复

140

TINBERGEN'S QUESTIONS
廷贝亨的提问

艾琳·佩珀伯格（Irene Pepperberg）

哈佛大学心理学系研究助理兼讲师，著有《亚历克斯与我》（*Alex & Me*）。

为什么我们和其他的生物会产生行为？其答案其实并不存在。恰恰由于这个原因，我才选择在此讨论行为学家和鸟类学家尼古拉斯·廷贝亨（Nikolaas Tinbergen）的问题，因为有时候并不存在深邃、美妙又优雅的阐释。廷贝亨践行着"授人以鱼，不如授人以渔"的理念，他并没有试图提供一个大而全的解释，而是为我们观察到的个别行为模式提供一个支架，让我们自己去构建答案。这个支架，不仅能够用于让廷贝亨成名的行为学典范，也可以用于任何领域任何行为的形式。廷贝亨言简意赅地发问道：

◎ 机制是什么？它是如何运转的？

◎ 个体发育是什么？我们如何随着时间来观察它的发展？

◎ 它的功能是什么？所有可能的原因是什么？

◎ 它源自何物？从它可以发展出哪些方面？

当我们试图回答这些问题时，我们至少得去思考关于基因和环境的相互作用，关于其背后的过程，包括神经解剖学、神经生理学、荷尔蒙等，关于其诱发和时机当中有什么优缺点是平衡的，以及随着时间的推移会如何改变。

此外，不像大多数"最为心仪"的解释会被淘汰那样，廷贝亨的问题经久不衰。回答他的问题往往反映当前科学界的时代精神，当有新的补充知识之后，答案也会发生改变。无论我们的研究领域是什么，每当另一组数据出现在我们的范围内，廷贝亨的问题就会挑战我们，使我们重新思考基本假设。我们人类对美雅并臻的回答的痴迷，让我想到英国作家道格拉斯·亚当斯（Doug Adams）的追求：我们或许能发现"42"，但除非我们知道如何提出恰如其分的问题，否则答案并无意义。

141

THE UNIVERSAL TURING MACHINE
通用图灵机

格洛丽亚·奥里吉（Gloria Origgi）

法国国家科研中心琼·尼科德（Jean Nicod）研究所哲学家。

"天地之大，万物生长，远非你的智慧所能想象。"哈姆雷特跟他的朋友霍雷肖如是说道。他以如此优雅的方式一语道破了我们生活中所有无法解决、无法处理的棘手问题。一个历来最美妙的证明最终却总会得到同样令人感到悲哀的结论：有些数学难题根本无法解决。

1936 年，英国数学家阿兰·图灵构思了有史以来最为简洁和优雅的计算机，它是一种这样的设备，如他后来于 1948 年的论文《智能机》所描述的：

> 把无限长的胶带区分成许多方格的式样，将其作为无穷的存储空间，每个方格都印上符号。任何时候，机器里只会读取到其中一个符号，该符号被称为扫描符。该机器可以更改被扫描到的符号，机器的这个行为部分由那个扫描符来决定，但胶带上的其他符号不会影响机器的行为。胶带可以在机器里前进或后退，而这是机器的基本操作之一。

利用一个天才的心智，构思出一台抽象的机器，从而解决了一个曾经无法解决的决策难题。即对于每个理论的逻辑公式，是否有可能在有限的步骤内，来判定这个公式在该理论中是否有效？然而图灵指出没有这个可能性。决策问题或可判定性问题，已被数学家所熟知：1900 年，在达维德·希尔伯特（David Hilbert）所列出的数学界的未解答问题列表中，决策问题排名第 10 位，并由此决策问题进入了 20 世纪大多数数学研究的日程表。

其核心问题是，在有限步骤内，是否真的能够通过机械化过程来决定公式的有效性，或决定一个函数是否可以计算。于是图灵开始反问自己："机械化过程是何含义？"而他的回答是，机械化过程就是一个可以通过机器实现的过程。这个答案非常显而易见，不是吗？

接着，图灵为每个初阶逻辑的可能公式，以及每个可能的自然数的递归函数设计出了一台机器。他是在哥德尔的不完整定理中，在初阶逻辑的公式集合和自然数的递归函数集合之间证明的逻辑等价性的基础上才完成的。而且，依据图灵的简单定义，我们确实可以在每个胶带上写下一串 0 和 1 来描述某个函数，然后给机器一张简单的指令列表（向左移动，向右移动，停止），以此让机器写下函数的证明，然后停止。

这就是他的通用图灵机。所谓通用，是因为它可以采取任何可能的字符串作为输入的符号来描述函数，并将其作为输出示范。但如果你在通用图灵机输入它对自己的描述，机器就不会停止，机器会无限地生成 0 和 1。如此这般，所有计算机之母、数字时代的灵魂，其设计的目的都是，万物并非都能够简化为图灵机。天地之大，万物生长，远非我们的智慧所能想象。

142
A MATTER OF POETICS
诗歌的问题

理查德·福尔曼（Richard Foreman）

剧作家兼导演，"本体论-歇斯底里剧场"（Ontological-Hysteric Theater）创始人。

每个阐释都会因情况而异，还会受限于自身环境，并且一定会被更好的或更引人入胜的解释所超越，然而我最心仪的阐释实质上是诗歌的问题，而不是科学上或哲学上的问题。其实我和大家一样，都会深陷在爱中，而爱，是一种要么穿越要么升华为某些其他的事物的浪漫迷恋。但爱是重复的、瞬间的陶醉，这种陶醉可以缓慢地塑造一个人，因为在某种意义上，人们通常会一次次地以同样的方式坠入爱河当中，这种重复会对人的心灵特质进行定义和塑造。我在年轻时，就曾强烈地被我所心仪的两个阐释所塑造并引领。

1. 因为我毕竟不是科学家，所以我几乎很难回忆起细节，但我记得在我曾读过的保罗·狄拉克"负能量海"（the sea of negative energy）的理论中，从一个洞，一个空缺中突然蹦出了电子，因而才构建出我们所知的世界。希望我没有说错，也没有领悟错误而让自己颜面扫地。但在某种意义上，即使丢脸，也没有什么关系。因为我被这个解释所激发出的动力，帮助我探索出一种的新的戏剧形式，也可以说唤醒了一种客观的宗教体系；我尝试并将继续尝试将观众拉入到虚空之中，而不是把那种对"真实"的已被感知的感觉强行灌输给观众，并妄图得到确认。

2. 上述一切都发生在 20 世纪 50 年代，在这不久以后，我遇到了哲学家奥尔特加·加塞特（Ortega y Gasset），他当时并没有得到人们公平地重视，但我深深地被他的阐释所折服。他说人非"完人"（在佛教和印度教的祷语中称之为"圆满"），但正如他所说的那句名言："吾为己，吾为境"，即是说，这是一个一分为二的生命体。

究竟是奥尔特加塑造的什么情境使我被狄拉克的阐释所诱惑呢？这一定和身处优越的斯卡斯代尔成长有关，厌恶那个地方但又把与那个地方格格不入的感觉、以及成为一名高中优等生的尴尬统统隐藏起来。于我而言狄拉克强大的诗歌隐喻让我产生遐想：遥不可及的根源（负能量海），是我们所有人秘密立足的真实基础，同时让我鼓足勇气的事实是，我所身处的环境对于事物更深层次的面目还一无所知，并且我与社会的异化在某种程度上也是合乎情理的。

诗歌的问题

143

WHY THE GREEKS PAINTED RED PEOPLE ON BLACK POTS
古希腊人为什么在黑色陶器上使用红绘风格

蒂莫西·泰勒（Timothy Taylor）

考古学家，维也纳大学人类史前史教授著有《人造猩猩》（*The Artificial Ape*）。

对某些看上去不需要解释的事物进行解释，其实这种行为是值称赞的。如果它能为似乎没必要解释的事物引发更深层次的解释，那便是好上加好。如果这让学术特权阶级试图维持现状而引发一场轩然大波，那就是最好不过的了。由此我选择了迈克尔·维克斯（Michael Vicker）的简洁且具有深远影响的阐释：古希腊人为什么在陶器上使用红绘风格。

"红绘风格"是古物的一种图标。我们经常在博物馆的标签上看见这句短语，至于为什么图形不是白色、黄色、紫色、黑色，这些都是希腊人可以在陶器釉料和泥釉上使用的颜色，这个问题似乎并不那么重要。实际上，希腊的陶器购买者可以混搭购买，而不必担心发生风格上的冲突，基本款允许陶艺家专注在自己真正的热衷方面：讲述故事。黑色背景和红色剪影创造出了复杂的场景，比如神话、武术、工业、家庭、运动、或者是劲头十足的性爱故事，并且图像简洁清晰。任何人都可以明白陶器上面讲述的是什么，基于这个原因，博物馆时常将有异性恋、男同性恋、女同性恋、群交、人兽交以及假阳具主题的东西隔离出公众视野之外，仅限于研究收藏品。

维克斯的聪明之处在于，他采纳了公元前 1 世纪学者维特鲁（Vitruvius）的知名概念，并将其应在新的内容上。维特鲁威注意到，许多希腊神庙建筑似乎只有装饰作用，其实这些都是早先人们经过实际考量后的遗物，比如屋檐下一小列精心用砖瓦砌成的立方体和沟槽，它们其实是为了与延伸到木质建筑结构的梁端和椽形成一种呼应或是它们的同形物。迈克尔认为，希腊的陶器也是一种同形物，是贵族贵重金属制品的廉价替代品。他认为黑色陶瓶上的红色人像是仿造银制品上的镀金人像，而有着尖锐底部、细带子般的把手、易碎粘土质地的陶瓶外形，也是从银匠的手艺中直接复制过来的。

对许多人而言，这简直让人匪夷所思。但对我们考古学家而言，尤其是像我这样，一直从事着专注东欧铁器时代的考古研究者而言，当我亲眼所见用贵重金属奢侈品装饰的奢华野蛮人土墓时，这个道理完全成立。古代银器被挖掘出来时呈现黑色，而金色人像则是呈现与之对比鲜明的鲜红金色。博物馆通常习惯保存这样的器皿，但却没有意识到（正如我们现在所知的）这种对金色的硫化抛光是古人故意为之的，希腊人不会在下葬时带着亮闪闪的银器（他们厌恶的波斯人会选择这样的方式，就像波斯人在炫耀自己能获得来自异国的柠檬时，会把它洗得干干净净一样）。

于我这个彻头彻尾的狂热者而言，令人感到紧张的时刻就是，当维克斯拍下一组有柄的细颈长油瓶时，优雅的小圆柱油瓶或香水瓶子，平躺着两两相对，以优雅的曲线按照由大到小的顺序排列。他由此提出，没有任何有柄的细颈长油瓶（唯一以白色为底的陶器，只有底部和盖子是黑色）的直径会比由象牙做出来的圆柱大。他的解释是，这些瓶子是银底座象牙的仿制品。

其隐含的意义并未完全水落石出，但那个以哲学作为取向、为艺术而艺术的文化、被世人所知的古希腊，现在可以与另一种世界的想象做一个对比。在那个想象中，每个人都迫切想模仿那些拥有奴隶去开挖银矿、并且拥有贸易船队的有钱人。在我眼中，古代经济每个层面的规模：奴隶、贸易、人口数量、社会阶层，都系统性地被低估了。殖民主义和突然浮现的社会复杂程度在欧亚大陆上的影响，也一并被忽略了。

具有讽刺意味的是，在现代艺术世界人们耗费巨资交易的红色人像花瓶，并非是古希腊人所真正看重的。事实上，现在我们已经清楚地了解到，这些实际上廉价的文物，之所以会让人产生是"真品"的错觉，其实是由 19 世纪的拍卖行，通过高度选择性地使用希腊文本，所刻意制造出的一个市场。

144

LANGUAGE AS AN ADAPTIVE SYSTEM
语言是一种自适应系统

安迪·克拉克（Andy Clark）

爱丁堡大学哲学家，认知科学家，著有《超尺度心智》（*Supersizing the Mind*）。

对结构化语言的迭代学习阐释，是一种让大脑变得清醒的美妙的阐释，它用全新的方式彰显了语言的起源和作用。对人脑极力去适应人类的语言学习观点，该阐释展现出强大的另类观点，以此来描述人类语言极力去适应大脑中学习工具的形状。

其核心思想是，语言本身就是一种适应系统，它会改变其形式和结构，从而演变得更加容易从而方便主宰者（人类）学习。据我所知这个普遍观点首次出现于 1997 年特里·迪肯（Terry Deacon）发表的《象征性物种》（*The Symbolic Species*）的论文中，并被诸如西蒙·柯比（Simon Kirby）、莫滕·克里斯蒂安森（Morten Christiansen）等计算语言学家们深入探讨。其中大部分成果都来自于电脑模拟，但在 2008 年柯比等人在《美国国家科学院院刊》发表的论文中，以人类受试者的实验证据，扩展了以前基于模拟的证据。

在这些实验中，他们教给受试者一种由"语串 / 意义"配对而成的人工语言，然后对他们测试这种语言。有些测试项目是训练中特别提及的意义，其他项目则具有崭新的意义。接下来，来个小把戏：有"新一代"的受试者，他们不是通过最初的项目学习，而是通过从上一代留下的资料来接受训练。因此语言被迫经历隔代瓶颈，上一代包括错误和变更的选择作为参考资料提供给下一代。其结果是，实验者发现对比之前的模拟结果，这种累积文化进化的语言，变得越来越简单易学，同时也表明，结构和音调变化也会变得更有规律性。这是因为语言会用一种适应主体（主宰者）基本偏好的方式来改变和变形。换而言之，语言会调整到使那些试图学习的使用者更容易学习。原因在于学习者的期待和偏好会影响他们如何回应实际的训练项目，同时也影响着当新项目出现时，他们会做出怎样的反应。

因而语言的行为就类似生物体适应某个环境的领地的行为。

而对于语言来说，我们就是这块领地。

语言是一种自适应系统

145

THE MECHANISM OF MEDIOCRITY
中庸之道

尼古拉斯·卡尔（Nicholas G.Carr）

数字思想家，著有《浅薄：互联网如何毒化了我们的大脑》（*The Shallows, What the Internet Is Doing to Our Brains*）。

19⁶⁹ 年，出生于加拿大的教育学家劳伦斯·彼得（Laurence Peter）一语戳破美式资本主义的面纱。彼得陈述道："在等级制度下，每位雇员会提升到不能胜任的层级。"彼得称之为"彼得原理"，并将其写在同名的书中。这本书总共不到 180 页，后来成为当年的畅销书，通过书店售出了 20 万本。不难看出其中的原因。彼得原理不仅证实了大家的怀疑，老板是个笨蛋，还解释了为什么会有如此必然的结果：当一个人擅长某项工作就会升职，并会一直晋升到他不很擅长的工作为止。然后升职之路就此停止，他发现自己不再称职，然后一辈子就停滞不前。

彼得原理是一根有许多倒刺的钩子。它不仅揭露出办公室里的傻子，也抓住了渴望成功的美国梦的核心：显示出如何达成集体平庸的机制。企业是个复杂的策略，上级的无能通过这种导向使得苦难普遍化。但还不仅于此。彼得原理如同《纽约时报》评论家所言，有着宇宙的意义。不久前，科学家研究出广义彼得原理："在进化中，系统会过分地发展到自己能力的极限。"所有事物都会成长到失败为止。其最后存在的形状就是失败的形状。

这令人难忘的阐释，以极端明显的方式给了我们当头一棒。他们利用平常的观察结果，也就是我们都经历过的事情，显示出隐藏在其中的真相。我们多数人都有着不识庐山真面目的体验，但需要劳伦斯·彼得这样高明的阐释者一语道破，我们才蓦然明了，只缘生在此山中。

THE PRINCIPLE OF EMPIRICISM, OR SEE FOR YOURSELF

经验主义原理，抑或眼见为实

迈克尔·舍默（Michael Shermer）

《怀疑论者》（*The Skeptic*）杂志出版人，《科学美国人》（*Scientific American*）专栏作家，著有《可信的大脑》（*The Believing Brain*）。

无论是解释自然还是社会世界的现象，经验主义是最为深刻和最为广泛的原理。经验主义的原理说，我们应该相信自己的眼睛所看到的，而不应信任其他的权威。经验主义是科学的基础，正如第一家科学机构伦敦皇家学会的座右铭所言：勿信他人之言。

伽利略没有采信他人之言。根据亚里士多德的宇宙论，天主教会对天国事物真理，拥有最终无可争辩的权威，因此天际中所有物体都必须完美地以浑圆流畅的运动方式，并沿正圆轨道绕着地球运行。然而伽利略却用他所发明的，一端是折射镜片、另一端是放大目镜的小管子，亲眼观察到了月球上的山脉、太阳上的黑子、金星的相变、绕着木星的众多卫星，以及土星周围一圈奇怪的物体。伽利略在帕多瓦大学的同事，著名的天文学家切萨雷·克雷莫尼尼（Cesare Cremonini），他是亚里士多德宇宙论的忠实拥趸，他拒绝通过管子去看，甚至宣称："我不相信任何人，除非他亲眼看见；再说，通过玻璃去看会让我头晕。"而那些真的通过伽利略管子去看的人，无法相信自己的眼睛，这并非是夸张。伽利略的一个同事报告说，这件仪器适合用于地表观测，不适合天文观测，因为"我用数千种方式测试过伽利略的仪器，包括观测上与下的事物。对下面的事物而言，这个工具简直完美无缺；可到了上面，就是在糊弄人了。"罗马学院的一位数学教授确信，是伽利略把木星的 4 颗卫星放在了管子里。伽利略激动地说道："尽管我希望让佛罗伦萨的教授看到木星的卫星，但他们既不看卫星，也不看望远镜。这些人相信在自然中找寻不到真理，只能从文本当中才能觅得真理。"

通过自己去寻找，伽利略、开普勒、牛顿等人推动了科学革命，并在启蒙运动时，让学者像面对自然世界那样，将经验主义的原理应用于社会中。比如伟大的政治哲学家托马斯·霍布斯（Thomas Hobbes），他把自己想象成社会学中的伽利略和威廉·哈维，他说："伽利略是第一个为我们开启万有自然哲学大门的人，他让我们看见关于自然中运动的知识……人类身体的科学，是通过我们的同胞哈维医生令人钦佩的远见卓识，而首度被发现的……因此自然哲学还年轻；但公民哲学则更加年轻，不会比我的《论公民》（De Cive）更年长。"

从科学革命到启蒙运动，经验主义的原理缓慢却又必然地取代了迷信、教条主义和宗教权威。人们不再以古老圣书的权威或哲学著作作为占卜的真理，而是开始自行探索大自然这本巨作。

学者们不再看着植物图鉴中的插图进行研究了，而是到大自然中实地看看地面上长出的是何物；医生们不再依赖老旧医学文献上的尸体解剖板书，而是自己剖开尸体，用自己的双眼来审视里面的器官；法官们不再参考《女巫之槌》（猎捕女巫权威之作）所罗列的证据而焚烧女巫，而是开始在定罪之前，考虑其他更可靠的证据形式；社会也不再让极少数精英通过让其公民处于文盲、未受教育、未启蒙的状态，来保持大部分的政治权力了，人们通过科学、文字、教育，去亲眼证实压制他们的权力和腐败，并开始摆脱其束缚和捆绑，并要求权利。

人民不再要求国王的神圣权利，转而要求民主的天赋权利。在这层意义上，民主选举是一项科学实验：通过选举和每隔数年仔细改变变数，然后观察结果。我们许多的开国元勋都是科学家，他们采取数据收集、测试假设并形成理论的方式来建设国家。他们如此理解研究结果的暂时本质，这帮助他们打造了一个以经验主义为有效政治组织核心的社会系统。新政府犹如科学实验室，逐年逐周期展开一系列的实验。问题的关键所在不是倡议哪种政治制度，而是建立起一个人民可以尝试如何行之有效的系统。这就是适用于社会世界的经验主义原理。

正如托马斯·杰斐逊（Thomas Jefferson）在 1804 年写给约翰·泰勒的信中所言："没有任何实验比我们如今所尝试的更为有趣，而我们坚信，这最终将建立一个事实，就是人类可能是被理性和真理所支配的。"

经验主义原理，抑或眼见为实

这个世界，值得我们前来

这个世界，有生命、有美、有爱、有意识，对于这些存在，我们无法言说，但我们总是能够观察到，也总是能够感受到……

科学家把一片叶子切碎，发现了组成叶子的那些基本成分。在组织里发现细胞，在细胞里发现蛋白质，在蛋白质下发现分子，在分子下发现原子，在原子下发现中子、质子、电子，再一路往下发现夸克……

"这究竟是一个怎样的世界，它因何美妙而优雅地运行着？"

我们人类仰望着浩瀚星空，自古至今，苦苦追寻着这个问题的答案。而这个问题，也是本书 Edge 年度问题。《世界因何美妙而优雅地运行》便是约翰·布罗克曼通过组织对该问题超过 200 多场次多番回合的激烈辩论，之后，收集了 146 位引领当今时代思潮的著名科学家与思想家，包括史蒂芬·平克、理查德·道金斯、弗兰克·维尔泽克、丘成桐等对这一问题所做的阐释而编辑成书。本书中所有呈现于此的智慧都是最为广义的科学思想，也是人们获取对万物认知最为可靠的一种路径，包括哲学、数学、经济学、历史学、语言学和人类行为学等诸多领域的探究。其共同之处均是用以小明大、见微知著的浅显易懂的方式来解决世间万物万象之谜。

《世界因何美妙而优雅地运行》所涉及的前沿领域包括进化生物学、遗传学、计算机科学、神经生理学、心理学、宇宙学和物理学。就如英文版的编者所言，这些观点与思想的迸发，汇集成为一种新型的自然哲学，形成众多理解物理体系的新型路径，能够帮助我们获取到质疑诸多人类基本假定的思维新方法。

《世界因何美妙而优雅地运行》是我在开启自我创业之际——从 IT 行业的一名负责市场营销的 VP 跨界到食品快消行业，这样一个于我而言颇具人生里程碑意义的时刻，有幸得到湛庐文化的简学老师之邀，同时也是我时隔 12 年再度重返翻译界的第一本译作。自主创业与翻译该书，在二者同时并举过程当中，我本人身心都面临着诸多挑战，在此，由衷感谢简学老师对我本人的信任和耐心等待，在 2017 年 3 月，一个春风淡荡的恬静日出之时，我终于完成了这本近 20 万字的译作。

在此，我想感谢我的母亲孙安琅，长久以来，是她一直鼓励我不忘初心；感谢儿子林煜斐，他对世界万物万象的好奇追问，激励我永不言弃；感谢解放军总医院的史军主任，在相关医学方面的翻译过程中，感谢他从专业的角度给予的诸多帮助；感谢我创业团队的成员们：林栩、何汇文、李丹、徐彩云、姚建平、张梦凡、孙然对我的包容和支持；感谢我的博士好友张晓晟，对此译作的期盼和鞭策；感谢我生命中的美丽遇见——王立鹏，在我翻译此书过程中所给予的悉心照料。

在这个严格遵循物理定律的世界里，我越来越相信，没有所谓的偶然。生命并不是因为一颗流星偶然跌入到地球上的蔚蓝大海而产生的，而地球偶然和太阳保持着现在的距离。人们并非因为偶然而彼此结识。生生不息的生命之光，一直照亮着这颗蓝色的星球。这个世界，有生命、有美、有爱、有意识，值得我们前来。

书中难免有错漏的翻译之处，敬请各位专家和读者们批评指正。

庞雁

北京海淀

2017 年 4 月 6 日晚

湛庐，与思想有关……

如何阅读商业图书

商业图书与其他类型的图书，由于阅读目的和方式的不同，因此有其特定的阅读原则和阅读方法，先从一本书开始尝试，再熟练应用。

阅读原则1 二八原则

对商业图书来说，80% 的精华价值可能仅占 20% 的页码。要根据自己的阅读能力，进行阅读时间的分配。

阅读原则2 集中优势精力原则

在一个特定的时间段内，集中突破 20% 的精华内容。也可以在一个时间段内，集中攻克一个主题的阅读。

阅读原则3 递进原则

高效率的阅读并不一定要按照页码顺序展开，可以挑选自己感兴趣的部分阅读，再从兴趣点扩展到其他部分。阅读商业图书切忌贪多，从一个小主题开始，先培养自己的阅读能力，了解文字风格、观点阐述以及案例描述的方法，目的在于对方法的掌握，这才是最重要的。

阅读原则4 好为人师原则

在朋友圈中主导、控制话题，引导话题向自己设计的方向去发展，可以让读书收获更加扎实、实用、有效。

阅读方法与阅读习惯的养成

（1）回想。阅读商业图书常常不会一口气读完，第二次拿起书时，至少用 15 分钟回想上次阅读的内容，不要翻看，实在想不起来再翻看。严格训练自己，一定要回想，坚持 50 次，会逐渐养成习惯。

（2）做笔记。不要试图让笔记具有很强的逻辑性和系统性，不需要有深刻的见解和思想，只要是文字，就是对大脑的锻炼。在空白处多写多画，随笔、符号、涂色、书签、便签、折页，甚至拆书都可以。

（3）读后感和 PPT。坚持写读后感可以大幅度提高阅读能力，做 PPT 可以提高逻辑分析能力。从写读后感开始，写上 5 篇以后，再尝试做 PPT。连续做上 5 个 PPT，再重复写三次读后感。如此坚持，阅读能力将会大幅度提高。

（4）思想的超越。要养成上述阅读习惯，通常需要 6 个月的严格训练，至少完成 4 本书的阅读。你会慢慢发现，自己的思想开始跳脱出来，开始有了超越作者的感觉。比拟作者、超越作者、试图凌驾于作者之上思考问题，是阅读能力提高的必然结果。

扫码关注湛庐文化，
回复"阅读"
这5种方法，让读过的书变成你的影子

[特别感谢：营销及销售行为专家 孙路弘 智慧支持！]

⇠ 我们出版的所有图书，封底和前勒口都有"湛庐文化"的标志

湛庐文化
Cheers Publishing
a mindstyle business —⋀— 与思想有关

并归于两个品牌

财富汇   心视界

⇠ 找"小红帽"

为了便于读者在浩如烟海的书架陈列中清楚地找到湛庐，我们在每本图书的封面左上角，以及书脊上部 47mm 处，以红色作为标记——称之为"**小红帽**"。同时，封面左上角标记"**湛庐文化 Slogan**"，书脊上标记"**湛庐文化 Logo**"，且下方标注图书所属品牌。

湛庐文化主力打造两个品牌：**财富汇**，致力于为商界人士提供国内外优秀的经济管理类图书；**心视界**，旨在通过心理学大师、心灵导师的专业指导为读者提供改善生活和心境的通路。

47mm

湛庐文化
Cheers Publishing
a mindstyle business 与思想有关

财富汇

This Explains Everything
世界因何美妙而优雅地运行

⇠ 阅读的最大成本

读者在选购图书的时候，往往把成本支出的焦点放在书价上，其实不然。

时间才是读者付出的最大阅读成本。

阅读的时间成本=选择花费的时间+阅读花费的时间+误读浪费的时间

湛庐希望成为一个"与思想有关"的组织，成为中国与世界思想交汇的聚集地。通过我们的工作和努力，潜移默化地改变中国人、商业组织的思维方式，与世界先进的理念接轨，帮助国内的企业和经理人，融入世界，这是我们的使命和价值。

我们知道，这项工作就像跑马拉松，是极其漫长和艰苦的。但是我们有决心和毅力去不断推动，在朝着我们目标前进的道路上，所有人都是同行者和推动者。希望更多的专家、学者、读者一起来加入我们的队伍，在当下改变未来。

湛庐文化获奖书目

《大数据时代》
国家图书馆"第九届文津奖"十本获奖图书之一
CCTV"2013中国好书"25本获奖图书之一
《光明日报》2013年度《光明书榜》入选图书
《第一财经日报》2013年第一财经金融价值榜"推荐财经图书奖"
2013年度和讯华文财经图书大奖
2013亚马逊年度图书排行榜经济管理类图书榜首
《中国企业家》年度好书经管类TOP10
《创业家》"5年来最值得创业者读的10本书"
《商学院》"2013经理人阅读趣味年报·科技和社会发展趋势类最受关注图书"
《中国新闻出版报》2013年度好书20本之一
2013百道网·中国好书榜·财经类TOP100榜首
2013蓝狮子·腾讯文学十大最佳商业图书和最受欢迎的数字阅读出版物
2013京东经管图书年度畅销榜上榜图书,综合排名第一,经济类榜榜首

《牛奶可乐经济学》
国家图书馆"第四届文津奖"十本获奖图书之一
搜狐、《第一财经日报》2008年十本最佳商业图书

《影响力》(经典版)
《商学院》"2013经理人阅读趣味年报·心理学和行为科学类最受关注图书"
2013亚马逊年度图书分类榜心理励志图书第八名
《财富》鼎力推荐的75本商业必读书之一

《人人时代》(原名《未来是湿的》)
CCTV《子午书简》·《中国图书商报》2009年度最值得一读的30本好书之"年度最佳财经图书"
《第一财经周刊》· 蓝狮子读书会·新浪网2009年度十佳商业图书TOP5

《认知盈余》
《商学院》"2013经理人阅读趣味年报·科技和社会发展趋势类最受关注图书"
2011年度和讯华文财经图书大奖

《大而不倒》
《金融时报》· 高盛2010年度最佳商业图书入选作品
美国《外交政策》杂志评选的全球思想家正在阅读的20本书之一
蓝狮子·新浪2010年度十大最佳商业图书,《智囊悦读》2010年度十大最具价值经管图书

《第一大亨》
普利策传记奖,美国国家图书奖
2013中国好书榜·财经类TOP100

《真实的幸福》
《第一财经周刊》2014年度商业图书TOP10
《职场》2010年度最具阅读价值的10本职场书籍

《星际穿越》
国家图书馆"第十一届文津奖"十本奖获奖图书之一
2015年全国优秀科普作品三等奖
《环球科学》2015最美科学阅读TOP10

《翻转课堂的可汗学院》
《中国教师报》2014年度"影响教师的100本书"TOP10
《第一财经周刊》2014年度商业图书TOP10

湛庐文化获奖书目

《爱哭鬼小隼》
　国家图书馆"第九届文津奖"十本获奖图书之一
《新京报》2013年度童书
《中国教育报》2013年度教师推荐的10大童书
　新阅读研究所"2013年度最佳童书"

《群体性孤独》
　国家图书馆"第十届文津奖"十本获奖图书之一
　2014"腾讯网·啖书局"TMT十大最佳图书

《用心教养》
　国家新闻出版广电总局2014年度"大众喜爱的50种图书"生活与科普类TOP6

《正能量》
《新智囊》2012年经管类十大图书,京东2012好书榜年度新书

《正义之心》
《第一财经周刊》2014年度商业图书TOP10

《神话的力量》
《心理月刊》2011年度最佳图书奖

《当音乐停止之后》
《中欧商业评论》2014年度经管好书榜·经济金融类

《富足》
《哈佛商业评论》2015年最值得读的八本好书
　2014"腾讯网·啖书局"TMT十大最佳图书

《稀缺》
《第一财经周刊》2014年度商业图书TOP10
《中欧商业评论》2014年度经管好书榜·企业管理类

《大爆炸式创新》
《中欧商业评论》2014年度经管好书榜·企业管理类

《技术的本质》
　2014"腾讯网·啖书局"TMT十大最佳图书

《社交网络改变世界》
　新华网、中国出版传媒2013年度中国影响力图书

《孵化Twitter》
　2013年11月亚马逊(美国)月度最佳图书
《第一财经周刊》2014年度商业图书TOP10

《谁是谷歌想要的人才?》
《出版商务周报》2013年度风云图书·励志类上榜书籍

《卡普新生儿安抚法》《最快乐的宝宝1·0~1岁》
　2013新浪"养育有道"年度论坛养育类图书推荐奖

延伸阅读

史蒂芬·平克"语言与人性"四部曲：
《语言本能》《思想本质》《心智探奇》《白板》

◎ 当代伟大的思想家、TED 演讲人、世界尖端语言学家和认知心理学家史蒂芬·平克经典力作。

◎ 语言学领域革命性著作，凝聚语言学、认知神经学和进化心理学等多项研究成果。

◎《纽约时报》畅销书，语言风趣诙谐，故事引人入胜，结论富有洞见。

扫码直达本书购买链接

丽莎·兰道尔"宇宙三部曲"：
《弯曲的旅行》《叩响天堂之门》《暗物质与恐龙》

◎ 通过一套书就能读懂神秘的额外维度，科学小白与科学大 V 都不可错过的年度最佳科普巨作。

◎ 向爱因斯坦宣战的理论物理学大师丽莎·兰道尔风靡世界之作。她是普林斯顿大学物理系第一位女性终身教授，哈佛大学、麻省理工学院第一位女性理论物理学终身教授。《时代周刊》"100 位最具影响力人物"之一，《纽约时报》顶级畅销书作家。

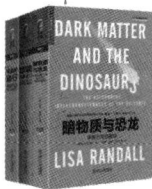

扫码直达本书购买链接

《人人时代》（经典版）

◎ "互联网革命的伟大思考者"克莱·舍基作品，互联时代里程碑式著作、全球思想家正在读的 20 本书之一。

◎ 作者作为"新文化敏锐的观察者"，对人人时代的到来给予了明晰而富有穿透力的解析，并思考了我们是谁，我们可以做什么等问题。

◎ 洞察中国社会数字化进程第一人胡泳领衔翻译，《互联网周刊》主编姜奇平作序，腾讯董事会主席兼 CEO 马化腾，中国互联网发展的重要参与者、知名 IT 评论人谢文，《长尾理论》作者克里斯·安德森重磅推荐！

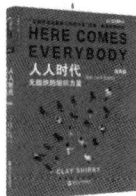

扫码直达本书购买链接

《大连接》

◎ 本书作者提出："三度影响力，社会网络的强连接原则"。这一观点开启了社会化网络研究的新篇章，成为继六度分隔理论后，社会网络研究领域最具影响力的发现。

◎ 本书的两位作者都是研究社会网络的权威专家，他们所做的"肥胖也可以传染"的研究与论断，曾经引起业内广泛关注。作者尼古拉斯·克里斯塔基斯还在 2009 年，被《时代周刊》评选为"100 位全球最具影响力人物"之一。

◎ 北京大学计算机系教授、网络与信息系统研究所所长李晓明，上海交通大学长江学者特聘教授、知名 IT 评论人谢文，北京云基地首席顾问、中国社科院信息化研究中心秘书长、《互联网周刊》主编姜奇平，海银资本合伙人、互联网研究专家王煜等全倾情推荐。

扫码直达本书购买链接

图书在版编目（CIP）数据

世界因何美妙而优雅地运行/（美）布罗克曼编著；庞雁译.
—杭州：浙江人民出版社，2017.6

ISBN 978-7-213-08027-2

Ⅰ.①世… Ⅱ.①布… ②庞… Ⅲ.①科学知识－普及读物
Ⅳ.① Z228

中国版本图书馆 CIP 数据核字（2017）第 108525 号

上架指导：科技趋势 / 思想前沿

浙江省版权局
著作权合同登记章
图字：11-2016-472 号

世界因何美妙而优雅地运行

[美] 约翰·布罗克曼　编著

庞雁　译

出版发行：浙江人民出版社（杭州体育场路 347 号　邮编　310006）

　　　　　市场部电话：（0571）85061682　85176516

集团网址：浙江出版联合集团　http://www.zjcb.com

责任编辑：陈　源

责任校对：戴文英　朱志萍

印　　刷：河北鹏润印刷有限公司

开　　本：720 毫米 ×965 毫米 1/16　　印　　张：26.5

字　　数：400 千字　　　　　　　　　插　　页：1

版　　次：2017 年 6 月第 1 版　　　　印　　次：2017 年 6 月第 1 次印刷

书　　号：ISBN 978-7-213-08027-2

定　　价：79.90 元